足利将軍事典

木下昌規 *kinoshita masaki*
久水俊和 *hisamizu toshikazu*
編

『足利尊氏の花押が書かれた日月図軍扇』（観応の擾乱の際、尊氏が河内国の土屋氏に与えたと伝わる　九州国立博物館蔵　撮影者：落合晴彦）

戎光祥出版

はしがき

足利将軍《あしかがしょうぐん》は、日本の歴史のなかでも比較的地味な存在であり、歴代の将軍の名前をそらんじることができる人がどれほどいるか、正直心許ないくらいである。ところが、二〇〇〇年代以降、特にこの数年、室町幕府《むろまちばくふ》・足利将軍に対して注目が集まっており、論文や研究書はもちろん、一般書やムック本なども含めて複数の書籍が刊行された。観応《かんのう》の擾乱《じょうらん》や応仁《おうにん》・文明《ぶんめい》の乱《らん》といった戦乱はもとより、南北朝や将軍権威、公武関係、儀礼故実、文化・芸能など、その種類も多岐にわたっており、急速に研究も進展した。一つ一つあげることはできないが、本書の発行元である戎光祥出版だけでも、足利将軍に関連するものとして『室町幕府将軍列伝』（榎原雅治・清水克行編、のちに同新装版）、『足利将軍と室町幕府』（石原比伊呂著）、『図説 室町幕府』（丸山裕之著）、『シリーズ・室町幕府の研究』一〜四、さらに中世武士選書でも『足利義稙』（山田康弘著）、『足利義晴と畿内動乱』・『足利義輝と三好一族』（ともに拙著）、『足利義昭と織田信長』（久野雅司著）が刊行されている。

このような流れもあり、今回新たに『足利将軍事典』という企画が立ち上がり、筆者と久水俊和氏がともに編者をつとめることとなった。筆者はどちらかというと戦国期の将軍・幕府が専門であるため、執筆にあたっては、現在、南北朝から戦国時代まで、室町幕府、足利将軍を研究する若手の方々を中心にご協力をいただいた。内容についてもそれぞれ執筆者の個性もあらわれつつ、質の高いものとなっている。

本書は各将軍をあつかった『室町幕府将軍列伝』や、室町幕府の事項についてまとめた『図説 室町幕府』の姉妹編のようなものであり、その事績のみならず、将軍家に関わる諸事項をみていくことで、多面的に足利将軍をみてもらうことができるだろう。さらに事項のなかには利便性もふまえて、それぞれの執筆者作成による表を付けているものもある。これらの事項を併読していただくことにより、足利将軍・室町幕府についてより理解してもらえると思う。

ひとことで足利将軍の時代とはいっても、十四世紀半ばの尊氏の将軍就任から十六世紀末の義昭将軍辞官までの約二百五十年にわたっており、将軍をめぐる環境は大きく異なることはいうまでもないだろう。さらに幕府の体制や官制、儀礼秩序なども時代により差違がある。そこで本書で歴代将軍の事績はもちろん、将軍をめぐる周辺の状況などの変遷も理解してもらえればと思う。

今回さらに、付録として二点の史料を掲載した。室町幕府関係の史料で未だ翻刻されていない史料（記録・文書ともに）は多い。そこで今回は本書の分量も考慮して国立公文書館蔵（内閣文庫）の「代《だい》番日記《ばんにっき》」を取り上げた。さらに当時の幕府構成員を知ってもらうため、奉公衆《ほうこうしゅう》らの名簿である番帳のうち、「文安年中《ぶんあんねんちゅう》御番帳《ごばんちょう》」を掲載した。詳細はそれぞれの解説を御覧いただきたい。専門家にとってはともに周知の史料であるが、これから室町幕府・足利将軍について知りたいと思う方に、まずはこのような史料が現在まで残されているということを知ってもらいたい。

足利将軍、室町幕府研究はいまだ途上にあり、本書の内容が今後修正されるようなこととなる可能性もある。そういう意味では、本書の内容は将来的に絶対ではない。ただこれが歴史を学ぶ、または研究する醍醐味でもあり、歴史学の通説、常識などが更新される状況は中世史研究が健全な研究環境にある証でもあろう。むしろ本書を読み、「実際はこうではないか」「実際はどうなのだろう」という意識や興味関心を持ち、成果に結びつけてもらえればと思う。本書は、読者の興味をもった項目から読みはじめていただいてもかまわない。前記の書籍とともに、この時代に関心を持った方、これからこの時代について勉強、研究したい方などの入門書としてぜひ活用していただければ望外の幸せである。

最後に今回無事に刊行できたことに対して、改めて前述の共編者の久水氏、各執筆者のほか、執筆に協力してもらった、大正大学文学部歴史学科副手の谷橋啓太氏、同博士後期課程の格和賢氏、そして、戎光祥出版株式会社代表取締役伊藤光祥氏ならびにこの企画を立案し、諸事とりまとめてくれた同社の編集長丸山裕之氏にも感謝申し上げたい。

二〇二一年十一月

木下昌規

【目次】

第四部　足利将軍子弟辞典

付録　足利将軍関連史料

凡　例

一、本書では歴代足利将軍の事蹟のほか、将軍に関わる諸事項を取り上げた。第一部では「歴代足利将軍の事績」、第二部では「足利将軍の一生」として、出生以降の通過儀礼を中心にとりあげ、第三部は「将軍の政務と生活」としてその日常やそれを支えた人々などをとりあげた。第四部では「足利将軍子弟辞典」として、将軍就任者以外の将軍家出身者のうち、その出自や事績が多少なりともわかる男女の人物を取り上げた。足利満詮や堀越公方足利政知、将軍継嗣足利義視、堺公方足利義維もこのなかに含めた。

一、各項目で参考文献をあげているが、本書では主要なもののみを掲載した。

一、利便性を考慮して、項目の一部には表を加えた。

一、歴代の将軍のうち、何度か改名している者がいるが、煩雑さを避けるため、基本的には最も名の知られている名前で統一した。

一、人名や歴史用語には適宜ルビを振った。読み方については、各種辞典類などを参照したが、歴史上の用語、とりわけ人名の読み方については、定まっていないこと場合も多く、ルビで示した読み方が確定的なものというわけではない。また、執筆者ごとに読み方が違う場合もあり、各項目のルビやその有無については、各執筆者の見解を尊重したことをお断りしておく。

一、用語についても、それ自体が論点となりうるため、執筆者間で統一をしていない。

一、書籍化にあたり、関係社寺並びに公共機関・研究機関などから掲載写真や資料提供に多大なる御協力・ご支援をいただいた。感謝の意を捧げたい。

一、掲載写真のうち、クレジットを示していないものについては、戎光祥出版編集部撮影のものである。

足利将軍家略系図

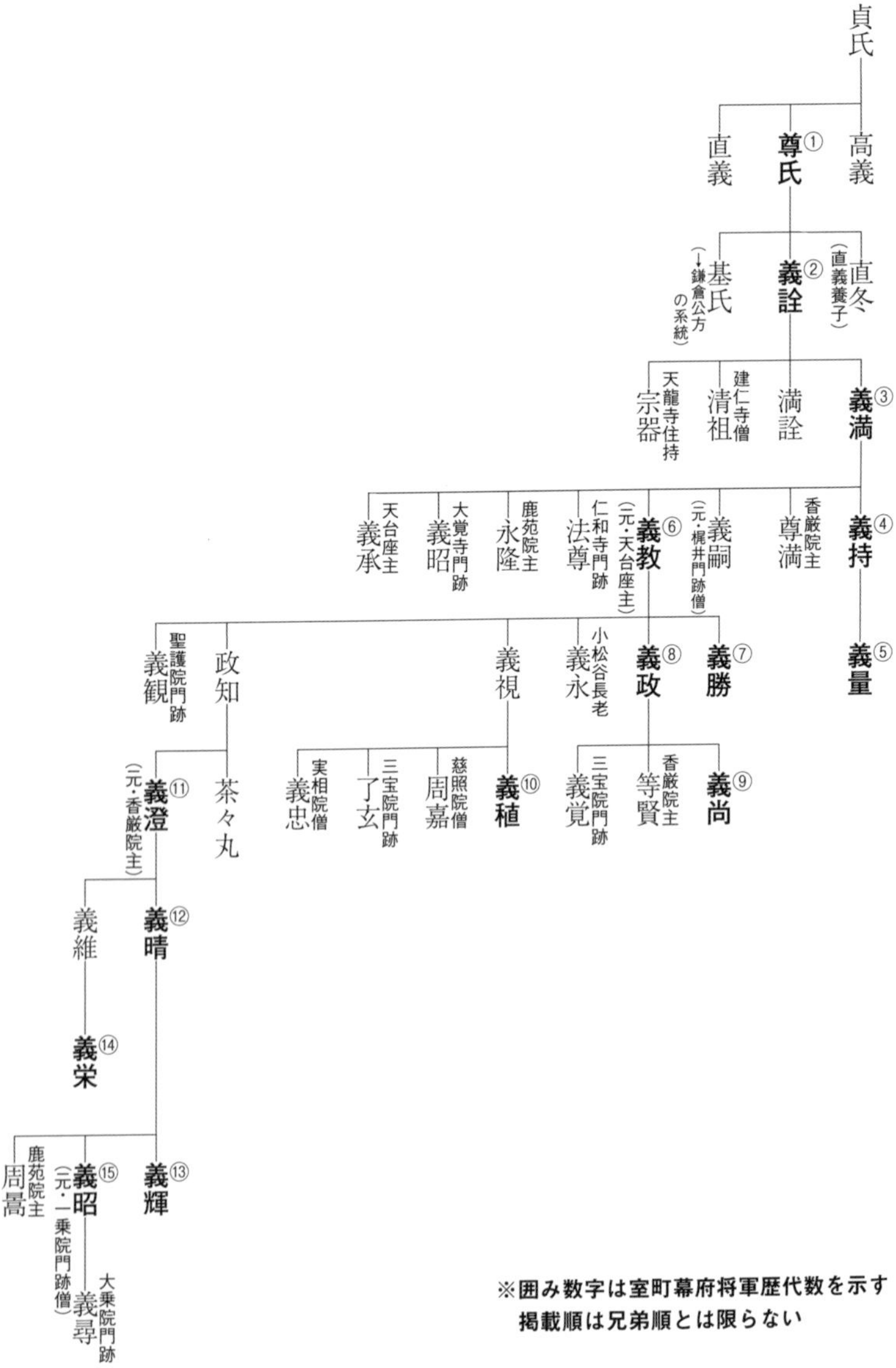

※囲み数字は室町幕府将軍歴代数を示す
掲載順は兄弟順とは限らない

第一部　歴代足利将軍の事績

初代・足利尊氏

鎌倉幕府《かまくらばくふ》に建武政権《けんむせいけん》と、二度の大きな裏切り、戦前の国家主義的教育下においては逆賊とされ、かつて足利尊氏《たかうじ》像とされた騎馬武者像の粗忽《そこつ》な容貌から、あまり良いイメージは持たれていなかった。だが、戦前に確立された悪しき尊氏像は戦後徐々に払拭されていき、新たな史実が積み重ねられ、真の尊氏の姿が探求されつつある。

足利氏は、平安時代後期、清和源氏《せいわげんじ》の源《みなもとの》義家《よしいえ》の子義国《よしくに》が下野《しもつけ》国足利《あしかが》荘（栃木県足利市）を領有したことに端を発し、その義国から足利の地を相続し本領としたのが義国の子義康《よしやす》である。義康は本領の足利を名字とし、ここに源姓の足利氏が誕生した。

その義康から時代が下り、七代目足利家当主足利貞氏《さだうじ》の次男として誕生したのが尊氏（初名高氏《たかうじ》）である。鎌倉期には有力御家人として一大勢力を築いていた足利家は、高氏の妻として後の鎌倉幕府最後の執権北条《ほうじょう》（赤橋《あかはし》）守時《もりとき》の妹登子を迎えた。

後醍醐《ごだいご》天皇の討幕の挙兵にあたり、当初は幕府軍の大将の一人として勝利に貢献し、従五位上《じゅごいのじょう》の位階を得るに至った。後醍醐隠岐《おき》西ノ島（島根県西ノ島町）脱出後の再度の挙兵においても、幕府軍として西上したが、丹波《たんば》国篠村八幡宮《しのむらはちまんぐう》（京都府亀岡市）にて叛旗《はんき》を翻《ひるがえ》し、反幕府勢力を取り込み、六波羅探題《ろくはらたんだい》を滅ぼした。後醍醐からはその勲功を認められ、昇殿《しょうでん》を許され、従四位下《じゅしいのげ》・左兵衛督《さひょうえのかみ》の官職を得るとともに鎮守府将軍《ちんじゅふしょうぐん》に任ぜられた。また、天皇の諱《いみな》（尊治《たかはる》）の一字を与えられ尊氏に改名するなど、建武の新政当初から気を遣われる存在であった。

建武政権の中で、尊氏は正三位《しょうさんみ》・参議《さんぎ》まで昇進した。足利氏として初めて公卿《くぎょう》の地位まで昇りつめ、政権の武士側の勢力を掌握しつつあったのである。政権の貴族側の中心護良親王《もりよししんのう》と対立したが、後醍醐の寵姫阿野《あの》廉子と手を組み、讒言《ざんげん》により護良を失脚に追い込んだ。しかし、討幕のもう一人の貢献者新田義貞《にったよしさだ》と対立することとなった。

足利尊氏画像　個人蔵　画像提供：栃木県立博物館

そんな折、執権北条高時《たかとき》の遺児北条時行《ときゆき》ら北条残党が信濃《しなの》国で挙兵し鎌倉を占拠した（中先代《なかせんだい》の乱）。尊氏は源氏再興の宿願の好機と、鎮圧と引き替えに征夷大将軍《せいいたいしょうぐん》を後醍醐に求めたが、征東将軍《せいとうしょうぐん》への任命にとどめられた。尊氏は後醍醐の期待に応えて乱を鎮圧し、勲功として従二位《じゅにい》に昇叙《しょうじょ》されたが、もはや心は建武政権にはなく、新たな政権樹立の模索段階へと入っていた。尊氏が上洛要請を無視し関係が決裂すると、官職は剥奪され、尊氏討伐命令が出された。尊氏は、一度は引き下がったが、義貞を箱根竹ノ下《はこねたけのした》（静岡県小山町）で破り上洛を果たす。だが、再上洛を目指す政府軍の北畠顕家《きたばたけあきいえ》に敗れ、あえなく西国へ奔走する。

後醍醐のライバルの皇統持明院統《じみょういんとう》の光厳《こうごん》上皇からの院宣《いんぜん》を得るなど体勢を立て直した尊氏は、一度は九州の地に下るも、西国の武士の支持を集め、兵庫湊川《みなとがわ》（神戸市中央区）にて楠木正成《くすのきまさしげ》を破り、再度の入京を成し遂げる。洛中を制圧した尊氏は、後醍醐を軟禁し、光厳の弟光明《こうみょう》天皇を即位させたが、後醍醐は大和《やまと》国吉野《よしの》（奈良県吉野町）へと脱出し南朝を立て、南北朝の両立が幕を開ける。

将軍となった尊氏は、『建武式目《けんむしきもく》』を公布する。北条泰時《やすとき》の『御成敗式目《ごせいばいしきもく》』以降の武家法を継ぐものだが、『御成敗式目』ほどの具体性に乏しく、室町幕府の根本法としては物足りない。しかし、この式目制定により、尊氏の指向性は幕府開設へと向いていることはたしかであった。

尊氏方の快進撃は続き、越前《えちぜん》国の金ケ崎《かねがさき》・藤島《ふじしま》の戦いで連勝し新田義貞を戦死させ、陸奥《むつ》から上洛を試みた北畠顕家も、和泉《いずみ》国石津《いしづ》（堺市堺区）にて討ち取った。尊氏は、北朝より宿願であった征夷大将軍を拝命し、南朝後醍醐は巻き返すことができず吉野にて無念の死を遂げる。

尊氏が創設した幕府の運営状況を紐解くと、研究者間で見解が分かれるものの、尊氏と弟直義《ただよし》による両頭政治と表現されることがある。すなわち、尊氏が武士支配権（主従制的支配権《しゅじゅうせいてきしはいけん》）を担当し、直義が統治権的支配権《とうちけんてきしはいけん》を担当したという解釈である。ただ、この解釈は近年見直され、支配権の大部分は直義に偏っていたのではという説も出されている。

尊氏は武士への恩賞を司り、個人（主人）と個人（従者）との人格的支配服従関係において、諸国の武士たちを従属させ、この主従関係（御恩《ごおん》と奉公《ほうこう》）により政権を盤石なものにしていこうとした。そのための官職が征夷大将軍なのである。尊氏は、恩賞の評価を適切に行ったとされ、武士たちの信頼を集めた。戦前の悪しき尊氏像は払拭され、再評価されつつある。

一方の直義は、尊氏のような私的な主従関係ではなく、あくまで第三者の立場から、裁判という形式で調停し、それによって武士たちの権利を保障する公的かつ領域的な支配権を担当した。

だが、この二頭政治は、尊氏の執事《しつじ》高師直《こうのもろなお》と直義の対立を生じさせ、南朝との争いも加え、三者による泥沼の内乱へと陥っていくのであった。師直・直義死去後も情勢は落ち着かず、特に京都の争奪戦は激しく、京都を奪還したと思ったらまた南朝方に占拠される有様であった。この争奪戦のさなか、延文《えんぶん》三年（一三五八）、尊氏は波乱に満ちた人生に幕を下ろした。

（久水俊和）

【主要参考文献】

榎原雅治・清水克行編『室町幕府将軍列伝』（戎光祥出版、二〇一七年）
亀田俊和『観応の擾乱』（中央公論新社、二〇一七年）
佐藤進一『南北朝の動乱』（中公文庫、二〇〇五年、初出一九六五年）
清水克行『足利尊氏と関東』（吉川弘文館、二〇一三年）
高柳光寿『足利尊氏（新装版）』（春秋社、一九八七年、初出一九五五年）

二代・足利義詮

足利義詮《よしあきら》は三十八年の人生の多くを、父尊氏《たかうじ》に振り回された。父が鎌倉幕府に叛旗《はんき》を翻《ひるがえ》したとき、わずか四歳にして父の名代《みょうだい》を背負い、新田義貞《にったよしさだ》の鎌倉攻めに参加させられる。父が後醍醐《ごだいご》天皇と対立すると、北畠顕家《きたばたけあきいえ》により鎌倉を一時逐われるが、父が後醍醐勢を京都から追い払い、幕府を創設すると、鎌倉の地にて平穏な暮らしができるかと思われた。しかし、今度は父の執事高師直《しつじこうのもろなお》と叔父足利直義《ただよし》のいがみ合いが始まる。直義が失脚すると、その代わりとして鎌倉から上洛させられた。入京した義詮は、二十一歳にして参議《さんぎ》・左近衛中将《さこのえちゅうじょう》に補任され、早くも公卿《くぎょう》の仲間入りをする。

尊氏と直義は、尊氏が京都の清水寺《きよみずでら》（京都市東山区）に「現世の幸福は直義に与えてください」との願文《がんもん》を奉納するほど仲が良かったが、執事師直との対立は抑えることができなかった。ずるずると擾乱《じょうらん》へと巻き込まれていく。

尊氏は直義の養子となっていた実子足利直冬《ただふゆ》を討つため中国地方へ出兵した。その折、父に虐《しいた》げられた叔父は、父の宿敵南朝へと降伏し、師直討伐の大義名分を得て、再び京へと進駐する。義詮は丹波《たんば》国へと逐われた。尊氏と直義は、なんとか仲直りをし、再び尊氏とともに京へ帰ることができた。しかし、兄弟の確執は完全に消火されたわけではなかった。またもや父と叔父は対立し、直義討伐の大義名分を得るため、今度は尊氏が南朝に降伏する。その際、義詮もともに南朝へと降ることとなる。降伏した後、年号が南朝年号である「正平《しょうへい》」へ統一された。これを正平一統《しょうへいのいっとう》という。

　尊氏は駿河《するが》国・相模《さがみ》国にて直義を破り、直義は鎌倉にてその生涯を閉じた。京都の留守番を仰せつかった義詮だが、尊氏との講和により、南朝の後村上《ごむらかみ》天皇が勢いを取り戻す。早い内に芽を摘むべしと、義詮は再び南朝と対峙《たいじ》し、上洛を企てる後村上を大和《やまと》国賀名生《あのう》（奈良県五條市）へと追い返した。しかし、ただでは転ばない南朝方は、北朝の崇光《すこう》天皇と皇太子の直仁親王《なおひとしんのう》、光厳《こうごん》・光明《こうみょう》両上皇を拉致し、三種《さんしゅ》の神器《じんぎ》をも接収し、賀名生へと連行した。

足利義詮画像　京都市右京区・宝筐院蔵

　父尊氏より京都を任されたにもかかわらず、義詮は天皇・上皇・皇太子さらには三種の神器さえ奪われるという大失態を演じる。北朝の知恵袋二条良基《にじょうよしもと》らは、父たちと秘策を企てた。天皇譲位に関しては天皇家の家長である治天《ちてん》の君《きみ》の承認が必要だが、治天の君光厳は遠く賀名生に幽閉中である。そこで、光厳・光明の母である広義門院《こうぎもんいん》を治天の君に仕立て上げた。治天の君は天皇経験者がなるものだから、天皇未経験のしかも皇女でもない広義門院（父は西園寺公衡《さいおんじきんひら》）が就くことは異例中の異例である。新天皇には出家する予定であった崇光天皇の弟弥仁《いやひと》王を

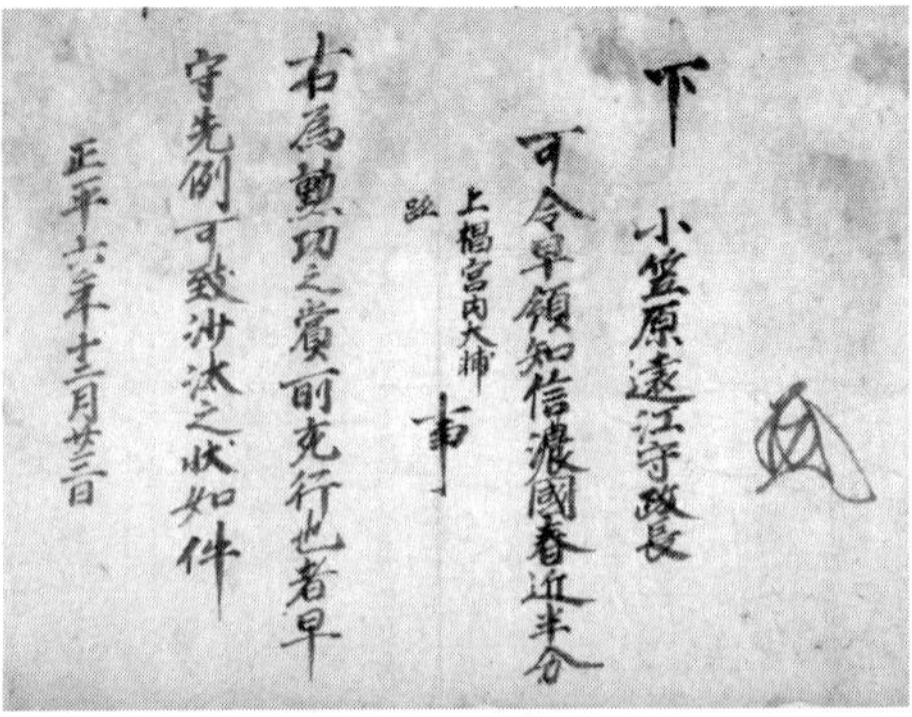
下　小笠原遠江守政長
可令早領知信濃國春近半分 上椙宮内大輔跡 事
右為勲功之賞所宛行也者早
守先例可致沙汰之状如件
正平六年十二月廿三日

正平６年12月23日付足利義詮下文　「小笠原文書」
東京大学史料編纂所蔵

擁立した。後光厳《ごこうごん》天皇である。これにより、北朝は崇光流《すこうりゅう》と後光厳流《ごこうごんりゅう》の二つの皇統に分裂することになり、深みへとはまっていく。

さらに義詮は、「正平」年号を棄却し、「観応《かんのう》」に戻し、すぐさま代始《だいはじ》め改元として「文和《ぶんな》」への改元を強行する。強行というのは、本来代始め改元は、一年で二君の年号が存在することを避けるため、譲位の翌年以降に行うのが大原則であった。その原則を破ってでも、義詮は皇位継承を完遂したかったのである。

異例の即位劇でも、北朝を立て直したかにみえたが、直義の遺志を引き継いだ直冬が南朝勢力とともに京に攻め入ってきた。義詮はまたまた逐われて美濃《みの》国と逃れる。それでもめげない義詮は、再び京都を攻め、京都を占拠していた直冬派を退け、再帰洛を果たした。父尊氏も帰洛したが、まもなく死去する。

父の後を継ぎ征夷大将軍となるも、状況は良化せず、地方の有力守護《しゅご》たちは南北朝の狭間でどちらにつくのか流動的であった。そこで南朝から決定的な勝利を得て、揺れ動く守護たちの心をつかもうとしたが、頼りにしていた執事細川清氏《ほそかわきようじ》が南朝方へと寝返る。息を吹き返した南朝は四度目の京都奪還を果たし、義詮は後光厳を奉じて近江《おうみ》国へと逃走した。
その後、再々上洛を果たすと、義詮は斯波義将《しばよしゆき》を管領《かんれい》（執事の後継）とする。義将は若年のため、実際は父斯波高経《たかつね》が主導する。強権的な政治ではあったものの、山陽の大内《おおうち》氏や山陰の山名《やまな》氏などのどっちつかずの守護たちも帰順し、ようやく幕府は安定してきた。だが、義詮は病により三十八歳にして世を去ることとなる。

（久水俊和）

【主要参考文献】
榎原雅治・清水克行編『室町幕府将軍列伝』（戎光祥出版、二〇一七年）
亀田俊和『観応の擾乱』（中央公論新社、二〇一七年）
佐藤進一『南北朝の動乱』（中公文庫、二〇〇五年、初出一九六五年）
高柳光寿『足利尊氏（新装版）』（春秋社、一九八七年、初出一九五五年）
佐藤進一『南北朝の動乱』（中公文庫、二〇〇五年、初出一九六五年）
久水俊和『室町期の朝廷公事と公武関係』（岩田書院、二〇一一年）

三代・足利義満

足利義満《よしみつ》は、公家《くげ》と武家《ぶけ》を融合させた形の将軍像を完成させたといえよう。母は石清水八幡宮《いわしみずはちまんぐう》の社務善法寺通清《ぜんぽうじつうせい》の娘紀《きの》良子と、決して身分は高くない。しかし、良子の母智泉聖通《ちせんしょうつう》は順徳《じゅんとく》天皇の皇子善統親王《よしむねしんのう》の孫にあたり、血脈的には順徳流の流れを汲むことになる。また、良子の姉妹である仲子は広橋《ひろはし》家の養女となり、後光厳《ごこうごん》天皇の後宮《こうきゅう》へ入り後円融《ごえんゆう》天皇の国母《こくも》となる。つまり、後円融と義満は、血脈上は女系の従兄弟《いとこ》ということになる。義満は、生まれの境遇から公武融合なのである。

義満の幼年期、室町幕府はまだ不安定であり、南朝軍が入京し父義詮《よしあきら》が近江《おうみ》国へと逃亡したときは、播磨《はりま》国の赤松則祐《あかまつそくゆう》のもとへと逃れた。その後、帰洛するも父の死によりわずか十歳にて足利将軍家を継ぐことになった。官位は父に倣って左馬頭《さまのかみ》に補任された。元服し征夷大将軍に任官されると、参議《さんぎ》・左近衛中将《さこのえちゅうじょう》、そして従三位《じゅさんみ》と、父と同じような昇進コースをたどった。さらに室町第《むろまちてい》（花の御所）へと移住した。この邸宅の所在地が室町幕府の名の由来である。

若き日の義満を支えたのは、管領細川頼之《かんれいほそかわよりゆき》であった。だが、前管領斯波義将《しばよしゆき》一派のクーデターにより、再び義将が管領となる（康暦《こうりゃく》の政変）。細川氏と斯波氏の内訌にみるように、有力守護《しゅご》たちの勢いは増しつつあり、彼らをどう押さえつけるかが義満の課題となる。

　朝廷における義満の立場は、目を見張るものがある。弱冠二十一歳にして、権大納言《ごんだいなごん》・右近衛大将《うこのえたいしょう》という源頼朝《みなもとのよりとも》と同じ官職を得た。摂関家《せっかんけ》以外ではみられない若年での昇進であり、足利家は摂関家と同等の地位を確保しはじめていたのである。祖父も父も得ることができなかった近衛大将の意味は大きい。義満が朝廷に仕える公家たちと主従関係《しゅじゅうかんけい》を結ぶことができ、朝廷儀礼の世界でも摂関家相等の家格《かかく》を手に入れたのである。

足利義満木像　鹿苑寺旧蔵

　さらに父を越える従一位《じゅいちい》へと昇り、内大臣《ないだいじん》に任命された。尊氏も義詮も死後に大臣が贈られてはいるが、義満は二十四歳にして太《だい》政官《じょうかん》の大臣ポストを得たのである。さらには左大臣《さだいじん》へと昇進し、残るポストは、平清盛《たいらのきよもり》が得た太政大臣《だいじょうだいじん》のみとなった。

　義満の官職はただの装飾ではなく、朝廷儀礼にも積極的に参仕した。その際は武士ではなく公家衆のみを従えた。これは、公家としての足利家も形成されていたことを意味する。義満の儀礼での作法は公家衆も顔負けである。公家社会の師匠ともいえる二条良基《にじょうよしもと》から伝授された作法も奥義を極めた。朝廷儀礼の要の役である内弁《ないべん》を十九回も勤め、ついには他の公家たちにも伝授するようになるまでの極地へと達していた。

その他にも、後円融《ごえんゆう》上皇の院政の開始とともに院別当《いんのべっとう》に就き、清和源氏《せいわげんじ》だけではなく全源氏の長である源氏長者《げんじのちょうじゃ》も獲得した。さらには、三后《さんごう》（太皇太后《たいこうたいごう》・皇太后《こうたいごう》・皇后《こうごう》）に准じた准三宮《じゅさんぐう》をも賜った。これにより、武家の世界だけではなく公家の世界をも掌握した。

だが、武家の棟梁《とうりょう》としての立場を忘れたわけではない。脅威となりつつある守護の抑制である。左大臣を辞した義満は、富士山や厳島《いつくしま》神社などを遊覧し諸国の情勢を収集し、若き日に手放した細川頼之との仲を回復させた。壮大なモグラ叩きの開始である。

土岐《とき》氏の後継争いに乗じて土岐康行《やすゆき》を討伐し、十一か国の守護を掌握し「六分一殿《ろくぶんのいちどの》」と称された山名氏清《やまなうじきよ》を大内裏跡《だいだいりあと》の内野《うちの》にて戦死させた。また、これまで何度となく、祖父と父に煮え湯を飲ませ続けてきた南朝との争いにもけじめを付けた。南朝の後亀山《ごかめやま》天皇との講和を成立させ、ようやく南北朝の争乱に終止符を打ったのである。

再び左大臣に就任すると、管領を再度斯波義将とした。犬猿の仲であった細川・斯波の両氏を上手に使いこなし、争乱の世からの脱却を図ったのである。

盤石な体制を築きあげると、将軍職を息子の足利義持《よしもち》へと譲る。朝廷からは太政大臣の任命を拝し、ついに平清盛以来の大昇進を遂げた。しかし、義満はまもなく太政大臣を辞し、出家の道を選んだ。武家・公家の頂点に立った義満は、今度は道義《どうぎ》と号し、寺家をも凌駕せんとしたのである。義満は、東大寺《とうだいじ》・延暦寺《えんりゃくじ》と、顕密《けんみつ》の中心寺院の戒壇《かいだん》に登り、また、禅宗《ぜんしゅう》においては相国寺《しょうこくじ》大塔《だいとう》を建立した。

さらに、相国寺内には鹿苑院《ろくおんいん》を建てて、北山第《きたやまてい》を新造し、仙洞《せんとう》（上皇の御所）に準じた。北山第の内の楼閣が金閣《きんかく》である。

形式上は将軍職を義持へと譲ったが、実際は義満に指揮権があった。九州探題《きゅうしゅうたんだい》の今川貞世《いまがわさだよ》を更迭し、有力守護大内義弘《おおうちよしひろ》を討伐した。外交においては、明《みん》との朝貢《ちょうこう》形式による交渉を行い、再び中国との国交を結んだ。その際、明帝より「日本国王」号を授かる。かつては、義満の皇位簒奪《さんだつ》と連関させる学説が唱えられたが、近年は対外的な称号にすぎないとの評価が有力である。

武家・公家・寺社をも凌駕し、ついには臣下でありながら太上天皇の贈号が検討されるほどであった。そんな矢先、義満は病魔に伏し帰らぬ人となった。

（久水俊和）

【主要参考文献】
家永遵嗣『室町幕府将軍権力の研究』（東京大学日本史学研究室、一九九五年）
臼井信義『足利義満』（吉川弘文館、一九六〇年）
小川剛生『足利義満』（中央公論新社、二〇一二年）
久水俊和『室町期の朝廷公事と公武関係』（岩田書院、二〇一一年）
矢部健太郎「中世武家権力の秩序形成と朝廷」（『国史学』二〇〇、二〇一〇年）

四代・足利義持

足利義持《よしもち》は、義満《よしみつ》の子として至徳三年（一三八六）に誕生し、応永元年（一三九四）に四代将軍となった。将軍就任時の父・義満は、まさに権力の頂点に君臨しており、若い義持はほとんど実権をもたなかった。しかし義満の死後は、力強く政治を行っていく。

まず義持は、義満が営んだ北山第《きたやまてい》を放棄し、祖父である義詮《よしあきら》がかつて居住していた三条坊門《さんじょうぼうもん》の地へと移住した。これは単なる引っ越しではなく、義満が築き上げた「北山殿《きたやまどの》」なる地位を、義持が継承しないことを示すものでもあった。一方で、義持が義詮の地位を継承したわけではない。義持の立場は、天皇や上皇を強力に支えるものであり、現任の摂関《せっかん》に準ずるものであったことが解明されている。また近年では、この義持の立場こそが、以降の足利将軍家家長の基本的な性格として理解されるようになっている。

しかし、義持が摂関とまったく同じ振る舞いをしていたわけではないこともまた事実である。例えば義持は、摂関家では受け付けていない清華家《せいがけ》からの拝賀《はいが》を受けており、摂関家よりも尊大に振る舞っていた。また、義満の時代に引き続き、摂関家に対する偏諱《へんき》授与も行っているから、義持は、将軍家が摂関家より上位に位置づく存在であるという認識をもっていたようである。義満の地位をただ直接継承するのではなく、義持なりに家長としてのあり方を「取捨選択」して、新たに「室町殿《むろまちどの》」の地位を確立していったという見解が、共通理解となりつつある。

義持の政治手腕として特に注目されるのは、朝廷政務の領導・輔弼《ほひつ》であろう。上述のように、義持は朝廷儀礼などにおいて、現任摂関のように振る舞うことが多かったが、天皇や上皇を支えるという点でいえば、幅広い場面で同様の行為を認めることができる。その一例が祈禱である。義持は、病弱な称光《しょうこう》天皇のために、僧侶たちにたびたび祈禱を行わせている。称光には皇子がいなかったから、称光が亡くなれば後光厳院《ごこうごんいん》流の北朝天皇家は存亡の危機に陥ってしまう。義持は、称光の病を癒そうと奔走しており、天皇を支える姿は祈禱の差配からもうかがうことができる。

足利義持画像　東京大学史料編纂所蔵模写

さらに興味深いのは、後小松《ごこまつ》の裁決に問題がないか、義持が陰でチェックしようとしている点である。義持は、後小松の側近らが後小松に憚って物申すことができないという状況を理解して、「皆が言えないことは私からお伝えしよう」との姿勢を示している（『康富記《やすとみき》』応永二十五年八月十三日条）。義持は、後小松の裁決に見過ごせない問題点があることを見抜きながらも、その体面を守りつつ、よりよい政治を実現しようとしていた。

ところで義持の時代には、上杉禅秀《うえすぎぜんしゅう》の乱をはじめ、局所的な武力蜂起も確認される。ただし、義持の時代は室町時代のなかでも戦乱が少なく、全体的にみて平和な時代であったことも事実である。その一方で、将軍家内部ではいくつかの問題が生じていた。一つは弟の義嗣《よしつぐ》に関する問題である。義嗣は義持の異母弟であるが、義満が偏愛するあまり、義嗣が入寺していた梶井《かじい》（三千院《さんぜんいん》）から彼を取り返したほどであった。義嗣は、親王の儀礼に則って元服を果たしており、義持のほかの兄弟と比べても明らかに異質な存在といえる。義持の地位を脅かしかねなかった義嗣は、義満の死から約十年後、謀叛の疑いにより幽閉され、非業の最期を遂げる。このように義持は、弟を手にかけるという犠牲を払いながら、自身の地歩を固めていったのである。

もう一つは、義持の子息でその後継者であった五代将軍義量《よしかず》の早世、つまり将軍家における後継者問題の発生である。すでに義持は出家していたから、義量が亡くなった応永三十二年二月二十七日以降、将軍不在という状況がしばらく常態化するが、義持が家長として君臨していたため、幕府の政治に特段の変化はなかった。ところが応永三十五年、今度は義持自身が後継者を指名しないまま亡くなってしまう。義持が後継者を定めなかった一つの理由は、義量の死後、神前でくじ占いを行い、子孫が続いていくという旨のくじを引いたからである。さらにその夜には、男子出生の夢をみたため、猶子《ゆうし》もとらなかったという。また義持は、「たとえ実子がいたとしても、後継者を自分で決めるつもりはない」との意向も示している（『満済准后日記《まんさいじゅごうにっき》』同年正月十七日条）。かつて義持は義満の死後、義嗣の存在がクローズアップされるなか、斯波義将《しばよしゆき》の後援により、将軍家家長としての地位を確固たるものにした経緯をもつ。義持が、周囲の支持こそ大切だと考えていたとしても一向におかしくはないであろう（『建内記《けんないき》』同年正月十七日条）。

（髙鳥廉）

【主要参考文献】

石原比伊呂「准摂関家としての足利将軍家」（『室町時代の将軍家と天皇家』勉誠出版、二〇一五年、初出二〇〇六年）
石原比伊呂「足利義持と後小松「王家」」（同右、初出二〇〇七年）
伊藤喜良『足利義持』（吉川弘文館、二〇〇八年）
大田壮一郎「足利義持政権と祈禱」（塙書房、二〇一四年、初出二〇〇九年）
桜井英治『室町人の精神』（講談社学術文庫、二〇〇九年、初出二〇〇一年）
髙鳥廉「室町期の臨時祈禱と公武関係」（『日本歴史』八四七、二〇一八年）
水野智之「室町将軍の偏諱と猶子」（『室町時代公武関係の研究』吉川弘文館、二〇〇五年、初出一九九八年）
桃崎有一郎「足利義持の室町殿第二次確立過程に関する試論」（『歴史学研究』八五二、二〇〇九年）
桃崎有一郎「足利義嗣」（榎原雅治・清水克行編『室町幕府将軍列伝』戎光祥出版、二〇一七年）
森幸夫「足利義嗣の元服に関する一史料」（『古文書研究』七七、二〇一四年）
山田邦明『室町の平和』（吉川弘文館、二〇〇九年）
吉田賢司『足利義持』（ミネルヴァ書房、二〇一七年）

五代・足利義量

足利義量《よしかず》は、応永十四年（一四〇七）七月二十四日、四代将軍足利義持《よしもち》の子として誕生した。母は、義持正室の日野《ひの》（裏松《うらまつ》）栄子である。同十六年十二月三日には、魚味の儀式が執り行われ、同二十三年十二月十三日、初めて具足《ぐそく》を着用している（『満済准后日記《まんさいじゅごうにっき》』）。

幼少期の義量の動向を追ってみると、父とともに義満の愛妾であった高橋殿《たかはしどの》の許を訪れたり（『満済准后日記』応永二十年正月十九日条）、祇園社《ぎおんしゃ》に対し年始の神馬《じんめ》として栗毛の馬を寄進したりしている（「祇園社記続録」第一、「祇園社記」第十八）。そして、同二十四年十二月一日、義量は十一歳で元服する。元服後の十二月十三日、義量は父とともに称光《しょうこう》天皇と後小松《ごこまつ》上皇の許に訪れており、足利将軍家の次期家長として認知されたものと思われる。そして応永三十年三月十八日、義量は義持のあとをうけて室町幕府の五代将軍となった。

義量は、元服・将軍就任後も父の強い影響下に置かれていたが、義量に仕える「御方衆《おかたしゅう》」が次第に組織・整備されていったことも知られている。御方衆というのは、義量のそば近くに仕え、御供としてその出行に付き従った人々のことをいう。義持は、義量に酒の暴飲（「大飲酒」）をさせぬよう、在京する義量の側近ら三十五名に起《き》請《しょう》文《もん》を書かせており（『花営三代記《かえいさんだいき》』応永二十八年七月二十五日条）、当時在京していた御方衆のおおよその数を読み取ることができる。御方衆は、主に有力守護の庶流一族を中心にして構成されており、それらの多くは、のちに奉公衆《ほうこうしゅう》として活動した。御方衆には、当初より義量に仕えていたものだけではなく、義持に祇候していた者も次第に含まれていく。そしてそれが、義量の将軍宣下が具体化しつつあった応永二十八年から同二十九年にかけてのことであることから、義持による御方衆の増強・整備策と考えられている。

足利義量木像　栃木県足利市・鑁阿寺蔵

ところで、数少ない義量のエピソードのなかでよく知られているのが、その酒癖の悪さである。確かに、義持が義量の側近から起請文をとり、義量のもとに酒を持ち込ませないようにしたのも、義量が日頃から暴飲しがちであったことを示すものとして解釈することもできなくはないし、実際にそうだったのかもしれない。ただしこの問題は、清水克行氏が注目したように、義持がなぜ飲酒に厳しい態度を示したのか、換言すれば、「酒好き」の義量、という面だけではなく、「酒嫌い」の義持、という視点からも検討することで、このエピソードが意味するものをより具体的に理解することが可能となる。

清水氏は、義持がこれ以前に五山派《ござんは》の禅宗《ぜんしゅう》寺院や律宗《りっしゅう》寺院、

足利満詮画像　京都市北区・大徳寺養徳院蔵

そして俗人に対しても禁酒令を出していたことに注目して、義量に酒を勧めたり、義量のもとに酒を持ち込むことを禁じたりした事例も、従来の禁酒令の延長線上に位置づけるべきものとして理解した。そのうえで、義持の禁酒令が特に禅宗寺院を中心にして出されていることや、義持の〝禅宗かぶれ〟に注目し、禅宗の禁欲主義的な態度が、義持による禁酒令の背景にあったのではないかと推測している。このように、義量の飲酒問題は、より広範な視座から見渡していく必要があろう。

なお義量には、足利満詮《みつあきら》の娘との縁談があったようであるが、満詮の死後、父の義持がこれを破談にしてしまっている。義持は、満詮とその子息らの台頭を危惧したものとみられるが、叔父の存命中にはなかなか断れなかったのであろう（『看聞日記《かんもんにっき》』応永二十五年五月十六日条）。かねてより病弱であった義量は、応永三十二年二月二十七日にわずか十九歳という若さで亡くなってしまう。その死因は「内損《ないそん》」（内蔵疾患）であったとか、義嗣らの怨霊によるものであったともされている（『薩戒記《さっかいき》』）。死因としては、前者を想定するのが穏当な理解であろう。『日本国語大辞典』によると、この「内損」というのは、特に飲酒の影響で胃腸の状態を悪くすることを指すという。義量が大酒飲みであったと断定することはできないけれども、彼の死因とされる「内損」が、アルコールの過剰摂取によるものであった可能性は依然として残る。

これは推測の域を出ないが、義持は従来の禁酒令の流れに加え、病弱かついまだ年若い我が子の身体を心配して、義量に無理な飲酒をさせぬよう、その側近集団たる御方衆に命じたのかもしれない。息子の身体を気遣う義持の親心が、後世、義量の〝大酒飲み〟エピソードを肥大化させていったという可能性もありはしないだろうか。義持の意図や義量の酒好きを明確かつ直接的に物語る史料がないのが口惜しいところであるが、この線も含めて考えていくことが、今後、義量の飲酒問題を解くための一つの鍵になるかもしれない。

（髙鳥廉）

【主要参考文献】
青山英夫「足利義量〈御方衆〉考」（『上智史学』三三、一九八八年）
榎原雅治「足利満詮」（榎原雅治・清水克行編『室町幕府将軍列伝』戎光祥出版、二〇一七年）
清水克行「足利義持の禁酒令について」（『室町社会の騒擾と秩序』吉川弘文館、二〇〇四年、初出一九九九年）
清水克行「足利義量」（榎原雅治・清水克行編『室町幕府将軍列伝』戎光祥出版、二〇一七年）
髙鳥廉「室町前期における足利満詮流の政治的地位」（『日本歴史』八二七、二〇一七年）

六代・足利義教

六代将軍の足利義教《よしのり》は、義満《よしみつ》の子で義持《よしもち》の弟にあたる。はじめ、天台宗山門派《てんだいしゅうさんもんは》の青蓮院《しょうれんいん》に入室して義円《ぎえん》と名乗り、僧侶として活動した。足利将軍家の出身ということもあり、その地位は高く、准后《じゅごう》や天台座主《てんだいざす》となっている（『建内記《けんないき》』応永三十五年正月十九日条）。将軍家に後継者問題が発生しなければ、高僧として平穏な生活を送ることになったであろうが、甥の義量《よしかず》、兄の義持《よしもち》が相次いで死没し、ついに還俗《げんぞく》して将軍家の家督を継承する。

義持が特定の後継者を指名しなかったため、次期将軍はくじ引きによって選ばれた。義円のほかに候補となったのは、大覚寺義昭《だいかくじぎしょう》、梶井義承《かじいぎしょう》、そして禅僧の虎山永隆《こざんえいりゅう》で、いずれも義満の子息である。くじ引きの結果、選ばれたのが義円であり、還俗して名を義宣《よしのぶ》と改めることになる。この「義宣」という名前は、「世（よ）を忍ぶ（しのぶ）」という読みに通じるのが不快であるという理由で、のちに「義教」に改められている（『看聞日記《かんもんにっき》』正長二年三月十五日条）。

義教といえば、専制的な恐怖政治を行って、最終的に嘉吉《かきつ》の変《へん》で赤松満祐《あかまつみつすけ》に暗殺された人物、という印象が強いが、その点ばかりに注目するだけでは義教政権の特質を理解することは難しい。そもそも、義教は嫡男ではなかったうえに仏門に入ったため、将軍家の家督継承候補者としての英才教育を受けていない。しかも、僧侶時代には幕政に関わる有力大名との関係をほとんどもたなかったと思われるから、自身の政治基盤を確立するまでにそれなりの時間が必要だったと考えられる。また、義持期の重臣たちが義教を取り囲むような状況下で政治を行わねばならず、必ずしも自身の意思を貫徹できる状況にあったとはいえない。義教がその政権前半期の裁判で湯起請《ゆぎしょう》（手を熱湯のなかに入れて、その爛れ具合により真偽を判断する神判の一種）を多用しているのは、彼の意向が反映されにくい状況があったからではないかともいわれている。少なくとも義教政権の発足後しばらくは、専制的な恐怖政治もそれなりに抑制されていたとみられる。

ところが、政権後半にさしかかるにつれて、義教の姿勢が硬直化していく。この時期には、山名時熙《やまなときひろ》・畠山満家《はたけやまみついえ》・三宝院満済《さんぼういんまんさい》・斯波義淳《しばよしあつ》といった幕府の重臣や政僧が相次いで死没していく。特に、義教に対して物申すことのできた畠山満家の死は、義教政権の羅針盤を狂わせる原因の一つであったと考えられている。つまり、義教にとっていわば目の上の瘤ともいうべき存在が世を去ったことにより、義教を抑えることのできる人物がいなくなってしまったことが、彼のさらなる暴走を招いた、というわけである。

確かに、義教の姿勢は苛烈をきわめた。裏松義資《うらまつよしすけ》は義教の勘気《かんき》を被っていたが、妹の重子が義教とのあいだに義勝《よしかつ》（のちの七代将軍）を産んだため、多くの人々が義資のもとを訪れて義勝の誕生を祝おうとした。ところが義教は、それら六十人以上の人々を処罰してしまった（『看聞日記』永享六年二月十六日条)。また、『薩戒記《さっかいき》』永享六年六月十二日条には、義教によって処罰された人々が一覧にされている。廷臣や僧侶、女房など、八十人に及ぶ処罰者がいたというから、義教が次第に態度を強硬化させていったことがうかがえよう。また、義教は武功のあった一色義貫《いっしきよしつら》を謀叛の疑いで暗殺しており、明確な罪状は不明ながら、土岐持頼《ときもちより》をも暗殺している。永享《えいきょう》の乱《らん》では、鎌倉公方《かまくらくぼう》の足利持氏《もちうじ》を滅亡に追い込んだ。こうした義教の態度をみて、疑心暗鬼に陥った人々も少なからずいたはずである。伏見宮貞成《ふしみのみやさだふさ》が「薄氷《はくひょう》を履《ふ》むの儀、恐怖千万」とか、「薄氷を履むの時節、恐怖極まりなし」とその日記に漏らしたのも、実際にそのような雰囲気が漂っていたからであろう(『看聞日記』永享九年二月九日条、十月十九日条)。

その一方、義教と北朝天皇家(特に後花園《ごはなぞの》天皇)との関係は意外にも良好だったようである。後花園天皇は、皇位から遠ざかっていた崇光院《すこういん》流伏見宮家の出身であったが、後光厳院《ごこうごんいん》流の称光《しょうこう》天皇の死後、皇位についた。後小松《ごこまつ》法皇が死去したあと、上皇不在の状況が発生し、後花園もいまだ若年であったため、しばらくは義教が政務を代行していたようである。永享九年(一四三七)、義教は後花園の成長を待って政務代行権を返上し、後花園の補佐に徹するようになる。

なお義教は、自身を天皇や上皇の下位者であることを明確に示している。天皇家ないし伏見宮家側から、後花園の妹を自身の猶子《ゆうし》にしてほしいという依頼があった際には、申し出を喜びつつも「天皇の御妹を猶子とするのは恐れがましい」とし、先例の有無を調査させるなど慎重な態度をとっている。

しかもこれは、類例がないため沙汰止みとなっており、義教は是が非でも本件を実現させようとはしていない（『看聞日記』永享六年三月十四日条）。このように、現在では、義教の専制的な側面以外にも注目が集まりつつある。

（髙鳥廉）

【主要参考文献】

石原比伊呂「足利義教と北朝天皇家」（『室町時代の将軍家と天皇家』勉誠出版、二〇一五年）
今谷明『籤引き将軍足利義教』（講談社選書メチエ、二〇〇三年）
臼井信義「足利義持の薨去と継嗣問題」（『国史学』五七、一九五二年）
奥富敬之『日本人の名前の歴史』（吉川弘文館、二〇一八年、初出一九九九年）
斎木一馬「恐怖の世」（『斎木一馬著作集２　古記録の研究　下』）吉川弘文館、一九八九年、初出一九六八年）
桜井英治『室町人の精神』（講談社学術文庫、二〇〇九年、初出二〇〇一年）
清水克行『日本神判史』（中公新書、二〇一〇年）
髙鳥廉「室町期の臨時祈禱と公武関係」（『日本歴史』八四七、二〇一八年）
髙鳥廉「室町前期における比丘尼御所の附弟選定とその背景」（『古文書研究』八九、二〇二〇年）
松永和浩「室町殿と朝儀」（『室町期公武関係と南北朝内乱』吉川弘文館、二〇一三年）
水野智之『名前と権力の中世史』（吉川弘文館、二〇一四年）
森茂暁『室町幕府崩壊』（角川選書、二〇一一年）

七代・足利義勝

義勝《よしかつ》は、嘉吉《かきつ》の乱《らん》による父義教《よしのり》の暗殺を受けて、八歳で足利将軍家を継承した。しかし、嘉吉三年（一四四三）七月、病によりわずか十歳で夭折《ようせつ》した。将軍としての実権を握る以前に亡くなってしまったゆえに、特に語ることのない存在と受け取られるかもしれない。しかし、彼自身の意思や個性とは別に、出生と前後の時期における幕政の展開を関連させて考えることで、その存在の重要性がみえてくる。

義勝は永享六年（一四三四）二月九日、義教側室日野重子《ひのしげこ》を母として生まれた、待望の男子であった。幼名は千也茶丸《ちやちゃまる》と名付けられた。将軍家の出産は、将軍側近の邸宅である御産所《ごさんじょ》でおこなわれることになっている（本書「誕生」参照）。義勝の御産所は波多野元尚《はたのもとひさ》邸であった。三月になり、義勝は御産所から、政所《まんどころ》執事《しつじ》伊勢貞国《いせさだくに》邸に移された。以後、室町第《むろまちてい》に移るまでの八年間、貞国によって義勝は養育されることになり、さまざまな生育儀礼を経験する（本書「生育儀礼」参照）。

伊勢氏による養育は、義満《よしみつ》が伊勢貞継《さだつぐ》に養育されたという先例にもとづくとされる。加えて、義教政権下での貞国の位置を考慮する必要がある。貞国は永享三年に兄貞経《さだつね》が失脚したことを受けて、政所執事に就任した。そして、執事の職掌だけにとどまらず、東国・西国との交渉に関与するなど、義教側近として地位を向上させている。この点が、義勝の養育者として貞国が選ばれたことの背景にあったと考えられる。そして、嘉吉の乱以後の幕政運営にも、義勝と貞国の関係が重要な意味を持つことになる。

嘉吉元年六月二四日、赤松満祐《あかまつみつすけ》によって義教は暗殺された。その二日後、諸大名の評議によって、義勝は室町第へ移り、将軍家の後継者とされた。ここで注目されるのは、翌月、義勝がまだ少年の身ということで、叔父梶井門跡義承《かじいもんぜきぎしょう》（義教弟）を代官とし、その御判《ごはん》によって政事を代行させようという、管領細川持之《かんれいほそかわもちゆき》の提案が出されていることである。将軍暗殺の首謀者が健在という非常事態において、幼年の将軍は幕府求心力の低下を招きかねない。そこで、足利将軍家連枝《れんし》の擁立が模索されたのだろう。しかし、この提案は、他ならぬ貞国によって却下された。義勝若年時は管領の御判（下知状《げちじょう》）によって幕政を運営するとされたのである。義勝～義政《よしまさ》初期は、幼少の将軍を管領が代行・補佐する管領政治として位置付けられている。この管領政治は、義勝を権力の源泉とする側近貞国によって後押しされたのである。同時に、義政以後につながる将軍側近政治の胎動をみてとることができる。

八月十七日、義勝は水無瀬神宮《みなせじんぐう》に赤松満祐・教康《のりやす》征伐の願文《がんもん》を納めた。次いで、十九日には朝廷の評定によって義勝という実名が定められ、従五位下《じゅうごいのげ》に叙された。これ以後、いまだ元服前の童体ではあったが、「室町殿《むろまちどの》」と呼ばれるようになった。

管領持之主導で進められた満祐討伐は、後花園天皇《ごはなぞのてんのう》の治罰綸旨《ちばつのりんじ》発給によっても催促されたが、遅々として進まなかった。ようやく九月になって、山名《やまな》軍が満祐を自害させ、嘉吉の乱は終結した。九月十八日には、貞国邸で義勝出御のもと、満祐の首実検《くびじっけん》がおこなわれた。十一月には、将軍の代始・年始の儀式となる評定始がおこなわれた。

翌嘉吉二年十一月、関白《かんぱく》二条持基《にじょうもちもと》を烏帽子親《えぼしおや》として義勝は元服し、正五位下《しょうごいのげ》に叙されるとともに、征夷大将軍《せいいたいしょうぐん》に任ぜられた。その後、弓始《ゆみはじめ》・馬始《うまはじめ》・読書始《どくしょはじめ》といった、武芸・学芸に関する儀式がおこなわれている。

翌嘉吉三年六月には、朝鮮使節が来日した。当初管領畠山持国《はたけやまもちくに》たちは、対応のための費用がかかるので、義勝幼少を理由に入京を拒否しようとした。しかし、使節は義教の弔問《ちょうもん》を目的としていたため、最終的には入京を認めた。六月十九日、義勝は室町第にて使節と対面している。なお、来日時の使節からの連絡は、管領と貞国に届けられたとされる。さらに、使節は帰国後「貞国は義勝の乳父として、管領とともに国政を執り、義勝のすることをみなことごとく変更している。主が弱く臣が強くては、国事が衰えていく」とも述べている（『朝鮮王朝実録《ちょうせんおうちょうじつろく》』）。義勝は弱冠十歳にすぎず、自らの政治的な意向を全面的に表明できていたとは考えにくい。したがって、管領持国や貞国が義勝のすることをみな変更していたという記述を、文字通り受け取るわけにはいかない。ただし、国外の目線からは、管領持国と乳父貞国が幕政を運営しているようにみえていた点は、当時の幕政を考えるうえで興味深い。

朝鮮使節の対応を終えた義勝は、七月十二日に急病となり、二十一日に没した。死因は赤痢《せきり》と推定されている。義勝は、読書始の講師となった清原業忠《きよはらのなりただ》が『孝経《こうきょう》』の次に『四書《ししょ》』を教えたいと述べたことや、亡くなった日に万里小路時房《までのこうじときふさ》が「聡敏利性、後栄憑あり」と記したことから、早熟で聡明な少年だったとされている。幕府直臣の千秋持季《せんしゅうもちすえ》に達磨図《だるまず》を描き与えたことからは、絵画の素養もうかがえる。

義勝との関係を源泉とする伊勢貞国の台頭と、同時期に始動した管領政治は、義勝亡き後、義政政権における将軍側近と管領・大名の相克へとつながっていく。短い生涯だったが、その存在は確実に幕府政治への規定性を持っていたのである。

（川口成人）

【主要参考文献】

家永遵嗣「三魔」（『日本歴史』六一六、一九九九年）
榎原雅治「七代義勝」（榎原雅治・清水克行編『室町幕府将軍列伝』戎光祥出版、二〇一七年）
川口成人「足利義教政権後期における都鄙間交渉の転換」（『古文書研究』八二、二〇一六年）
平野明夫「足利義勝」（日本史史料研究会監修・平野明夫編『室町幕府全将軍・管領列伝』星海社、二〇一八年）
百瀬今朝雄「応仁・文明の乱」（朝尾直弘ほか編『岩波講座日本歴史七中世三』岩波書店、一九七六年）

八代・足利義政

義政《よしまさ》は、義教《よしのり》の三男であり、二歳違いの同母兄義勝《よしかつ》の早世《そうせい》によって足利将軍家を継承し、八代将軍となった。一般にその前半生は、自身の後継者争いや諸大名の抗争を止めることができず、応仁《おうにん》・文《ぶん》明《めい》の乱《らん》を招いてしまったとされることが多い。一方、後半生は政治への関心を失い、東山山荘《ひがしやまさんそう》に引きこもって文芸に没頭したという見方が根強い。義政の文化的な側面については、改めて最近、和歌を中心に急速に解明が進んでいる。ここでは義政の政治的な側面を中心に述べたい。

嘉吉三年（一四四三）の家督継承時、義政はわずか八歳であった。そのため、管領《かんれい》家の畠山持国《はたけやまもちくに》と細川勝元《ほそかわかつもと》による政務の代行がおこなわれており、将軍の発給する御判御教書《ごはんみぎょうしょ》に代えて管領下知状《げちじょう》が用いられた。文安三年（一四四六）に義成《よししげ》を名乗り、文安六年に元服、征夷大将軍《せいいたいしょうぐん》となり判始《はんはじめ》をおこなうと、自ら親政《しんせい》への意欲を見せ始める。この文安六年から享徳四年（康正元、一四五五）までは、管領下知状とともに、御判御教書も使用されており、管領政治から将軍親政への移行期とされる。

義政初期の側近としては、今参局《いままいりのつぼね》・有馬元家《ありまもといえ》・烏丸資任《からすまるすけとう》の、いわゆる「三魔《さんま》」が知られる。今参局は義政の乳母、烏丸資任は義政の乳父であり、ともに義政の養育にかかわった人物である。今参局は宝徳二年（一四五〇）に尾張守護代織田《おだ》氏の改任に関与するなど、権勢をふるった。しかし、康正元～長禄三年（一四五九）の間に相次いで三者は権力を失っていく。

一方、義勝の乳父だった伊勢貞国《いせさだくに》は、享徳三年に没した際に、「当時武家の儀、毎事申し沙汰なり」とされ（『綱光公記《つなみつこうき》』）、さらにその子貞親《さだちか》は義政の「御父」として、すでに享徳元年には「当時権門《けんもん》」と評されていた（『廿一口供僧方評定引付《にじゅういっくくそうかたひょうじょうひきつけ》』）。政所執事《まんどころしつじ》こそ、義政の将軍就任時には、先例によって二階堂忠行《にかいどうただゆき》が務めていたが、伊勢氏も政所の活動に関与していた。義教～義勝期に台頭した伊勢氏は、その実務能力を以て幕政に不可欠な存在となっていたのである。

康正二年には貞親が内裏《だいり》再建事業を主導し、同年の義政右大将拝賀《うだいしょうはいが》を盛大に催している。これは義政親政の確立を周知する儀式であった。これに前後して、貞親は奉公衆《ほうこうしゅう》・奉行人《ぶぎょうにん》の指揮や幕府財政再建の主導に尽力した。さらに、享徳《きょうとく》の乱《らん》勃発によって内乱状態となっていた関東に対する軍事命令の差配、地域権力との交渉など、さまざまな活動をおこなった。義政は側近貞親を駆使して将軍権力の強化を図ったのである。同時に、義政は畠山氏・斯波《しば》氏をはじめとする大名家の家督継承問題に介入し、大名家の抑圧政策を進めていく。ただし、細川氏は抑圧の対象とはなっていない。従来それほど注目されていないが、勝元の叔父で、勝元や一門に大きな影響力を持った細川持賢《もちかた》が、義教に続いて義政の側近として幕政に関与し、信頼を得ていた点も関係しよう。

義政は、寛正五年（一四六四）十二月に弟義尋《ぎじん》を還俗《げんぞく》させ、義視《よしみ》と名乗らせて後継者とした。翌寛正六年には東山山荘の造営を計画しており、将軍職を義視に譲り祖父義満《よしみつ》に倣《なら》った政治体制を構想していたとされる。しかし、寛正六年十一月に義尚《よしひさ》が誕生し、翌文正元年（一四六六）九月には、斯波氏の家督問題に絡んで義視失脚を狙った貞親が、大名たちの反発を受けて失脚する文正の政変が起き、将軍親政は一度挫折することになる。こうした騒擾《そうじょう》のなか、同年十二月、大和《やまと》に没落していた畠山義就《よしなり》が上洛し、応仁・文明の乱へとつながっていく。

室町第を占拠した細川勝元に対し、応仁元年（一四六七）六月、義政は「御旗《みはた》」を与え、幕府軍として認定した。一方、義政と軋轢を生じ没落していた義視は、応仁二年閏十一月の伊勢貞親の幕府復帰を受けて、西軍に身を投じてしまい、東西二つの幕府が現出することになる。京都での戦いは徐々に膠着状態となっていたが、義政は勝元や持賢の後継者細川政国《まさくに》、貞親やその子の貞宗《さだむね》を関与させながら、軍事指揮を続けていた。

文明五～九年（一四七三～一四七七）にかけて、西幕府を構成した諸勢力との和睦・赦免交渉が進んでいき、文明九年には西幕府が解散、応仁・文明の乱は終結した。下向した足利義視・土岐《とき》成頼《しげより》・畠山義統《よしむね》についても、文明十年に和睦が成っている。文明十四年には古河公方《こがくぼう》足利成氏《しげうじ》との間で「都鄙和睦《とひわぼく》」が成立している。

この間、文明五年に義尚が将軍となったが、義政は引き続き権力を握った。そのため義尚との間で対立が生じている。文明十四年、義政は東山山荘造営を本格的に再始動させ、翌年には山荘へ移って「東山殿《ひがしやまどの》」と号した。この造営事業に際しては、山城《やましろ》国の諸荘園からの徴収や遣明船《けんみんせん》貿易の利潤が投入され、各地の守護にも造営費用や材木の賦課がおこなわれた。とりわけ、六角《ろっかく》氏・土岐氏といった、旧西幕府の勢力へ命令が出されている点は注目される。義政や彼のもとで活動した貞宗による山荘造営事業は、単に義政個人の趣向の反映にとどまらず、乱後の幕府支配体制の再編にもつながるものであった。最晩年まで山荘造営は続けられた。

義政はたびたび義尚への政務移譲を宣言しながら、東山山荘で貞宗や蔭涼軒主亀泉集証をブレーンとして、政務をおこなった。長享元年（一四八七）に義尚が近江《おうみ》へ動座した後にも、引き続き東山へ訴訟が持ち込まれており、義政と義尚の二元的な権力は解消されなかった。義尚に先立たれた後も、延徳二年（一四九〇）に没する直前まで、義政は政治に関わり続けたのである。

（川口成人）

【主要参考文献】
家永遵嗣『室町幕府将軍権力の研究』（東京大学日本史学研究室、一九九五年）
川口成人「細川持賢と室町幕府」（『ヒストリア』二六六、二〇一八年）
川口成人「東山山荘造営と足利義政」（京都学研究会編『京都を学ぶ【洛東編】』ナカニシヤ出版、二〇二一年）
野田泰三「東山殿足利義政の政治的位置付けをめぐって」（桃崎有一郎・山田邦和編『室町政権の首府構想と京都』文理閣、二〇一六年、初出は一九九五年）
早島大祐『首都の経済と室町幕府』（吉川弘文館、二〇〇六年）
丸山裕之「八代義政」（榎原雅治・清水克行編『室町幕府将軍列伝』戎光祥出版、二〇一七年）
百瀬今朝雄「応仁・文明の乱」（朝尾直弘ほか編『岩波講座日本歴史七中世三』岩波書店、一九七六年）
吉田賢司『室町幕府軍制の構造と展開』（吉川弘文館、二〇一〇年）

九代・足利義尚

義尚《よしひさ》は、寛正六年（一四六五）十一月二十三日、父義政《よしまさ》と母日野《ひの》富子《とみこ》の間に生まれた。誕生の際、義政の側近の禅僧である蔭凉軒主《いんりょうけんしゅ》季瓊真蘂《きけいしんずい》は「万人歓呼《ばんにんかんこ》、もっとも天下太平の基なり」と記した（『蔭凉軒日録《いんりょうけんにちろく》』）。男子に恵まれなかった義政・富子夫妻にとって、待望の男子であったのである。義政の最有力の側近であり、当時幕府の訴訟・財政・軍事に大きな権力を有していた伊勢《いせ》貞親《さだちか》のもとで、義尚は養育されることとなる。

しかし、義尚の出生まもなくして、幕政は混沌の渦に巻き込まれていく。文正元年（一四六六）九月、斯波《しば》氏の家督抗争に絡んで足利義視《よしみ》の失脚を狙った貞親が失脚・出奔する文正《ぶんしょう》の政変《せいへん》が起きた。これをきっかけに義政の親政《しんせい》は挫折し、応仁《おうにん》・文明《ぶんめい》の乱《らん》の勃発に至る。

貞親が出奔した際、義尚は伊勢邸にあった。貞親の嫡子貞宗《さだむね》は父と行動をともにせず、義尚を守護するとして残った。諸大名は合議して伊勢氏一族の排除を決定したが、最終的に、義政は貞宗に家督を継承させている。以後、貞宗の養育のもと、義尚は成長していく。

文明五年（一四七三）十二月十九日、義政に代わって義尚が将軍職に就任した。とはいえ、義尚は幼少であったため、政務は富子の兄勝光《かつみつ》が代行した。文明八年に勝光が没すると、富子がその立場を継承している。さらに、貞宗も勝光・富子を補佐し、政務に関与した。

文明十一年十一月二十二日、義尚は判始《はんはじめ》・評定始《ひょうじょうはじめ》・沙汰始《さたはじめ》といった幕府儀礼をおこなった。ここから、義尚は政治への意欲を見せていくようになる。一方、義政も自らの権力を手放したわけではなく、父子はしばしば対立した。文明十四年七月、義政は義尚への政務移譲を宣言する。翌閏七月、義尚は後土御門天皇御製《ごつちみかどてんのうぎょせい》を含む公武僧の有力歌人による将軍家千首《せんしゅ》を主催している。これは、室町時代最大規模の歌会行事とされており、自らの執政の本格的な開始を記念し、その権威を示す意図があったと推測されている。

ただし、翌文明十五年に義政が東山山荘《ひがしやまさんそう》に移った後も、室町殿《むろまちどの》義尚と東山殿《ひがしやまどの》義政、そして富子との対立がみられており、将軍家内部の不和は続いた。文明十七年五月に起こった奉公衆《ほうこうしゅう》と奉行衆《ぶぎょうしゅう》の抗争事件では、義尚が奉公衆を、義政が奉行衆を支持したとされ、最終的には義政が出家することとなった。とはいえ、義尚の政務運営も決してうまくいっていたわけではない。彼にとって一大行事であった、文明十八年の任右大将拝賀《にんうだいしょうはいが》という朝廷儀礼も、財源不足を十分に克服できず、拝賀に供奉する有力大名も非協力的な態度をとったことで、中途半端なものとなってしまった。

こうした状況下で、長享元年（一四八七）九月、義尚は自ら軍勢を率いて、近江守護六角《おうみしゅごろっかく》氏討伐に出陣した。目的は押領《おうりょう》されていた幕府奉公衆所領や寺社本所《じしゃほんじょ》領の回復とされた。さらに、将軍権威を誇示するとともに、いまだ権力を有していた義政や貞宗から距離をとって、自由な政務をおこなうことも狙いであった。

征伐決定時、六角・土岐《とき》・朝倉《あさくら》三氏が征伐対象となると噂されたが、三氏ともに驚きを示したという。なぜなら、所領の押領は措くとして、東山山荘造営や献金などで、この三氏は義政—貞宗と良好な関係を築いていたからである。養育者として義尚に影響力を持っていた貞宗は、以前より義尚を制止していた。だが、この七月の征伐決行時、貞宗はまったく知らされておらず、止めることはできなかった。

義尚は、奉公衆・奉行衆・公家衆に加えて、在国していた多数の守護を含む大軍を動員することに成功した。将軍権威の誇示はある程度達成されたようにも思える。しかし、近江の義尚政権では、大館尚氏《おおだちひさうじ》・二階堂政行《にかいどうまさゆき》・結城政胤《ゆうきまさたね》からなる側近集団「評定衆《ひょうじょうしゅう》」が訴訟をはじめとする政務を握り、権力をほしいままにした。所領の回復を期待した公家や寺社からは、義尚が寺社本所領を兵糧料所化したことや、奉公衆を贔屓した訴訟をおこなうことへの不満があがった。結局、東山の義政・貞宗のもとへも訴訟が持ち込まれており、権力は一元化しなかった。

また、「評定衆」は、同じ義尚の権力基盤であったはずの奉公衆とも、たびたびトラブルを起こしていた。結果として大名や奉公衆から、「評定衆」の専横は厳しく非難されている。こうした近江在陣中の動きをみると、義尚の出陣が成功を収めたと手放しで評価することはできない。義尚自身も健康を害して、長享三年三月に没してしまい、六角征伐は途上で終わってしまった。

文化面でいえば、義尚の残した事績は非常に大きいものがある。早く文明八年より詠歌《えいか》が確認され、先述した文明十四年千首をはじめ歌会・連歌会を積極に催した。歌書《かしょ》をはじめとする書物の収集・書写、絵巻の収集・披見なども精力的におこなっている。文明十五年には、自身を撰者とする和歌打聞《うちぎき》（私撰集《しせんしゅう》）『撰藻抄《せんそうしょう》』の編纂事業に乗り出し、過去・現在を問わず、広く歌集の収集を進めた。太田《おおた》道灌《どうかん》や木戸《きど》孝範《たかのり》といった関東の武家歌人も詠草《えいそう》を進上しており、編纂事業は都鄙《とひ》の歌壇にわたる壮大なものであった。

しかし、和歌打聞の編纂も義尚の没によって途絶する。文武の理想を実現するには、早熟な青年将軍の生涯はあまりに短く、障害が多すぎたのかもしれない。

（川口成人）

【主要参考文献】

石原比伊呂「九代義尚」（榎原雅治・清水克行編『室町幕府将軍列伝』戎光祥出版、二〇一七年）
小川剛生「足利義尚の私家集蒐集」（『中世和歌史の研究』塙書房、二〇一七年）
川上一「文明十四年将軍家千首について」（『和歌文学研究』一一七、二〇一八年）
木下聡「足利義尚」（日本史史料研究会監修・平野明夫編『室町幕府全将軍・管領列伝』星海社、二〇一八年）
小池辰典「鈎の陣にみる戦国初頭の将軍と諸大名」（『日本歴史』八五一、二〇一九年）
設楽薫「足利義尚政権考」（『史学雑誌』九八―二、一九八九年）

十代・足利義稙

十代将軍足利義稙《あしかがよしたね》（はじめ義材《よしき》、義尹《よしただ》、本項では義稙に統一）は、文正元年（一四六六）七月三十日、足利義視《よしみ》と日野富子《ひのとみこ》の妹日野良子《よしこ》との間に嫡男として京都で誕生した。しかし、大乱の終結後、義視・義稙父子は西軍の大名であった土岐《とき》氏を頼って美濃《みの》に下向したことで京都を離れている。

足利義尚《よしひさ》が後継者を残さずに近江《おうみ》の鈎《まがり》（滋賀県栗東市）で陣没すると、にわかに後継者として浮上したのが義稙であった。義稙の他には堀越公方《ほりごえくぼう》足利政知《まさとも》の子香厳院清晃《きょうごんいんせいこう》（のちの義澄《よしずみ》）がいたが、延徳二年（一四九〇）に大御所《おおごしょ》足利義政《よしまさ》が死去すると、伯母である富子の強い支持もあり、義稙が次期将軍として内定したのである。富子と義視の間でトラブルがあったものの、義稙の将軍就任は変わらず、同年七月五日に将軍宣下をうけた。

当初は義視が大御所として後見していたものの、翌三年正月七日に死去してしまった。富子の援助も期待できないなかで実父の後見を失ったこともあり、義稙は葉室光忠《はむろみつただ》などの特定の側近のみを重用した政治を行った。そのため、細川政元《ほそかわまさもと》ら大名からの不満だけでなく、従来の将軍直臣層との距離も広がっていった。

そこで、不安定な将軍権力を強固とするため、義稙は近江の六角《ろっかく》氏征伐を行い武威《ぶい》を示そうとした。

大名を動員したこの親征は、一応の成功をおさめて京都に凱旋した。その直後、義稙は河内の畠山《はたけやま》基家《もといえ》（畠山義就《よしひろ》の子）征伐を決定した。これは基家と対立する前管領畠山政長《まさなが》の要請によるものであったが、細川政元をはじめとした大名は連続する出兵に対して不満を抱くこととなる。

明応二年（一四九二）四月、義稙の親征中に政元は、富子らの支持を得て将軍家の家督として清晃を擁立した。これが明応の政変である。京都での政変をうけて、従軍していた将軍親衛隊である奉公《ほうこう》衆《しゅう》の大半は京都に戻り、大名勢も様子見のため戦線を離脱した。奉公衆の離脱は富子が政変を支持したことが影響したとみられている。富子と良好な関係を築けなかった義稙は、将軍直臣からも見放されたのである。

義稙は政長や一部の奉公衆と共に陣所である正覚寺《しょうかくじ》（大阪市平野区）に籠城するが細川勢に敗れ、捕らわれの身となってしまう。義稙は京都で幽閉され、富子による毒殺未遂もあったが脱出して越《えっ》中《ちゅう》へ逃れた。その後、義稙は越中の放生津《ほうじょうづ》（富山県射水市）に仮御所を構え、将軍復帰に尽力する（越中公方）。義稙のもとには一部の側近らも従い、一種の亡命政権を築いたため、「放生津幕府」などとも呼ばれることもある。明応の政変により、将軍家はこののち義稙系と義澄系の二つに分かれ、この抗争が畿内動乱の一つの基軸となっていく。

明応八年（一四九九）、義稙は自身を中心とした反義澄・政元同盟を形成して、京都に向けて進軍した。しかし、義澄・政元陣営に敗れ、大内《おおうち》氏を頼り周防山口《すおうやまぐち》（山口市）に下向した。義稙は当地の大内義《よし》興《おき》より厚遇されるものの、なかなか上洛の機会は訪れなかった。

ところが、永正四年（一五〇七）に京都では細川政元が後継者争いに巻き込まれて暗殺されたことで、畿内の政情が動揺した。義稙はこの好機を逃さず、永正五年に義興らを引き連れ上洛作戦を開始した。細川一門の細川高国《たかくに》がこれに呼応し、新たな当主細川澄元《すみもと》から離反したこともあり、大きな障害もなく義稙は十五年ぶりに帰洛したのである。

同年七月に義稙は将軍に復職するが、特に政権を支えた大名が高国と義興であった。さらに朝廷との関係改善や、大名の幕政参加などにより政変以前の独善的な体制を修正し、新しい政権体制を築こうとしている。

永正八年には前将軍義澄が死去し、義澄陣営との決戦（船岡山《ふなおかやま》の合戦）にも勝利したことで、政権の憂いもなくなった。ところがその後、政権内部の対立が顕著化するようになる。政権運営において高国ら大名に対する不満が募ったことで、義稙は同十年に京都より突然伊賀《いが》へ出奔してしまった。これに対して大名らは談合し、義稙の意見を尊重することを約束した。これを受けて義稙は大名らに迎えられて帰洛し、再び政権が再開された。

その後、義興が山口に帰国したことで、政治バランスが崩れてしまう。政権を支える大名がほぼ高国だけになると、義稙と高国との確執がさらに表面化したのである。その隙をついて、反高国である澄元陣営が挙兵したのである。義稙は澄元との連携を図るが失敗し、義稙は高国と和睦するしかなくなってしまった。

永正十八年三月、義稙は高国との確執を原因として再び京都を出奔してしまった。後柏原《ごかしわばら》天皇の即位式挙行の直前であったため、天皇は義稙の行為に呆れ、義稙を見限って高国に即位式挙行の警固役を任せた。一方の高国は義稙との関係改善を諦め、新たに義澄の子足利義晴《よしはる》を擁立することとした。

義稙はその後も高国打倒と上洛を目指したものの、大永三年（一五二三）四月九日、阿波《あわ》国撫養《むや》（徳島県鳴門市）にて死去した。義稙の意志は、その後継者とされる義晴の兄弟足利義維《よしつな》に引き継がれた。

（木下昌規）

【主要参考文献】
大薮海『応仁・文明の乱と明応の政変』（吉川弘文館、二〇二一年）
木下昌規『戦国期足利将軍家の権力構造』（岩田書院、二〇一四年）
木下昌規「足利義稙」（榎原雅治・清水克行編『室町幕府将軍列伝』戎光祥出版、二〇一七年）
萩原大輔「足利義尹政権考」（『ヒストリア』二二九、二〇一一年）
藤井崇『大内義興』（戎光祥出版、二〇一四年）
山田康弘『足利義稙』（戎光祥出版、二〇一六年）

十一代・足利義澄

十一代将軍足利義澄《あしかがよしずみ》（はじめ義遐《よしとお》、義高《よしたか》、本項では義澄に統一）は文明十二年（一四八〇）十二月十五日に伊豆《いず》の堀越《ほりごえ》（静岡県伊豆の国市）で誕生した。父は堀越公方足利政知《まさとも》、母は武者小路隆光《むしゃのこうじたかみつ》の娘で、その姉妹は細川政元《ほそかわまさもと》の養子澄之《すみゆき》（実父九条政基《くじょうまさもと》）の生母であった。そのため、彼には日野《ひの》家の血は流れていない（政知の生母も日野氏ではない）。

義澄は六歳で上洛し、父がかつて入室していた天龍寺香厳院《てんりゅうじきょうごんいん》に入室した。僧としては「清晃《せいこう》」を名乗る。足利義稙《よしたね》同様に、足利義尚《よしひさ》の死により将軍候補と目された。支持したのは細川政元《まさもと》であったが、日野家の血が流れる義稙が将軍となった。ただし、義視《よしみ》・義稙父子からみれば、義澄は自らに代わって将軍となりうる危険な存在であった。

義澄は、明応《めいおう》の政変《せいへん》（一四九三年）により政元らによって新しい将軍家家督として擁立されたことで、運命が大きく変化した。日野富子《とみこ》が義澄を支持したため、将軍直臣の多くも富子に倣って新しい将軍として義澄を支持したのである。このとき十三歳。後土御門《ごつちみかど》天皇は最初は政変に難色を示していたもののそれを受け入れ、義澄は還俗《げんぞく》のうえ、従五位下《じゅごいのげ》に叙位された。

当初、義澄を後見したのは富子と伊勢貞宗《いせさだむね》であった。そもそも伊豆出身の義澄は京都や幕府に基盤を持っていなかったため（父政知はすでに伊豆で死去）、富子と、義政の重臣であった貞宗の後見は、義澄にとっては幕府内で生きるために必要不可欠なものであった。なお、もともと日野家と縁のない義澄は、文亀元年（一五〇〇）に富子の弟広福院永俊《こうふくいんえいしゅん》の娘を御台所《みだいどころ》として迎えている（富子は明応五年に死去）。

さらに、細川政元の存在も大きかった。義澄の時代、管領《かんれい》家である細川京兆家《けいちょうけ》の幕府での役割が極めて大きくなった。明応の政変を主導し、義澄を将軍として擁立したことはもちろん、何より在京する大名がほぼ京兆家に限定されることとなったためである。本来、室町幕府は在京する大名が幕政に参加して、幕府を政治的にも軍事的にも支えるのが基本であった。このほかに若狭《わかさ》武田《たけだ》氏も在京しながら幕府を支えたが、義澄の時代には在京して幕府を支える大名がより限定されるようになったため、細川氏への依存度は高くならざるをえなかった。それは、義澄時代の将軍御所が細川邸の敷地半分に築かれたことからもうかがえるだろう。

足利義澄木像　栃木県足利市・鑁阿寺蔵

実際、明応三年末に義澄は元服するが、これは加冠《かかん》役でもある政元の都合で一度延期されている（政元が烏帽子《えぼし》を被るのを嫌がったためという）。まだ若年の義澄に政元を牽制することはできず、政元の主張をそのまま認めざるえなかった。

義澄政権最初の危機は、明応八年の義稙陣営の京都進軍であった。一部には京都でも義稙に呼応するものもあったが、細川・武田勢や、近江の六角高頼《ろっかくたかより》の援軍により義稙勢を駆逐することに成功し、当面の危機を免れた。

義澄は成長するにしたがい、伊勢貞宗の補佐も得ながら新たな側近を組織して、政元から政治的に自律しようとしたため、政元と確執に及ぶことにもなった。政元が義澄に不満を覚えて閉居したり、反対に義澄が京都を出奔し寺に籠もることもあった。しかし、どれも最終的には互いに妥協して義澄は政元を赦し、政元も義澄を見捨てなかった。義澄・政元ともに関係を切るという選択肢はなかったのである。義澄には代わりとなる大名が、政元には代わりとなる将軍がいなかったからである。

そこで、義澄は政元との関係を確かなものとするため、文亀二年（一五〇二）に義稙の弟で京都に残っていた実相院義忠《じっそういんぎちゅう》を殺害させた。政元が自分に代わって義忠を将軍として擁立できないよう、先手を打ったのである。義澄は公家社会からの非難も関係なく、強硬に義忠の殺害を命じている。義澄がなにより意識したのは、なお健在である義稙であった。これは文亀二年に石清水八幡宮《いわしみずはちまんぐう》に義稙滅亡を祈願した願文を納めていることからもわかる。

義澄と政元は、確執と妥協を繰り返しながら政権を維持した。それが崩れたのが永正四年（一五〇七）

である。政元の後継者として義澄の従兄弟である澄之と阿波《あわ》細川氏出身の澄元《すみもと》がいたが、京兆家の後継者をめぐり家中が分裂していた。そのなかで、細川澄之派の被官によって政元が暗殺されたのである。従兄弟である澄之は、義澄としては政元以上に連携がしやすい存在でもあり、京兆家の家督継承を認めた。ところが、澄元派によって澄之とその一派は敗れ、澄之は自害した。義澄はこれに対して澄元の家督継承を認めることで事態の収拾を図ったが、この混乱を見逃さなかった義稙が上洛を開始する。翌年、京兆家の弱体化や細川高国《たかくに》の離反により、義澄と澄元は義稙陣営に抵抗するすべなく近江《おうみ》に逃れた。義澄は、将軍に復帰した義稙に刺客を送ることもあったが失敗し、永正八年八月十四日、義稙陣営との決戦（船岡山《ふなおかやま》の合戦）の前にわずか三十二歳で近江にて死去してしまったのである。

（木下昌規）

【主要参考文献】

天野忠幸『室町幕府分裂と畿内近国の胎動』（吉川弘文館、二〇二〇年）

木下昌規『足利義晴と畿内動乱』（戎光祥出版、二〇二〇年）

浜口誠至『在京大名細川京兆家の政治史的研究』（思文閣出版、二〇一四年）

浜口誠至「足利義澄」（榎原雅治・清水克行編『室町幕府将軍列伝』戎光祥出版、二〇一七年）

山田康弘『戦国期室町幕府と将軍』（吉川弘文館、二〇〇〇年）

十二代・足利義晴

永正八年（一五一一）三月五日、足利義澄《あしかがよしずみ》と御末者阿与《おすえものあよ》の子として近江《おうみ》で誕生した。義晴は誕生後すぐに父義澄が死去したこともあり、播磨《はりま》の赤松《あかまつ》氏に庇護され、義澄の側近らによって養育された。同十三年には子供のいなかった足利義稙《よしたね》と義晴が和睦し、将軍後継候補ともなった。ところが、同十八年に義稙が京都から出奔したことにより、義晴は有力大名の細川高国《ほそかわたかくに》によって次期将軍として擁立されたのである。そこで義晴は播磨より上洛し、十二月に将軍に就任した。このとき十一歳であった義晴は、「容顔美麗《ようがんびれい》」であったという。

まだ幼い義晴に代わって幕府を主導したのが、義晴を擁立した高国であった。さらに女房衆佐子《さこの》局《つぼね》や乳母の宮内卿局《くないきょうのつぼね》、幕府の長老大館常興《おおだちじょうこう》らが義晴を後見した。

しかし、大永六年（一五二六）に高国家中の内紛をきっかけに畿内に騒乱が発生した。反高国派は細川澄元《すみもと》残党と結び、澄元の遺児晴元《はるもと》（当初は六郎《ろくろう》）と義晴の兄弟である足利義維《よしつな》を擁して挙兵したのである。義維らは和泉《いずみ》の堺《さかい》に拠点を置いたため、義維を「堺公方《さかいくぼう》」、その政権を「堺政権」「堺公方府」とも呼ぶ。義維は義晴にとって自らの地位を脅かす脅威であった。

大永七年、義晴・高国らと反高国勢による決戦（桂川《かつらがわ》の合戦《かっせん》）に大敗したことで、義晴は京都を離

足利義晴画像　東京大学史料編纂所蔵模写

れて近江に避難した。翌年、軍勢を立て直していったん帰洛するが、晴元被官の三好元長《みよしもとなが》らとの和睦交渉が決裂し、再び近江に逃れた。近江では六角定頼《ろっかくさだより》の支援のもと、朽木谷《くつきだに》（滋賀県高島市）に移座することとなる。朽木谷は京都より一本通で往復でき、交通上の利便性もあった。そのため、朽木谷にありながらも、義晴は各地の大名や京都の朝廷との音信関係を継続し、正統性をアピールし続けることができた。

義晴は堺政権との和睦交渉を継続し、一時的には協調関係が成立した。ところが、堺政権内の権力抗争の影響もあり、和睦交渉は決裂してしまった。高国もその間、赤松氏やその重臣浦上村宗《うらがみむらむね》を味方とし、形勢を優位に進めつつあった。しかし、高国の軍配はうまくいかず、享禄四年（一五三一）、合戦に敗れ（大物崩《だいもつくず》れ）自害させられた。

天文元年（一五三二）には、ほぼ唯一の支援者である六角氏の居城観音寺《かんのんじ》城（滋賀県近江八幡市）に隣接する桑実寺《くわのみでら》に御座を移した。なお、義晴はその地で有名な「桑実寺縁起絵巻《えんぎえまき》」を作成させている。

堺政権内の権力抗争により、義維を支援していた三好元長が討たれ、義維もそれにともなって立場を失ったことで、晴元は義晴との関係改善を進め、両者の間に和睦が成立した。

天文三年になり、帰洛準備が本格化するなかで、義晴は前関白近衛《このえ》尚通《ひさみち》の娘と結婚した。これまで将軍家では代々日野家より正室《せいしつ》（御台所《みだいどころ》）を迎えていたが、義晴の時代になって、摂関家より正室を迎えたのである。これは画期となる出来事であった。

同年九月に帰洛後、義晴は政務体制を再開する。さらに天文五年に嫡男義輝《よしてる》が誕生すると、周囲に名目上の隠居を宣言し、大館常興ら側近らによる政務集団「内談衆《ないだんしゅう》」を設置した。

この時代、義晴をもっとも支えたのは六角定頼であった。定頼は幕府の意思決定に関与して、政治的・軍事的に幕府を支え続けた。義晴の時代は、六角定頼、細川晴元、同元常《もとつね》を主軸とし、さらに遠方の大名が将軍を支援するような、ゆるやかに連合する体制であった。

しかし天文八年以来、三好長慶《ながよし》や木沢長政《きざわながまさ》などの晴元家中の反乱が続き、畿内が騒乱状況になるなど、必ずしも安定しなかった。義晴はそのなかで、幕府を支援する大名勢力に対しては中立の立場を取り、紛争に対しては調停者として振る舞った。

同十四年、高国の後継者を自認する細川氏綱《うじつな》が現れた。氏綱の蜂起ははじめは失敗したものの、河内《かわち》の遊佐長教《ゆざながのり》ら支援者が増えたこともあり、晴元方が劣勢となっていた。その状況をみた義晴は長教を通じて氏綱方と接触し、中立者としての立場を捨て、晴元との関係を切ったのである。

さらに義晴は同十五年、将軍職を義輝に移譲した。義輝の加冠役《かかんやく》は異例ながら六角定頼がつとめたが、これは義輝の後見役として期待したためである。ところが、このころ細川晴元は形勢を逆転した。さらに定頼が義晴と晴元との和睦を推し進めるための強硬手段として、義晴の籠もる北白川城《きたしらかわ》（京都市左京区）を包囲した。これに衝撃をうけた義晴は晴元との和睦を承認し、再び連携体制が復活した。ところが安定もつかの間、天文十八年には三好長慶と晴元の側近三好政長《まさなが》の対立を契機とする晴元家中の内紛に再び巻き込まれ、再び京都から没落した。

義晴は義輝の将来と京都への帰還を待望しながら、天文十九年五月四日、近江の穴太《あのう》（大津市）にて自害して果てたのである。

（木下昌規）

【主要参考文献】

天野忠幸『室町幕府分裂と畿内近国の胎動』（吉川弘文館、二〇二一年）
木下昌規『足利義晴と畿内動乱』（戎光祥出版、二〇二〇年）
木下昌規編著『シリーズ室町幕府の研究４　足利義晴』（戎光祥出版、二〇一七年）
馬部隆弘『戦国期細川権力の研究』（吉川弘文館、二〇一八年）
山田康弘『戦国期室町幕府と将軍』（吉川弘文館、二〇〇〇年）
山田康弘『戦国時代の足利将軍』（吉川弘文館、二〇一一年）

十三代・足利義輝

義輝《よしてる》は、十二代将軍足利義晴《よしはる》を父として、将軍になるべくしてなった将軍である。社会が戦国の動乱の混迷を深めるなかで、三十年の生涯のうち半分以上を将軍として過ごし、そして非業ともいえる最期を迎えた人物である。

天文五年（一五三六）三月、義輝は誕生する。幼名は菊幢丸《きくどうまる》。生まれて半年もたたないうちに、父義晴は義輝へ「御代」を譲るとして隠居を宣言している。つまり、この時点で義輝への将軍職継承は既定路線となった。

明けて天文六年正月、その年に将軍が初めて参内《さんだい》を行う参内始において、義晴は幼子義輝を連れて参内し、後奈良天皇《ごならてんのう》へ謁見している。この後も義輝の年頭参内は続けられ、天文九年には、五歳の義輝一人を参内させようとし、義晴は近臣に諫められている。

義輝が十一歳になった天文十五年十二月、父義晴が将軍を辞し義輝は将軍となる。義輝の将軍宣下と翌年二月の参議兼左近衛中将《さんぎけんさこんえのちゅうじょう》任官までの経緯は、義晴以前の将軍任官日時の先例をなぞったものであり、儀礼的な面でも正統な将軍職後継者であることがアピールされている。それでも完全な先例通りとはいかず、当時の畿内情勢により将軍家が六角定頼《ろっかくさだより》を頼みにしていたことが影響し、将軍宣下直前の義輝元服には六角定頼が大きく関与している。

将軍となった義輝ではあるが、こののちは三好長慶《みよしながよし》との対立があり、離京を余儀なくされる。一度目は天文十八年六月から天文二十一年正月、二度目は天文二十二年八月から永禄元年（一五五八）十一月までである。そして、この離京期間中の天文十九年五月には義晴が近江《おうみ》国穴太《あのう》（大津市）にて病のため病死（あるいは自死）、弘治三年（一五五七）には後奈良天皇が崩御している。また、義晴が頼りにしていた六角定頼も天文二十年末に死去している。さらに、二度目の離京では義輝に従う直臣や公家なども少なく、這々の体で近江国朽木谷《くつきだに》（滋賀県高島市）まで退いている。しかし、そこで義輝は支持大名を増やし、永禄元年（義輝には改元が正式には通知されず、弘治年号を使用しつづけている）、三好長慶との和睦を成立させ、帰京を果たす。

帰京後の義輝は近衛《このえ》稙家《たねいえ》の娘を正室とし、義澄《よしずみ》・義晴の代と同様に近衛家との結びつきを強化すると、全国の大名への栄典授与や大名間和平調停といった政策を通じ、幕府への忠義を求め動き出す。この政策展開において、近衛稙家や前久《さきひさ》、また近衛家に連なる門跡《もんぜき》などが大きな役割を果たしている。ところで、義輝による栄典授与には大きな特徴がある。それはこれまでの足利氏の血統重視からの転換である。たとえば、奥州探題《おうしゅうたんだい》を大崎《おおさき》氏から伊達《だて》氏、九州探題《きゅうしゅうたんだい》を渋川《しぶかわ》氏から大友《おおとも》氏へ代えたように、足利氏一門が任命されていた格式を、地方の実力者に認めたのである。これは幕府秩序に新興勢力などを包括する一方で、従来の幕府が重要視してきた足利氏の血の優位性が部分的ではあるが否定されることにつながる表裏一体の転換である。それでも、義輝の帰京直後には尾張織田《おわりおだ》氏・美濃斎藤《みのさいとう》氏・越後長尾《えちごながお》氏らが上洛し義輝へと謁見しているほか、これらの政策は列島規模でその事例が確認でき、まだまだ将軍が健在であることが看取される。そして、義輝はこうした外交をおこなうことで、中央と地方の関係性（「都鄙《とひ》」）の再生産を目的としていたのである。

また、義輝は幕府の財政・土地に関わる訴訟を担ってきた機関である政所《まんどころ》の長官（執事《しつじ》・頭人《とうにん》）を、三代義満《よしみつ》以来務めてきた伊勢《いせ》氏に代え、側近である摂津晴門《はるかど》を登用する。これは当時の頭人伊勢貞孝《さだたか》が義輝の離京時に叛き、三好長慶との連携を選んでいたことが背景にある。さらに永禄五年、六角義賢《よしかた》（定頼息）らが京都に攻め上ると、義輝は三好氏の軍勢とともに一時的に離京するが、このとき伊勢貞孝は京都に残り、義輝に再び叛いたのである。しかし、すぐさま三好勢が六角勢を破り京都を取り戻し、その戦いのなかで貞孝は敗死し、義輝は伊勢氏ではなく摂津晴門を登用したのである。

このように、義輝は将軍の政治的地位の復権を着実に進めていた。しかし、三好長慶の死去ののち跡を継いだ三好義継《よしつぐ》により、御所を攻められ討ち死にしてしまう。この政変の直接的な原因は不明である。室町時代には、「御所巻《ごしょまき》」とよばれる、大名が御所を兵で囲み、将軍に圧力を加え訴訟をおこなうことがあった。これは将軍には危害を加えず、将軍に対しての謀叛にもならないものであり、戦国時代にも似たような事例は確認できる。三好義継はこの「御所巻」によって、義輝に側近の排斥を訴えたともされる。また、政変直後の世間には、三好氏が阿波《あわ》三好氏の庇護下にいた足利義維《よしつな》・義栄《よしひで》父子の擁立へと舵を切ったとの説も流れている。ともかくも、義輝は奮戦むなしく、ここに三十年の生涯を閉じたのである。

最後に、義輝が京都にあって居所とした御所について述べておきたい。二度目の帰京後の永禄二年七月に勘解由小路《かでのこうじ》・室町小路《むろまちこうじ》の一町四方の斯波《しば》氏屋敷地に修造が始まる。そして、義輝が死去する永禄八年まで改修・拡張が続けられ、最末期には堀と石垣で武装された「城」として整備されていた。発掘調査などの成果によって、その規模は当初の区画から北は近衛大路《このえおおじ》、南は中御門小路《なかみかどこうじ》、東は東洞院大路《とういんおおじ》、西は室町小路まで拡大されていたという。そしてこの「城」は次代足利義昭《よしあき》の居所として、織田信長《のぶなが》の手によってさらに拡張されるのである。

（水野嶺）

【主要参考文献】
木下昌規編著『足利義輝』（戎光祥出版、二〇一八年）
黒嶋敏『中世の権力と列島』（高志書院、二〇一二年）
黒嶋敏『天下人と二人の将軍』（平凡社、二〇二〇年）
谷口雄太『中世足利氏の血統と権威』（吉川弘文館、二〇一九年）
山田康弘『足利義輝・義昭』（ミネルヴァ書房、二〇一九年）

十四代・足利義栄

義栄《よしひで》は、父は足利義維《よしつな》、祖父は足利義澄《よしずみ》であり、戦国期足利将軍家を継承していた義澄系の血を引いていながら、将軍になるも京都に入れずに終わった人物である。

義栄は天文五年（一五三六）に阿波国那賀郡平島《あわなかぐんひらじま》（徳島県阿南市）で生まれる。母は大内義興《おおうちよしおき》の娘ともされるが、後世の軍記物《ぐんきもの》が出典のため確証はない。幼少期についてもやはり記録がなく、不明である。

そんな義栄の名が中央政局においてみられるようになるのが、永禄八年（一五六五）に足利義輝《よしてる》が三好義継《みよしよしつぐ》らによって殺害された、いわゆる永禄の政変をうけてである。義栄は父義維・弟義助《よしすけ》とともに、当時三好氏の庇護下にあったが、三好長慶《ながよし》は天文・弘治年間において、足利義晴《よしはる》・義輝と京都をめぐり争っている時期も義維や義栄を擁立することをしなかった。ところが、長慶の跡を襲い当主となった三好義継によって時の将軍義輝が殺されたとき、それに変わる足利の血が必要と、京都の公家などは判断した。そこで名前が浮上したのが義栄であり、その存在はにわかに脚光を浴びることとなった。その一方で、世間ではそういった噂は聞かないと記した史料もあるが、ともかくも義輝殺害後の混乱のなかで飛び交う噂のなかに、その名前はみられるようになる。

義栄が四国より畿内に姿を見せたのは、永禄九年九月のことである。これより半年ほど前、義輝の後継者にならんとすることを公言し、幕府再興を目指す足利義昭《よしあき》が、足利氏の独占的な官途《かんと》であり、かつ将軍への足掛かりともなっていた従五位下《じゅうごいのげ》・左馬頭《さまのかみ》に叙任されていた。さらに、三好家内部では三好義継と松永久秀《まつながひさひで》が対立し、外部では反三好勢力が勢いをつけていた。そこで、三好義継やそれを支える三好三人衆（三好長逸《ながやす》・三好宗渭《そうい》・石成友通《いわなりともみち》）は阿波国へ援軍を要請し、それをうけ篠原長房《しのはらながふさ》が大軍を率いて畿内へ上陸した。このとき、篠原長房に擁立されていたのが義栄である。

九月二十三日、弟義助とともに義栄は摂津《せっつ》国越水城《こしみず》（兵庫県西宮市）に入る。これ以後、義栄は将軍になるべく積極的に動き出す。十月には朝廷との交渉をはじめ、十二月には越水城から富田《とだ》（大阪府高槻市）へと移る。さらに、十二月二十日頃には従五位下・左馬頭への叙任と、「義栄」（これまでは「義親《よしちか》」）と名が改まることが決定する。また、同時期には伊予《いよ》の河野通宣《こうのみちのぶ》に対して自身への忠節を求めた御内書《ごないしょ》を発給しており、将軍就任へ着実に歩を進めている。

翌永禄十年正月五日、朝廷は義栄の申し出をうけるかたちで左馬頭任官を認める。二月に三好義継が三人衆や篠原長房と対立し、松永久秀のもとへ身を投じてしまうという混乱はあったが、義栄はさらに将軍然とした振る舞いをみせるようになる。

足利義栄木像　栃木県足利市・鑁阿寺蔵

五月、義栄は将軍の代替わりとともに社務職《しゃむしき》を改替する先例のある石清水八幡宮《いわしみずはちまんぐう》社務職の補任を強行している。また、義栄側近畠山安枕斎《はたけやまあんちんさい》と公家の勧修寺晴右《かじゅうじはれみぎ》などの交渉により、義栄の将軍宣下についても着々と進められており、宣下にかかる費用不足が原因となり拒否されたとはいえ、将軍宣下がいよいよ現実味を帯びている。さらには、十二月中には天皇家と義栄の妹のことについてなんらかの動きもあったようで、いささか義栄の先走りの感もあるが、将軍就任への機運は高まっていた。

このように義栄の将軍就任が近づくと、義栄にさまざまな期待を抱き接近してくる者がいる。ここで二人を紹介しよう。

まず、高倉永相《たかくらながすけ》という公家である。高倉家は足利将軍に近侍していた公家のなかでもとくに将軍に近い、武家昵近公家衆《ぶけじっきんくげしゅう》と呼ばれる公家の一つである。永相の父永家《ながいえ》が足利義輝の仲介により官位昇進をした事例もあり、永相も次期将軍に接近したのである。義栄への随行や、義栄のもとへ参礼が確認できるほか、義栄の将軍宣下への参加、そして宣下同日には子息永孝《ながたか》の元服をおこなうほどである。この結果、義栄が没落し、義昭が上洛すると永相・永孝父子は京都から逃げ出している。

もう一人は、宣教師ルイス・フロイスである。当時、畿内にあって布教をおこなっていたフロイスは、義輝の死後、京都に戻れず和泉国《いずみ》堺《さかい》（大阪府堺市）に滞在していた。そこで帰京を果たすべく、フロイスは篠原長房を通じ、義栄と面会している。やはり、権力者に近づくことによって、その便宜を得ようとしてのことだろう。

明けて永禄十一年、公武間の交渉がまとまり、二月八日に義栄は将軍宣下を受ける。交渉の争点となっていた経済的事由については、即時の解決は難しいものの、義栄の念願は実を結んだのである。ところが、半年ほど後の九月、織田信長《おだのぶなが》の協力を得た足利義昭が上洛のため軍を発すと、義栄陣営は瓦解し、義栄は失意の内に病により没する。将軍宣下も富田で受けた義栄は、結局一度も京都に入ることなく生涯を閉じたのである。

義栄の没後、父義維も天正元年（一五七三）に死去し、跡を継いだのは弟義助である。この義助の末裔は、阿波国において「平島公方《ひらじまくぼう》」として人々の崇敬の対象とされ、江戸時代を生き抜くのである。

（水野嶺）

【主要参考文献】
天野忠幸『戦国期三好政権の研究　増補版』（清文堂、二〇一五年）
木下昌規『戦国期足利将軍家の権力構造』（岩田書院、二〇一四年）
五野井隆史『ルイス・フロイス』（吉川弘文館、二〇二〇年）
斎藤薫「足利義栄の将軍宣下をめぐって」（『国史学』一〇四、一九七八年）

十五代・足利義昭

義昭《よしあき》は、天文六年（一五三七）に将軍足利義晴《よしはる》の子として誕生した。十三代将軍義輝《よしてる》は、実兄にあたる。後に関わりをもつことになる上杉謙信《うえすぎけんしん》は七歳上、朝倉義景《あさくらよしかげ》が三歳上、織田信長《おだのぶなが》は二歳上、毛利輝元《もうりてるもと》より十六歳年長で、島津義久《しまづよしひさ》は四歳上となる。幼名は「千歳丸」とも伝わるが、確かな史料では確認できない。

足利将軍家の後継者には兄義輝がいたため、義昭は幼くして母・近衛《このえ》氏方の猶子《ゆうし》となり、覚慶《かくけい》の名で奈良興福寺《ならこうふくじ》一乗院門跡《いちじょういんもんぜき》へ入室していた。つまり、本来であれば一乗院門跡として生涯を終えるはずであった。しかし、永禄八年（一五六五）に兄義輝が三好義継《みよしよしつぐ》・三好長逸《ながやす》らに討たれると、将軍となり足利家を再興すべく行動を起こす。興福寺を脱出した覚慶は、還俗《げんぞく》（僧が俗人にかえること）し義秋《よしあき》、後に義昭と名を改める（以下、義昭で統一）。義昭は上洛を果たすべく、各地の大名等へ援助要請の書状を発給しているが、注目すべきはその発給範囲である。文書が残るだけでも、九州の島津氏・相良《さがら》氏、中国の毛利氏、若狭武田《わかさたけだ》氏、越前《えちぜん》朝倉氏、尾張《おわり》織田氏、三河徳川《みかわとくがわ》氏、甲斐《かい》武田氏、越後《えちご》上杉氏、関東では北条《ほうじょう》氏のほか佐竹《さたけ》氏や由良《ゆら》氏に対して文書の発給が確認でき、これら大名との交渉をおこなう幕臣たちも、義昭の周りには少なからざる人数が集まっていたことをうかがわせる。援助を求めた大名のなかで義昭が最も頼りにしたのが、兄義輝の命に応じて上洛までした上杉謙信であり、一時は上杉氏領国までの下向を視野にいれていた時期もあった。

永禄十一年、義昭は織田信長の協力を得て上洛、征夷大将軍《せいいたいしょうぐん》に就任し幕府再興の悲願を果たす。将軍となった義昭は、足利将軍を頂点とする秩序の再構築を図り、敵対する大名間の和平調停をおこない、そのうえで幕府への忠節を求めたほか、さまざまな栄典の授与をおこなうなどの政策を展開する。これらは義昭側から働きかけるのみでなく、大名側から求められておこなう場合もあり、将軍義昭への期待の現れでもあった。

足利義昭画像　「古画類聚」　東京国立博物館蔵　Image：TNM Image Archives

また、幕府の権力基盤安定のために、信長をはじめとする諸勢力とともに、畿内の平定に動き出す。その結果、もともと敵としていた三好三人衆のほかに、越前朝倉氏、近江六角《おうみろっかく》氏と浅井《あざい》氏、大坂本願寺《おおさかほんがんじ》などが幕府に対して敵対行動をとっている。

こうした義昭が展開する軍事や外交に大きく関わっていたのが、信長である。当然、義昭も信長の待遇は疎かにできず、さまざまな栄典を授与し、幕府の儀礼秩序の中でも高位に位置付け、信長は政治・儀礼の名実ともに幕府内の最大実力者となり、義昭もその権限を大きく認めていた。従来いわれてきたように、義昭は信長の傀儡《かいらい》となっていたわけではなく、義昭は信長を協力者として、政権の運営にあたったのである。それゆえに、信長との政治的な関係の悪化が、すなわち天正元年（一五七三）に義昭が京都を離れざるをえない状況（いわゆる、幕府の滅亡）へと直結したのである。この両者の対立関係が顕在化する直前に出されたのが、十七ヶ条におよぶ異見書《いけんしょ》と呼ばれる文書である。このなかで信長は、義昭の所行について将軍の振舞いにあらずと断じ、改めることを求めたのである。そして、この文書が残ったことにより、後世における義昭の評価へ大きな影響を与え続けている。

さて、天正元年以降の義昭の状況が大きく変わるのが、天正四年に毛利輝元の庇護下に入り、備後《びんご》国鞆《とも》の浦《うら》（広島県福山市）への移座が叶ったときである。信長との対立の旗幟を鮮明にした毛利氏は、義昭を迎え入れることで「足利将軍家」という血統を最大限に利用することにしたのである。当然、毛利氏側としては義昭を奉じたものの、全権を義昭へ渡すことなどはできるはずもなく、両者の間にはさまざまな条件（義昭への制約）が設けられたことは想像に難くない。ともかくも、義昭は対織田戦争という場で限定的にその貴種性が必要とされ、信長包囲網の形成に寄与している。

さて、天正十年に信長が本能寺《ほんのうじ》において明智光秀《あけちみつひで》に討たれ、毛利氏が羽柴秀吉《はしばひでよし》（後の豊臣《とよとみの》秀吉）と和睦を結ぶと、義昭の政治的な立場は急速に失われていく。義昭は、賤ヶ岳《しずがたけ》の戦いや秀吉の九州出兵に際して若干の動きは見せるものの大局に影響を与えることはなかった。天正十五年に至り、秀吉から帰洛の許可が出たことにより、ようやく京都に戻ることができ、翌十六年正月に出家し昌山《しょうざん》と号し、参内し、征夷大将軍を辞している。この後、秀吉の朝鮮出兵時には肥前国名護屋《ひぜんなごや》（佐賀県唐津市）まで従軍するが、慶長二年（一五九七）八月、大坂において死去する。世が世であれば、義昭の葬儀も盛大におこなわれたであろうが、秀吉の許可のもと、ひっそりとした葬儀であった。

ところで、義昭と諸国武士との間には、書状のやりとりや贈答があった。そのため、義昭が書いた御内書は大名家などに残されている。しかし、それだけではない。たとえば、義昭が天正十二年に島津義久に贈った備中青江康次《びっちゅうあおえやすつぐ》銘の太刀が、現在岐阜県光ミュージアムに残されている。この太刀が島津義久に贈られたときの詳細が、島津家臣上井覚兼《うわいかくけん》が書いた「上井覚兼日記」に残されており、その史料に書かれた太刀の特徴と現存する太刀形状が見事に一致するのである。このほか、義昭が毛利氏の庇護下にあった最中に滞在した常国寺《じょうこくじ》には、義昭が使用した肩衣《かたぎぬ》（衣服の一種）が残されている。こうしたモノも、往時を偲ばせよう。

（水野嶺）

【主要参考文献】
奥野高廣『足利義昭』（吉川弘文館、一九六〇年）
木下昌規『戦国期足利将軍家の権力構造』（岩田書院、二〇一四年）
久野雅司『織田信長政権の権力構造』（戎光祥出版、二〇一九年）
水野嶺『戦国末期の足利将軍権力』（吉川弘文館、二〇二〇年）

足利将軍十五代一覧

代数	名前	父／母	生年／没年	将軍就任年・退任年
初代	**足利尊氏**	足利貞氏 上杉清子	生：嘉元三年（一三〇五） 没：延文三年（一三五八）	就任：暦応元年（一三三八） 退任：延文三年（一三五八）
二代	**足利義詮**	足利尊氏 赤橋登子	生：元徳二年（一三三〇） 没：貞治六年（一三六七）	就任：延文三年（一三五八） 退任：貞治六年（一三六七）
三代	**足利義満**	足利義詮 紀良子	生：延文三年（一三五八） 没：応永十五年（一四〇八）	就任：応安元年（一三六八） 退任：応永元年（一三九四）
四代	**足利義持**	足利義満 藤原慶子	生：至徳三年（一三八六） 没：応永三十五年（一四二八）	就任：応永元年（一三九四） 退任：応永三十年（一四二三）
五代	**足利義量**	足利義持 日野栄子	生：応永十四年（一四〇七） 没：応永三十二年（一四二五）	就任：応永三十年（一四二三） 退任：応永三十二年（一四二五）
六代	**足利義教**	足利義満 藤原慶子	生：明徳五年（一三九四） 没：嘉吉元年（一四四一）	就任：正長二年（一四二九） 退任：嘉吉元年（一四四一）
七代	**足利義勝**	足利義教 日野重子	生：永享六年（一四三四） 没：嘉吉三年（一四四三）	就任：嘉吉二年（一四四二） 退任：嘉吉三年（一四四三）
八代	**足利義政**	足利義教 日野重子	生：永享八年（一四三六） 没：延徳二年（一四九〇）	就任：文安六年（一四四九） 退任：文明五年（一四七三）
九代	**足利義尚**	足利義政 日野富子	生：寛正六年（一四六五） 没：長享三年（一四八九）	就任：文明五年（一四七三） 退任：長享三年（一四八九）
十代	**足利義稙**	足利義視 日野良子	生：文正元年（一四六六） 没：大永三年（一五二三）	就任：延徳二年（一四九〇） 退任：明応三年（一四九五） 就任：永正五年（一五〇八）（二度目の就任） 退任：大永元年（一五二二）
十一代	**足利義澄**	足利政知 武者小路隆光娘	生：文明十二年（一四八一） 没：永正八年（一五一一）	就任：明応三年（一四九五） 退任：永正五年（一五〇八）
十二代	**足利義晴**	足利義澄 阿与	生：永正八年（一五一一） 没：天文十九年（一五五〇）	就任：大永元年（一五二二） 退任：天文十五年（一五四六）
十三代	**足利義輝**	足利義晴 近衛尚通娘	生：天文五年（一五三六） 没：永禄八年（一五六五）	就任：天文十五年（一五四六） 退任：永禄八年（一五六五）
十四代	**足利義栄**	足利義維 大内義興娘（伝）	生：天文五年（一五三六） 没：永禄十一年（一五六八）	就任：永禄十一年（一五六八） 退任：永禄十一年（一五六八）
十五代	**足利義昭**	足利義晴 近衛尚通娘	生：天文六年（一五三七） 没：慶長二年（一五九七）	就任：永禄十一年（一五六八） 退任：天正十六年（一五八八）

『図説 室町幕府』（戎光祥出版、2018 年）掲載図を一部改変

第二部　足利将軍の一生

誕生

足利将軍の誕生と生育儀礼については、『御産所日記《ごさんじょにっき》』という史料から多くを知ることができる。この史料は、足利義教《よしのり》・義政《よしまさ》・義晴《よしはる》三代の子息の誕生に関する記録と、将軍家医師の安芸《あき》氏関係の文書によって構成されており、安芸氏によってまとめられたと考えられている。このうち、義教の子義《よし》勝《かつ》誕生時のものは、最も詳しい内容を持っている。そのため、誕生と生育儀礼をみていくうえで、貴重な史料となる。

足利将軍の室は懐妊後、五ヶ月で腹帯《はらおび》を付ける着帯《ちゃくたい》の儀をおこない、出産に向けた準備を進めていくことになる。出産の場所である御産所《ごさんじょ》として、主に将軍直臣の邸宅が設定される。妊娠九ヶ月で、妊婦は邸宅から御産所に移ることとなる。御産所には、屏風・几帳・押桶・畳・筵・蚊帳などの調度類や母子の装束が整えられた。また、妊婦が御産所に移った後は、作事《さくじ》することはあってはならないとされた。

出産にあたっては、医師や乳母、祈禱をおこなう陰陽頭《おんみょうのかみ》のほか、惣奉行《そうぶぎょう》・右筆《ゆうひつ》、邪気を払う御蟇目《ひきめ》役・御鳴弦《めいげん》役といった役人が定められた。これらの役人の人選は義満《よしみつ》誕生の際の先例によっているとされている。例えば惣奉行は二階堂《にかいどう》氏が、奉行（右筆とも）は松田《まつだ》氏が代々務めていたようである。

足利将軍の御産所・誕生国と誕生日一覧

名前	御産所	誕生国	誕生日
尊氏	不明	相模国ヵ	嘉元3年（1305）7月27日
義詮	不明	相模国ヵ	元徳2年（1330）6月18日
義満	伊勢貞継邸	山城国	延文3年（1358）8月22日
義持	不明	山城国	至徳3年（1386）2月11日
義量	不明	山城国	応永14年（1407）7月24日
義教	不明	山城国	明徳5年（1394）6月13日
義勝	波多野元尚邸	山城国	永享6年（1434）2月9日
義政	烏丸資任邸	山城国	永享8年（1436）正月2日
義尚	細川常有邸	山城国	寛正6年（1465）11月23日
義稙	種村弁清邸	山城国	文正元年（1466）7月30日
義澄	不明	伊豆国	文明12年（1481）12月15日
義晴	不明	近江国	永正8年（1511）3月5日
義輝	南禅寺境内（亭主六角定頼）	山城国	天文5年（1536）3月10日
義栄	不明	阿波国	天文5年（1536）
義昭	不明	山城国	天文6年（1537）11月3日

物奉行と奉行は、出産に至る過程を記録して、後代に備えていた。出産が無事終わると、誕生祝が進められていく（本書「生育儀礼」参照）。

足利将軍の誕生について注目されるのは、誕生日の祈禱が年中行事化していることである。この誕生日祈禱は、中国の皇帝の誕生日法会に淵源を持ち、日宋交流の活発化にともない禅僧によって導入されたと考えられている。鎌倉期には、壇越《だんおつ》の誕生日法会が一般化するとされる。

足利将軍の誕生日祈禱として早い事例は、至徳元年（一三八四）十一月二十二日の足利義満の誕生日祈禱である。これは相国寺《しょうこくじ》鹿苑院《ろくおんいん》にて催され、義堂周信《ぎどうしゅうしん》ら五《ご》山《ざん》禅僧が参加している。相国寺での誕生日祈禱は、義満以後にもおこなわれており、年中行事《ねんじゅうぎょうじ》となっている。また、五山を管轄する鹿苑僧録《ろくおんそうろく》・蔭凉職《いんりょうしき》の連絡を受けて、五山やその塔頭《たっちゅう》、畿内近国を中心とする末寺でも誕生日祈禱がおこなわれた。なお、当時の誕生日は、誕生した月日である正誕生日と、毎月の生まれた日である誕生日の二つがある。誕生日祈禱への参加度合は、毎月誕生日あるいは正誕生日のみなど、寺院によって異なっていた。

さらに、禅宗寺院だけでなく、東寺《とうじ》での祈禱も年中行事となっている。このほか、年中行事とはなっていないが、義満は正誕生日にかけて北野社《きたのしゃ》へ参籠し、義持期には醍醐寺三宝院《だいごじさんぼういん》で誕生日祈禱がなされている。義教は室町殿《むろまちどの》において密教修法《みっきょうすほう》である五壇法《ごだんほう》や、三万六千神祭《さんまんろくせんしんさい》という陰陽道《おんみょうどう》祭祀をおこなっている。将軍ごとに個性はみられるものの、総じて誕生日が特別な日として重要視されていたことがうかがえよう。

（川口成人）

【主要参考文献】

川嶋美貴子「中世後期における誕生日と寺社参詣」（『文化史学』七〇、二〇一四年）
木下聡「中世における誕生日」（『日本歴史』八〇四、二〇一五年）
鈴木理香「室町将軍家の御産所」（『栃木史学』七、一九九三年）
原田正俊「皇帝の誕生日法会から室町将軍の誕生日祈禱へ」（佐藤文子・原田正俊・堀裕編『仏教がつなぐアジア』勉誠出版、二〇一四年）
二木謙一『中世武家の作法』（吉川弘文館、一九九九年）
細川武稔「禅宗の祈禱と室町幕府」（『京都の寺社と室町幕府』吉川弘文館、二〇一〇年、初出二〇〇四年）

生育儀礼

足利将軍家の嗣子は、御産所《ごさんじょ》で誕生した後、さまざまな生育儀礼を経て成長していく。誕生から三日目には、初めての入浴である御湯始《おゆはじめ》、胞衣《えな》を洗い地中に埋める御胞衣納《ごえなおさめ》がおこなわれた。御湯始は将軍自らが御産所に御成《おなり》し、三酌の湯を子に注ぐ。御胞衣納は同日の午後、典薬頭《てんやくのかみ》（医師）の指示によりおこなわれる。胞衣を洗ったのち、酒・酢につけた胞衣を白布と赤絹で包み、銅銭などともに吉方へ埋めた。

足利義満画像　東京大学史料編纂所蔵模写

また、初夜・三夜・五夜・七夜・又七夜（十四日目）・後七夜（二十一日目）の御祝として、式三献《しきさんこん》・御肴五献の饗宴が催され、太刀や引出物の進上がなされた。このうち、初夜と三夜については、将軍が御産所で主催し、政所《まんどころ》が差配した。一方、五夜以降については、管領《かんれい》をはじめとする大名が個別に御産所へ出仕し、

細川持之画像　京都市右京区・弘源寺蔵

伊勢貞国画像　義勝の養育に携わった　東京大学史料編纂所蔵模写

差配している。

生後約一ヶ月で、嗣子は御産所から政所執事伊勢《いせ》氏の邸宅に移り、養育されることとなる。これは、義満《よしみつ》を伊勢貞継《さだつぐ》が養育したという所伝によっており、少なくとも義勝《よしかつ》誕生時には嘉例として用いられている。伊勢氏邸宅に移った嗣子は、そこで髪を剃る「御剃髪《ごていはつ》」の儀、それまで母子ともに着ていた白小袖《しろこそで》から色小袖に着替える「色直」、生後初めての食事となる「食初」、魚を食べさせる「魚味」といった儀礼を経験した。

三歳の十一月になると、「御剃髪」の儀以来、剃られていた髪を伸ばし始める「髪置」（「髪立」とも）が催された。永享八年（一四三六）の義勝のときは管領細川持之《ほそかわもちゆき》邸で、応仁元年（一四六七）の義《よし》尚《ひさ》のときは室町第常御所《つねのごしょ》が会場となった。義勝・義尚の「髪置」の際には、父義教《よしのり》・義政《よしまさ》がそれぞれ子の頭に米粉をつけた。また、このときには同時に、箸の持ち方を正しく直す「箸直」と、袴を着ける「着袴《ちゃっこ》」もおこなっている。髪を伸ばし始めた後、初めて髪に鋏を入れるのが、「深曽木《ふかそぎ》」である。先に挙げた義勝の場合、永享十年十一月二十二日に五歳で深曽木がなされている。

将軍嗣子の成長とともに、狩猟・武芸・文芸に関する儀礼がおこなわれていく。自ら射た鳥を、吉日に料理して餅とともに食する「矢開《やびらき》」、初めて馬に乗る「乗馬始」、博士家の清原《きよはら》家が侍講《じこう》を務め、はじめて読書をおこなう「読書始」などである。このうち、「矢開」は得宗《とくそう》家の作法を継承したとされている。また、「読書始」は義持《よしもち》を先例として、十歳でおこなわれることが多かった。元服に前後してこれらの儀礼をおこなうことにより、足利将軍家の家督ないし後継者としての地位を明示し確認していったのである。

（川口成人）

【主要参考文献】

金子拓「室町殿の帝王学」（『歴史』九七、二〇〇一年）
中澤克昭「武家の狩猟と矢開の変化」（井原今朝男・牛山佳幸編『論集　東国信濃の古代中世史』岩田書院、二〇〇八年）
二木謙一『中世武家の作法』（吉川弘文館、一九九九年）
山家浩樹「室町幕府政所と伊勢貞継」（『室町時代研究』一、二〇〇二年）

乳母（乳人）

古来より、貴人の子供を生母（正室とはかぎらない）ではなく乳母《うば》が養育することが多かった。これは足利将軍家も例外ではない。

ところが、歴代の将軍家の乳母については、必ずしも詳しくわかってはいない。乳母がどのように選ばれるのか、人数も判然としないが、乳児を育てるために良質な乳を与えるだけの健康や、養育のための教養が必要であったことは想像に難くない。十三代義輝《よしてる》の乳母で公家の日野晴光《はれみつ》室春日局《かすがのつぼね》は、義輝と同年に男子（晴資《はれすけ》）を出産しており、基本的には良家出身で将軍後継者の誕生と同じ年に出産していた女性が選ばれたのだろう。乳母は「今乳人《いまめのと》」「乳人局《めのとのつぼね》」ほか、通常の女房衆と同様に「○○局」と呼称された。

前期を代表する乳母は、三代義満《よしみつ》の乳母だろう。彼女は義満の時代に管領として幕府を主導した細《ほそ》川頼之《かわよりゆき》の後室（持明院氏《じみょういん》）であった。頼之は二代義詮《よしあきら》の死後、将軍を継承した幼少の義満の代行として幕府を主導したが、頼之夫婦がともに幼少の義満を後見・養育していたともいえる。

後年、彼女が死去した際に、義満は北野社《きたのしゃ》に参籠していたが、彼女の死を聞いていそぎ退出している（『荒暦』）。これは、義満が乳母を「尊崇《そんすう》」していたためとみられている。義満にとって、乳母はやはり特別な存在であったといえるだろう。

歴代将軍の乳母のなかでよく知られているのが、義政《よしまさ》の乳母今参局《いままいりのつぼね》である。「今参」とは新参の女房という意味であり、同様の名称で呼称された人物は複数いる。この今参局は奉公衆《ほうこうしゅう》大館満冬《おおだちみつふゆ》の娘であった。彼女の姪である佐子局《さこのつぼね》（この局名もそれぞれの時代ごとに存在）は義政の側室になっているが、これは今参局の推薦があったからと考えられる。

今参局はたびたび義政の政治に介入したために、烏丸資任《からすますけとう》、有馬持家《ありまもちいえ》（元家《もといえ》とも）とともに「三魔《さんま》」（からすま、ありま、いままいり）とも呼ばれた（『臥雲日件録』）。彼女の政治介入は大名との紛争に繋がり、騒乱を招きかねないものもあり、それを危険視した義政の生母日野重子《しげこ》と対立することとなった。義政の時代に今参局が権勢をもったのは、義政を幼少より養育していたことによる親密な関係が前提にあったことは間違いない。それを背景に乳母が政治的な権勢を持つようになるのは、潜在的に持ちうるものであったといえる。

細川頼之画像　東京大学史料編纂所蔵模写

結局、彼女は義政の御台日野富子《とみこ》の男子出産に際して呪詛《じゅそ》し、死産させたとして流刑となった（流刑途中で自害したという）。それに関連して、複数の側室が殿中《でんちゅう》から追放

主な足利将軍の乳母一覧

将軍	呼称	出自
義満		細川頼之室
義政	今参局	
義尚	今乳人	伊勢盛種娘
義晴	佐子局（清光院）	和泉細川氏？
	宮内卿局	
義輝	清光院	もと佐子局
	春日局	摂津元造養女
義昭	大蔵卿局	

足利義輝画像　東京大学史料編纂所蔵模写

されている。ところが、これは冤罪《えんざい》であった。奥向きにおける生母と御台を中心とする勢力と、乳母と側室を中心とする勢力の、派閥抗争に敗れたのであった。

しかし、このように生母と乳母が対立する事例は多くなく、今参局の例が特殊であったともいえる。例えば、今参局を反面教師としたのか、富子と富子が産んだ義尚の乳母との対立はみられない。戦国期の義輝の乳母春日局の場合は、義輝の生母慶《けい》寿院《じゅいん》（義晴《よしはる》御台）とともに若年の義輝を養育・後見していた。彼女は政治的に未熟な義輝に代わって政治判断をすることもあったし、周囲からもそれを期待されていた。生母との良好な関係も影響してか、彼女は今参局のような悪評はなかった。さらに彼女の義弟摂津《つ》晴門《はるかど》は義輝の側近でもあり、兄妹で将軍を支えたのである。彼女の役割はそれだけではない。義輝が三好《みよし》氏によって殺害されたあと、次期将軍候補の義昭《よしあき》の支持者として洛中にあり、その将軍就任にも関与したのである。義輝の時代、かつてのように日野家が将軍御台を輩出することはなかったが、日野家の人間である彼女が乳母として将軍家を支えていたのである。

最後の将軍の乳母としては義昭の大蔵卿局《おおくらきょうのつぼね》がいる。その出自はわからないが、彼女も将軍の側近として外部との取次や使者などをつとめ、義昭を支えた。彼女は義昭が京都を追放されたのちも供奉し続け、義昭の死まで近侍し続けたようである。

将軍個人との信頼関係がある乳母は単に養育を担うだけではなく、その成長後は将軍側近として、将軍権力を支える存在であったのである。

（木下昌規）

【主要参考文献】

家永遵嗣「三魔―足利義政初期における将軍近臣の動向―」（『日本歴史』六一六、一九九九年）
木下昌規「将軍足利義昭の女房大蔵卿局をめぐって」（久野雅司編著『足利義昭』戎光祥出版、二〇一五年所収、初出二〇一〇年）
木下昌規「足利義輝期幕府女房衆と永禄の変」（『国史学』二三〇、二〇二〇年）
木下昌規「戦国期の室町幕府女房衆」（『歴史評論』八五〇、二〇二一年）
田端泰子『日本中世の社会と女性』（吉川弘文館、一九九八年）
田端泰子『乳母の力』（吉川弘文館、二〇〇五年）

学問

日本中世の学問とは、主として儒学《じゅがく》・仏教学《ぶっきょうがく》・和学《わがく》（歌学《かがく》や源氏物語《げんじものがたり》研究など）が対象であった。科挙《かきょ》のない日本では、中世に学問が家業として発達し、各分野の重要テキストが「古典」と位置づけられ、その研究が進められた。

中世では、貴族から武士に至るまで、師範について学ぶことが一般的であった。例えば、儒学（明経道《みょうぎょうどう》）では、清原家《きよはらけ》・中原家《なかはらけ》・藤原氏南家《ふじわらしなんけ》・同式家《しきけ》などが師範を出す博士家となっていった。各家では、論語《ろんご》や書経《しょきょう》、史記《しき》などの儒書や白紙文集《はくしもんじゅう》・文選《もんぜん》といった漢詩文集を理解するために訓読が発達した。弟子は師匠がヲコト点・返り点などの訓点を付けた証本を書写し、それを師範の講義において師弟で読み上げ、師説の伝授を受けた（現在の大学のゼミのようなイメージ）。さらに写本の収集・校訂・抄出・注釈などに発展した。和学や仏教においても同様である。鎌倉中期以降、博士家だけでなく、宋《そう》の朱子《しゅし》が興した宋学《そうがく》を学んだ禅僧も儒学講義をおこなっていた。儒学と仏教とは相互交流があり儒仏一致論が唱えられたが、禅宗では儒学をダシに布教するという面（「興禅の方便」）もあった。

足利将軍家においても学問は盛んであった。その嚆矢として特筆すべきは足利直義《ただよし》である。彼は「政道《せいどう》」について仏教・儒学を通じて真剣に考究した。その成果が、夢窓疎石《むそうそせき》との問答集『夢中問《むちゅうもん》答集《どうしゅう》』で、時に直義は夢窓を厳しく批判しており、豊かな学識を備えていた。また、歴史学では注目されていないが、直義は自邸である三条坊門殿《さんじょうぼうもん》に「学問所」を設置していたことが国文学研究から指摘されている。この学問所は康永二年（一三四三）には存在しており、鎌倉幕府に仕えた関東祇候《かんとうし》廷臣《こうのていしん》である式家出身の式部権少輔藤原師英《もろひで》が出仕し、漢詩文の必読書『文選』の書写をおこなっていた（九条家本『文選』巻十八奥書）。南家出身の藤原藤範《ふじのり》は『建武式目《けんむしきもく》』の起草に携わり、その子有範《ありのり》は禅律方頭人《ぜんりつかたとうにん》となった。師英も奉行人《ぶぎょうにん》となっており、直義は学者を積極的に登用したのである。学問所の実態はなお検討が必要だが、『夢中問答集』の成立に学問所が寄与したことは想像に難くない。後に足利義政《よしまさ》は『夢中問答集』を座右の書としており、後世に与えた影響は大であった。

このように、室町幕府では初期から学問が盛んであり、南北朝後期には新たな展開を遂げた。禅僧義堂周信《ぎどうしゅうしん》は、鎌倉滞在時、鎌倉公方《かまくらくぼう》足利氏満《うじみつ》に儒学の研鑽を勧め、政道の書『貞観政要《じょうがんせいよう》』などの講義をおこなった。足利家では、こうした研鑽を通して「治道之要」を身に着けることが学問の目的であった。京都の足利義満《よしみつ》も幼い頃から学問に熱心で、義堂周信が上洛すると、義満は彼や大学頭《だいがくのかみ》東坊城秀長《ひがしぼうじょうひでなが》、明経博士清原良賢《よしかた》らと文談サークルを月三度開き、宋学で重視される四書《ししょ》（論語・中庸《ちゅうよう》・大学《だいがく》・孟子《もうし》）を中心に学んだ。義満が証本を写すようなことはなかっただろうが、『孟子』解釈について、義堂に尋ねて見識を深め、彼は豊かな学識を備えるに至った。一方、禅宗側では鎮護国家を旨とする顕密仏教に対抗するため、統治を教える儒学を取り入れるという日本固有の要請があり、それが足利家の禅儒学修へとつながっていったという。

さて、義満の文談サークルの一員であった清原良賢は、古代以来の古い儒書の読み（古注）だけでなく、宋学に基づく新しい儒書の読み（新注）を積極的に取り入れ「清家学」の基礎を作った人物である。彼は康暦二年（一三八〇）に義満読書始《どくしょはじめ》の侍読《じどく》に抜擢され『論語』を授けた。明経道（儒学）の清原氏を取り立てたのは義満が初であり、以降、十二代足利義晴《よしはる》まで清原氏が侍読を独占した。

将軍家の読書始は、侍読が儒書を持参し、その外題《げだい》を読み上げる簡単な儀礼であったが、例えば義持《よしもち》は、十一歳での読書始の後、継続的に儒学・禅宗を学んだようで、為政者意識を高め、「慈」の字花押を考案し、「仁政《じんせい》」を志すようになった。以降の歴代将軍も好学で、義政《よしまさ》は『貞観政要』を校訂させたり、東山殿《ひがしやまどの》で禅籍や漢詩文集などの蔵書を形成した。

とりわけ九代義尚《よしひさ》の好学は注目に値する。彼は十代のうちから和歌に熱心であった。歴代室町殿も和歌には造詣が深いが、義尚が和歌史に残した事跡は特筆される。文明十五年（一四八三）に企画した私撰集『撰藻鈔《せんそうしょう》』では、公武の名だたる歌人を選び諸家から大量の歌書を集めている。それらを編集・増補させ、既存の歌集の歌の排列を歌題にあわせて、合体・再構成し、新しい本を作らせることすらおこなっている。さらに、時に自ら奥書を加えることもあった。奥書を入れることはこれまでにはなく、義尚がいかにこの事業に注力したかが見てとれる。また、文明十一年（一四七九）に十五歳で御判始《ごはんはじめ》をおこなうと、関白一条兼良《かんぱくいちじょうかねよし》に『文明一統記《ぶんめいいっとうき》』・『樵談治要《しょうだんちよう》』を選述させた。両書は儒仏神・公家・武家故実を引き将軍の徳目を説くもので、後者では『貞永式目《じょうえいしきもく》』『建武式目』を用いて守護・奉行人の理想を訴えた。近年、義尚の六角《ろっかく》攻めは代替わり徳政《とくせい》を意識したものと指摘がなされており、こうした行動と彼の学問・思想的背景との関係究明が求められよう。義晴も清原宣賢《のぶかた》から漢籍や『貞永式目』を学び、側近大館常興《おおだちじょうこう》と『建武式目』も読んでいる。幕府のあるべき姿を模索していたのであろう。足利将軍の学問は和・漢・仏にわたるもので、自身の政道の助けとしたのである。

（田中誠）

【主要参考文献】

小川剛生『中世の書物と学問』（山川出版社、二〇〇九年）
小川剛生『中世和歌史の研究』（塙書房、二〇一七年）
金子拓「室町殿の帝王学」（『歴史』九七、東北史学会、二〇〇一年）
西山美香「足利将軍邸の蔵書」（大取一馬編『中世の文学と学問』思文閣出版、二〇〇五年）
原田正俊「日本中世における禅僧の講義と室町文化」（『東アジア文化交流研究』二、二〇〇九年）
増田欣「太平記作者の思想」（『中世文藝比較文学論考』汲古書院、二〇〇二年）
吉田賢司『足利義持』（ミネルヴァ書房、二〇一七年）
和島芳雄『中世の儒学』（吉川弘文館、一九六五年）

元服

元服とは、男子（もしくは女子）の成人儀式である。古代中国に起源をもち、日本においても古代以来の天皇などに事例が確認できる。武家社会における元服の事例は、平安末期ころからみられるようになる。元服は「元」が首、「服」が服装のことを示し、元服をおこなうことで視覚的な変化がもたらされる。つまり、元服を経ることで、頭になにも被らずにいる露頂《ろちょう》から頭髪を調え被り物をし、童服から成人服に服を改めることとなる。元服の別称が「首服《しゅふく》」「冠礼《かんれい》」「初冠《ういこうぶり》」「御冠」というように、冠の着用がひときわ重要な位置付けにあった。元服における頭髪に関わる役として、加冠《かかん》・理髪《りはつ》・能冠《のうかん》があり、冠をかぶせる加冠が最も重要な役で、たとえば天皇元服では太政大臣《だいじょうだいじん》がその役を務めることが多かった。中世武家社会においては、冠ではなく烏帽子《えぼし》が用いられ、加冠役の人を烏帽子親、冠者《かじゃ》（元服する者）を烏帽子子ともいうようになる。そして、烏帽子子は烏帽子親からその名の一字をもらう事例が、鎌倉時代には散見される。

さて、武家社会における元服儀礼が鮮明に記録されるようになるのが、室町時代以降、足利将軍家における事例である。足利義満《よしみつ》以降、義昭《よしあき》まで多くの将軍ないしその兄弟の元服が、公家の日記や元服記として残されている。義満・義教《よしのり》・義政《よしまさ》・義澄《よしずみ》・義晴《よしはる》・義輝《よしてる》の元服は元服記が残されており、その儀礼の内容が明らかとなる。これらの史料からわかる足利将軍家の元服は、元服儀礼と饗宴の二つを主軸として構成されていたことである。すなわち、元服儀礼によって成人を果たすと、饗宴によって元服の参加者への披露がなされ、社会的に認知されるようになっていた。

また、加冠役の重要性は足利将軍家にとっても同様で、冠者の後見役となる幕府の有力者（室町《むろまち》殿《どの》・管領《かんれい》・関白《かんぱく》など）が務めていた。義満から義教の四代の元服をみると、加冠役などは一定ではないが、次第に固定化され、戦国時代の将軍である義澄・義晴・義輝はそれぞれ細川政元《ほそかわまさもと》・細川高国《たかくに》・六角定頼《ろっかくさだより》が加冠役を務め、各将軍の後ろ盾というべき存在が務めるようになる。たとえば義輝の場合は、管領家である細川氏ではなく、父義晴が頼りとし、当時足利将軍家の支柱となっていた六角定頼を管領代とすることで加冠役を務めさせており、極めて政治的な配慮がそこにはあったのである。（水野嶺）

【主要参考文献】

浜口誠至『在京大名細川京兆家の政治史的研究』（思文閣出版、二〇一四年）
二木謙一『中世武家の作法』（吉川弘文館、一九九九年）
森茂暁『中世日本の政治と文化』（思文閣出版、二〇〇六年）

幼名

幼名とは、童名《わらわな》ともいい幼少時につける仮の名前であり、元服《げんぷく》まではその名を名乗る。

足利将軍の幼名は、義満《よしみつ》の「春王《はるおう》」、義勝《よしかつ》の「千也茶《ちやちゃ》」、義政《よしまさ》の「三春《さんはる》」、義晴《よしはる》の「亀王《かめおう》」もしくは「亀王丸」、義輝の「菊幢丸《きくどうまる》」などが知られる。しかし、実は歴代足利将軍全員の幼名が知られているわけではない。また、幼名が判明する将軍であっても、後世に作成された系図によるなど、同時代史料で確認できる事例は極めて少ないのである。

幼名が不明な理由として、同時代の公家の日記などで、足利将軍家に対する敬意から「若公」「若君」と表記される事例が極めて多いことや、足利将軍家の断絶があげられる。こうした幼名が判明しない状況は、戦国時代の大名や武将の幼名が系図などにも依拠するとはいえ、現在よく知られていることと比較すると一目瞭然といえようか。

幼名が伝わらないことで、足利将軍子息の名前がいかなる意図を持ち、また誕生後いつつけられたのかも不明となっている。

右のような状況にあるが、同時代史料から幼名が判明する二人の将軍の事例を紹介したい。

まず、一人目は義勝である。義教《よしのり》の嫡男として、永享六年（一四三四）に誕生している。嘉吉元年

（一四四一）六月二十四日、父義教が赤松満祐《あかまつみつすけ》によって討たれたこと（嘉吉の乱）により、足利家の後継者となる。同年七月、赤松追討のための軍が起こり、八月朔日には後花園天皇《ごはなぞのてんのう》から赤松満祐追討が幕府へ命じられている（治罰《ちばつ》の綸旨《りんじ》）。こうして赤松追討が進むなか、八月十七日に義勝は水無瀬宮《みなせぐう》御《み》影堂《えいどう》に赤松追討の成功を祈願する。この文書が水無瀬神宮に現存しており、そこに「千也茶丸《ちやちゃまる》敬白《けいびゃく》」と署名されていることから、義勝の幼名が知られるのである。この願文《がんもん》発給の二日後、八月十九日に義勝は後花園天皇から「義勝」の名を与えられ、従五位下《じゅごいのげ》に叙されている。

もう一人は、義輝である。義輝は天文五年（一五三六）に誕生すると、その半年後に形のうえとは

足利義政画像　東京大学史料編纂所蔵模写

足利義輝画像　京都市立芸術大学芸術史料館蔵

いえ父義晴が隠居したこともあり、誕生翌年の正月には父義晴に連れられて参内《さんだい》するなど、異様に早く政治的な活動をおこなっている。そうした活動の一環なのか、たとえば、義晴から大名へ授与された栄典の礼銭の献上先に義晴や幕臣と並んで名前がみえ、その献上に対する義晴の返札に「菊幢丸」に対する御礼献上云々の文言がみえることから、幼名が判明するのである。

このように、義勝の場合は自ら、義輝の場合には父義晴によって幼名が書かれたことで、その名が伝わることとなった。もちろん、自分や父がその名を書く際には、敬意表現が必要ないからこそのことである。

（水野嶺）

【主要参考文献】

榎原雅治「足利義勝」（榎原雅治・清水克行編『室町幕府将軍列伝』戎光祥出版、二〇一七年）
山田康弘『足利義輝・義昭』（ミネルヴァ書房、二〇一九年）

実名と改名

足利将軍家の実名（諱《いみな》）は、初代尊氏《たかうじ》を除いてすべて「義」を最初の一字としている。建武政権《けんむせいけん》時に、尊氏が後醍醐天皇《ごだいごてんのう》の諱尊治《たかはる》の偏諱《へんき》によって、高氏《たかうじ》から改名したことはよく知られている。この高氏の「高」は北条高時《ほうじょうたかとき》からの偏諱である。鎌倉時代の足利家は北条氏得宗《とくそう》からの偏諱と通字《つうじ》「氏」を組み合わせた実名を名乗ることが多かった（泰氏《やすうじ》・頼氏《よりうじ》・貞氏《さだうじ》）。二代義詮《よしあきら》以後は、清和源氏《せいわげんじ》の通字である「義」が足利将軍家の通字となる。一方、「氏」は基氏《もとうじ》以降、鎌倉公方《かまくらくぼう》・古河公方《こがくぼう》が多く名乗ることとなった。

室町幕府が成立し、足利将軍の権威が確立していくと、将軍の実名の字と重なる実名が避けられ、改名がなされるようになる。例えば、六代義教《よしのり》の改名時には、九条満教《みつのり》が満輔《みつすけ》に、山科教豊《やましなのりとよ》が家豊《いえとよ》にそれぞれ改名している。一方で、将軍からの偏諱授与も増加した（本書「偏諱」参照）。

なお、すでに亡くなった過去の人物であっても、将軍と実名の読みが同じ場合、音読はばかられたらしい。将軍家での『古和今歌集《こきんわかしゅう》』の講釈の際、歌道家の飛鳥井雅縁《あすかいまさより》は古今和歌集入集の歌人紀《きの》淑望《よしもち》を、「よしもち」と読むのを避け、「シュクバウ（シュクボウ）」と読んだという。飛鳥井雅親《まさちか》による義尚《よしひさ》への講釈の際も、義持《よしもち》が義尚の曾祖父ということで同様に対応している（『蓮心院殿説古今集注』義教が義持の子として扱われている）。

足利尊氏木像　大分県国東市・安国寺蔵

足利義輝画像　東京大学史料編纂所蔵模写

実名の決定にあたっては、儒者《じゅしゃ》が複数の候補を勘申し、選定される事例が確認される。また、義満《よしみつ》の先例により関白《かんぱく》が関与することもあった。決定の際には、実名の反切《はんせつ》（最初の字の音の声母《せいぼ》と後の字の音の韻母《いんぼ》を合成して一字を表したもの。例えば、義勝gisyouの場合はg＋youで凝gyouとなる）の吉凶のほか、過去にその名を名乗った人物が判断材料となることもあった。例えば、義勝のときに候補となった義行《よしゆき》は、源《みなもとの》義経《よしつね》が没落した後に称した名前であるとして、ふさわしくないとされた。

足利将軍のなかで実名を改めたのは、高氏→尊氏のほか、義宣《よしのぶ》→義教、義成《よししげ》→義政、義尚→義熙《よしひろ》、義材《よしき》→義尹《よしただ》→義稙《よしたね》、義遐《よしとお》→義高《よしたか》→義澄《よしずみ》、義藤《よしふじ》→義輝《よしてる》、義親《よしちか》→義栄《よしひで》、義秋《よしあき》→義昭《よしあき》である。改名の理由は、義宣→義教は「よしのぶ（世忍ぶ）」と読まれるのが不快であったためであり、義成→義政は後土御《ごつちみ》門《かど》天皇の諱成仁を避けたことによる。戦国期の将軍の場合、政治情勢に応じ、心機一転をはかり改名したと推測される事例が多い（義材→義尹や義藤→義輝）。

義勝や義材→義尹では、すべて「義」を最初の一字とするが、義宣→義教の際には義教のほかに「義繁《よししげ》」と「尊国《たかくに》」が候補となっている。最終的に選ばれなかったが、尊氏に先例を求めたとみられる尊国という候補が挙がっているのは、選定にあたった人物の実名に関する認識を考えるうえで興味深い。

（川口成人）

【主要参考文献】
泉紀子「飛鳥井家の古今集注釈」（『国語国文』五二―三、一九八三年）
小川剛生「『韻鏡』の悪戯」（西山美香編『日本と《宋元》の邂逅』勉誠出版、二〇〇九年）
林大樹「近世公家社会における避諱と改名」（『近世の天皇・朝廷研究大会成果報告集』五、二〇一三年）
水野智之『室町時代公武関係の研究』（吉川弘文館、二〇〇五年）
水野智之『名前と権力の中世史』（吉川弘文館、二〇一四年）

官位昇進

足利将軍は、室町幕府の成立経緯と政治拠点を京都に置いたことによって、朝廷や天皇といった公家社会と深い関わりを、幕府滅亡時まで有していた。その公家社会における身分秩序として、家格《かかく》と官位《かんい》がある。公家では摂家《せっけ》・清華家《せいがけ》・大臣家《だいじんけ》・羽林家《うりんけ》・名家《めいけ》・半家《はんけ》が、平安時代末から室町時代にかけて漸次形成されていった。そして、家格の形成とともに、官位昇進過程もまた家格と家によって固定されるようになる。

さて、公家社会と深い関わりをもった足利将軍家の家格と官位昇進次第は、足利義満《よしみつ》を先例に決定された。すなわち、左馬頭《さまのかみ》任官から将軍就任を経て、参議《さんぎ》・左近衛中将《さこんえのちゅうじょう》、権大納言《ごんのだいなごん》・右近衛大《うこんえのたい》将《しょう》、内大臣《ないだいじん》と昇進する過程となる。これを先例としたのが、義教《よしのり》と義政《よしまさ》である。他方、義持《よしもち》・義《よし》量《かず》・義勝《よしかつ》・義尚《よしひさ》は初任の官位は正五位下《しょうごいのげ》・近衛中将であり、この違いは、義満・義教・義政の使用花押《かおう》が武家様《ぶけよう》・公家様《くげよう》の両様に対して、義持・義尚は公家様のみ（義量・義勝は不明）であることに対応する。ちなみに摂家の初叙任が正五位下・少将《しょうしょう》であったことと比較すると、将軍家は摂家の上位にあるといえる。さて、最終的には義満は太政大臣《だいじょうだいじん》まで昇進し、義教や義政は左大臣《さだいじん》まで昇っている。また、義持や義尚は左馬頭に任官せずといった差異はあるものの、右大将と内大臣には義持・

義教・義政・義尚が揃って任じられており、重要視されていた。

ところが、応仁《おうにん》・文明《ぶんめい》の乱《らん》以降、戦国期に至り、この状況は一変する。義稙《よしたね》以降の将軍では、内大臣・右大将に昇進した者は、わずかに義晴《よしはる》が右大将になったのみである。一方で、左馬頭任官の重要性が増し、足利将軍家の最初に任じられる官途《かんと》との位置付けになる。

唯一、右大将に任官した義晴は、将軍に就任するにあたって父義澄《よしずみ》を先例としたようである。そして、子義輝《よしてる》の将軍就任過程も、父祖にならうものとなる。すなわち、十一月中の任左馬頭から一ヶ月の間に、元服と将軍就任をおこなうというものである。そして、義晴・義輝父子は、さらに翌年二月に参議・左中将に昇進するところまで日程的な一致を見る。ここに、義澄流足利将軍家の官位昇進の先例が形成されつつあったが、義晴死後、義輝は義晴を先例として権大納言に進むこともなく横死してしまう。その後、義昭《よしあき》に至っては、将軍就任経緯の違いも関係するが、将軍就任と任参議・左中将は同日におこなわれ、さらには年内に権大納言への昇進を画策し、義教の悪しき先例との意見により取りやめていることから、その先例意識は義輝までとはまた別にあったようである。

（水野嶺）


【主要参考文献】

木下聡『中世武家官位の研究』（吉川弘文館、二〇一一年）
木下昌規「戦国期足利将軍家の任官と天皇」（『日本歴史』七九三、二〇一四年）

将軍職争い

足利将軍は、武家の頂点に立ち、公家・寺社を含め列島社会に大きな影響力を有した。それゆえ、その地位をめぐって骨肉の争いが繰り返された。尊氏《たかうじ》・義詮《よしあきら》と直義《ただよし》および直冬《ただふゆ》が激しく争った観応《かんのう》の擾乱《じょうらん》は、足利将軍家が早くから分裂の契機を抱えていたことを示している。

十四世紀後半〜十五世紀前半にかけては、京都の足利将軍と鎌倉の鎌倉公方《かまくらくぼう》の間の対立が惹起する。康暦《こうりゃく》の政変《せいへん》直前の足利氏満《うじみつ》、応永《おうえい》の乱《らん》時の足利満兼《みつかね》は、未遂に終わったものの、中央の勢力と連携しつつ将軍職をうかがった。京都・鎌倉の対立の帰結が永享《えいきょう》の乱《らん》であり、足利持氏《もちうじ》の敗死に至る。

一方、京都においても、上杉禅秀《うえすぎぜんしゅう》の乱《らん》と関係して足利義嗣《よしつぐ》が殺害されたことに象徴されるように、血のスペアとしての価値を有した連枝《れんし》は、混乱の火種ともなる可能性を有していた。永享期に出奔した大覚寺義昭《だいかくじぎしょう》（義教弟《よしのり》）は、中央から没落した山名持熙《やまなもちひろ》をはじめとする西国の諸勢力と連携した。また、嘉吉《かきつ》の乱《らん》後には赤松満祐《あかまつみつすけ》からの擁立を恐れて、義持《よしもち》・義教の連枝や義嗣の遺児が保護された。これを受けて、満祐は直冬の孫とされる義尊《よしたか》を推戴している。連枝をはじめとする足利氏を反乱軍が擁立し、幕府に対抗していったのである。これらはいずれも短期で鎮圧されたが、十五世紀後半以降、将軍職争いは単発の事件にとどまらず、長期にわたり列島政治史を大きく規定していくことになる。

応仁《おうにん》・文明《ぶんめい》の乱《らん》の過程で、義政《よしまさ》・義尚《よしひさ》と義視《よしみ》をそれぞれ頂点とする東西の幕府が出現し、将軍権力は分裂した。以後、紆余曲折を経つつも、義澄《よしずみ》—義晴《よしはる》—義輝《よしてる》・義昭《よしあき》と、義稙《よしたね》—義維《よしつな》—義栄《よしひで》という二系統が対立し、大名に推戴されて各地の地域権力と連携する構図が形成されていく。この構図は、征夷《せいい》大将軍《たいしょうぐん》に任官していない人物をも、大名たちが「公方」として擁立し、社会の側も「公方」として認識していた点で、これ以前の将軍職争いと決定的に異なる。すなわち、単に足利家の血をひくというだけでなく、将軍として正統性を標榜する「二人の将軍」が列島社会に現出したのである。そして、将軍の流浪とも関係しつつ、中央と地方の政治史が連動して展開した。

切腹しようとする足利持氏　「結城戦場絵詞」　国立国会図書館蔵

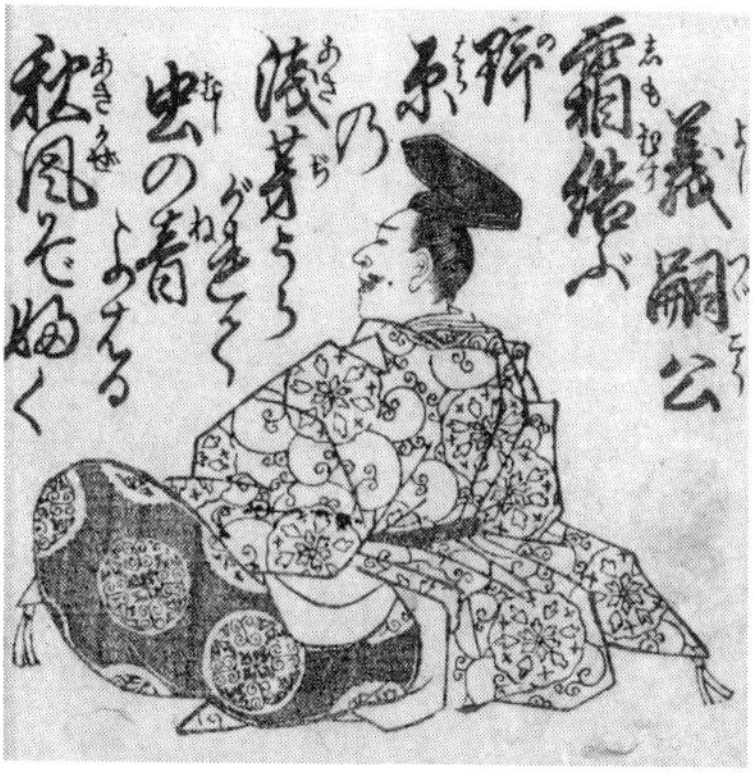
足利義嗣画像　「義烈百首」　個人蔵

　この構図をいつまで認めるかは諸説あるが、少なくとも十六世紀前半までは、「二人の将軍」による将軍職争いが、広く列島の政治史を規定していたと考えられる。さらに、西国においては、日明《にちみん》・日朝《にっちょう》外交の符験である勘合《かんごう》・牙符《がふ》が、将軍と地域権力の政治的駆け引きのなかで切り売りされていった。将軍職争いは国内政治史だけにとどまらず、対外関係にも大きな影響を与えたのである。

（川口成人）

【主要参考文献】

大薮海『列島の日本史二　応仁・文明の乱と明応の政変』（吉川弘文館、二〇二一年）
谷口雄太『中世足利氏の血統と権威』（吉川弘文館、二〇一九年）
萩原大輔「足利義尹政権考」（『ヒストリア』二二九、二〇一一年）
橋本雄『中世日本の国際関係』（吉川弘文館、二〇〇五年）
百瀬今朝雄「応仁・文明の乱」（朝尾直弘ほか編『岩波講座日本歴史七中世三』岩波書店、一九七六年）
山家浩樹「室町時代の政治秩序」（歴史学研究会・日本史研究会編『日本史講座四　中世社会の構造』東京大学出版会、二〇〇四年）

将軍就任儀礼

足利家の人物が将軍に就任するとき、どのような儀礼がおこなわれるのか。この項では朝廷による征夷大将軍宣下《せいいたいしょうぐんせんげ》とこれに関するさまざまな儀礼に焦点を当てて、概要を述べてみたい。とは言いながら、本書第一部でまとめられる将軍の伝記をお読みいただくとおわかりのとおり、将軍就任の状況はそれぞれで大きく異なっている。父である前代の将軍から譲られることもあれば（義持《よしもち》・義尚《よしひさ》・義輝《よしてる》など）、将軍の急死によって将軍位を継承する場合もある（義満《よしみつ》・義勝《よしかつ》など）。戦国期に入ると、政争の影響で空席となった将軍の座に、有力な後援者が足利家の人物を擁立するという動きも出てくる（義澄《よしずみ》・義晴《よしはる》・義昭《よしあき》など）。他の事象に漏れず、就任儀礼の一般化はなかなかに困難であるが、歴代将軍の事例を継ぎ合わせながらその内実を見ることとする。なお、歴代将軍のうち、元服《げんぷく》と同時期に征夷大将軍就任を果たした人物が約半数に上る。本書「元服」の項もあわせてお読みいただくと、より理解が深まるだろう。

そもそも室町時代における将軍の就任は、原則としては、宣旨《せんじ》と呼ばれる天皇の命令を朝廷の使者が新将軍本人に伝えることで完了する。この宣旨は、陣定《じんのさだめ》（朝廷での会議）で作成されるものであり、その日の公事《くじ》の統括者たる上卿《しょうけい》が将軍就任を決議し、書記である史《し》が宣旨を起草・執筆する。そし

足利義晴画像　京都市立芸術大学芸術資料館蔵

細川政元画像　京都市右京区・龍安寺蔵

て勅使《ちょくし》（起草した史本人が勅使となる場合も多い）がこの文章を新将軍の在所へ持参するのである。

ここで舞台は朝廷より幕府に移る。宣旨の持参先は将軍の邸宅であることが多いが、義稙《よしたね》のように管領《かんれい》の細川政元《ほそかわまさもと》邸で勅使を迎える例や、政争の影響で近江国坂本《おうみのくにさかもと》（大津市）に勅使を招いた義輝《よしてる》の例も知られる。将軍の在所では、申次《もうしつぎ》と呼ばれる将軍の家来が宣旨の入った箱を受け取り、その内容を披露する。中次は前将軍側近の公家が務めることが多いが、幕府側の総責任者である摂津《つ》之親《ゆきちか》がおこなった義政の例などもある（『康富記《やすとみき》』）。この際、勅使に対する礼物も欠かせない（相場は金十両）。これに続き、新将軍は御評定始《ごひょうじょうはじめ》・御判始《ごはんはじめ》といった仕事始めの儀式をおこなう。御判始は将軍任官後初めて御教書《みぎょうしょ》に花押を押す儀式であり、寺社に所領を寄進《きしん》する内容が多いようだ。これに関しては、義晴・

義輝の御判始で実際に作成された文書が『石清水文書《いわしみずもんじょ》』内に伝わっている。

将軍宣下は何にも勝る慶事であったため、宣下ののちには諸人の参賀《さんが》が続いた。これらがつぶさに記される義稙の例を見ると、宣下の翌日に諸大名と一部の公家が、さらにその五日後には摂家《せっけ》・諸門跡《もんぜき》が参賀する段取りになっており、祝儀の相場も決まっていた（『政覚大僧正記《せいがくだいそうじょうき》』）。諸寺社には臨時祈禱も命じられたようで（『蔭凉軒日録《いんりょうけんにちろく》』）、将軍の就任はまさに京都周辺を巻き込んだ一大イベントだったのである。

（佐藤稜介）

【主要参考文献】
榎原雅治・清水克行編『室町幕府将軍列伝』（戎光祥出版、二〇一七年）
木下昌規『足利義晴と畿内動乱』（戎光祥出版、二〇二〇年）
山田康弘『足利義稙』（戎光祥出版、二〇一六年）
吉田賢司『足利義持』（ミネルヴァ書房、二〇一七年）

花押

花押《かおう》とは、自署の代わりに書くサインのことで、その形が花模様に似ていることから花押とよばれる。花押は個人を表すものであり、さまざまな工夫が凝らされている。江戸時代の有職家《ゆうそくか》伊勢貞丈《いせさだたけ》が著した花押に関する書物『押字考《おうじこう》』には、花押の類型として草名体《そうみょうたい》・二合体《にごうたい》・一字体《いちじたい》・別用体《べつようたい》・明朝体《みんちょうたい》の五種が挙げられるが、このほかの様式もある。花押は個人の表徴として用いられることから、元来は花押もしくは自署のみで機能していたが、中世には「名前＋花押」と並べて書かれることも広く見られるようになる。現在、この形として最も多く目にする用いられ方の一つが、古文書における署判であろう。

足利将軍における花押は、尊氏《たかうじ》以来の武家の棟梁としての武家様花押と、義満《よしみつ》以降使用されるようになった公家様花押とよばれる両様を使用している。義満を除き、両様の花押が併用されることはなく、武家様から公家様へと変遷する。一個人が武家様・公家様の両様を使用することは異例で、足利将軍の特徴であるといえる。

義満以降の歴代将軍による使用した花押を列挙すると、

両様を使用：義満・義教《よしのり》・義政《よしまさ》・義澄《よしずみ》・義晴《よしはる》・義昭《よしあき》

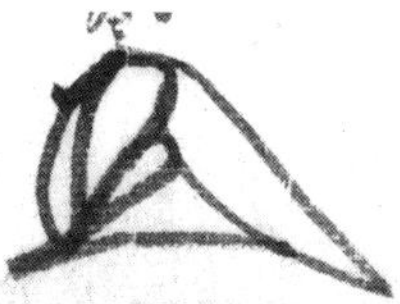

初代　尊氏花押

二代　義詮花押

三代　義満花押

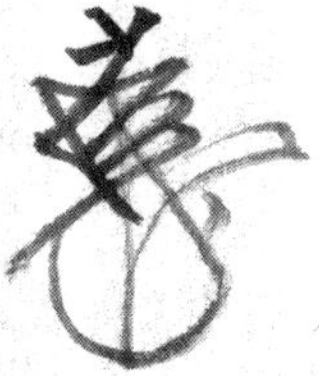

四代　義持花押

六代　義教花押

八代　義政花押

九代　義尚花押

十代　義稙花押

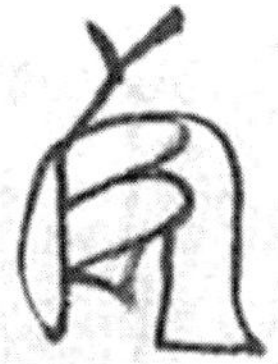

十一代　義澄花押

十二代　義晴花押

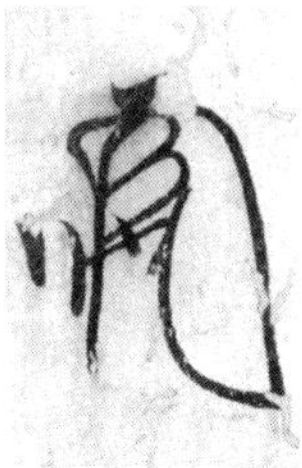

十三代　義輝花押

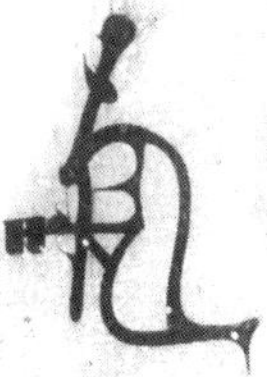

十五代　義昭花押

歴代足利将軍の花押

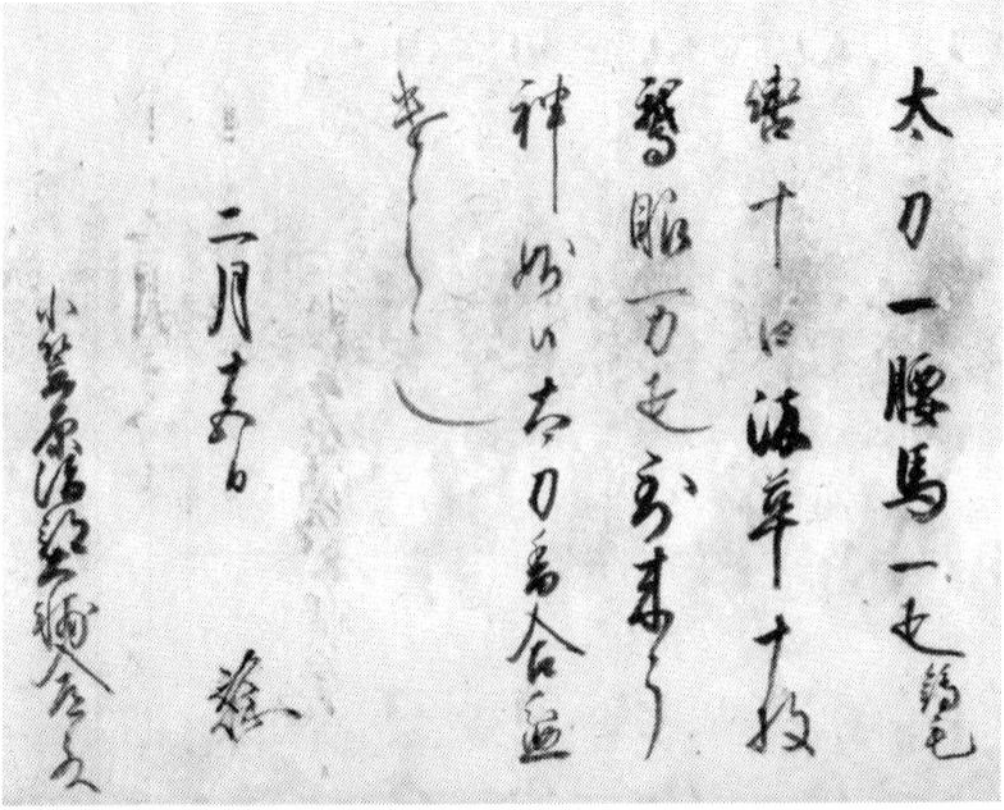

（年未詳）2月15日付足利義教書状　花押は公家様　「小笠原文書」　東京大学史料編纂所蔵

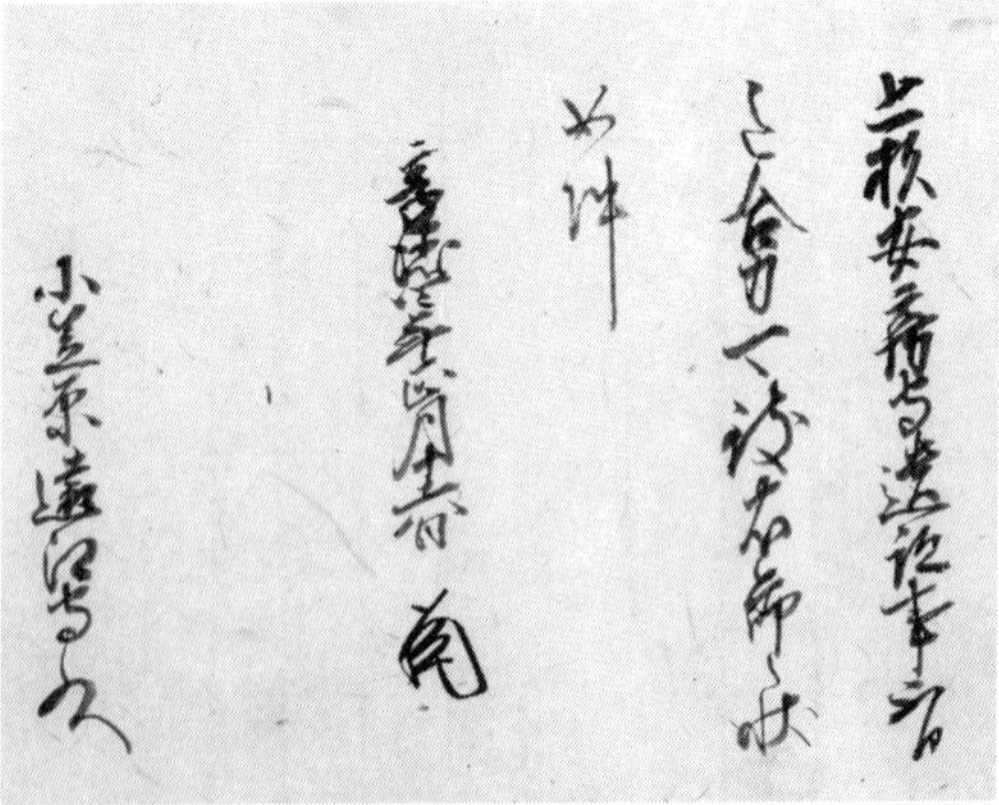

享徳4年正月16日付足利義政御判御教諸　花押は武家様　「小笠原文書」　東京大学史料編纂所蔵

公家様のみ：義持《よしもち》・義尚《よしひさ》・義稙《よしたね》

武家様のみ：義輝《よしてる》

となる。義量《よしかず》と義勝《よしかつ》については、花押が残されておらず不明である。

両様を使用した義満・義教・義政の三者は、内大臣《ないだいじん》への昇進を契機として花押を武家様から公家様に改めている。残る義澄は文亀三年（一五〇三）に従三位《じゅさんみ》に昇進、その後の永正三年（一五〇六）に改め、義晴・義昭は権大納言《ごんのだいなごん》任官をもって花押を改めている。一方、公家様のみ使用した義持・義尚は、「御判始《ごはんはじめ》」とよばれる花押を使用し始めるための儀式段階で、すでに征夷大将軍《せいいたいしょうぐん》であり公卿《くぎょう》（参議《さんぎ》以上）に列せられている。義稙は将軍就任経緯に事情があり、将軍就任と参議任官と御判始とが同日のため、義持・義尚と同様の事例と考えられる。

以上、公家様花押の使用契機は三つに分けられ、①義満を先例とする任大臣、②義晴を先例とする任権大納言、③将軍に補せられる段階で公卿の場合の三通りといえる。

ここから、武家様のみ使用した義輝も、父義晴を先例として、権大納言任官を果たせば公家様に改めていたと考えられるが、義輝は昇進を前に殺害されてしまう。また、残る義栄《よしひで》のものとしては、義栄が発給した御内書《ごないしょ》が残されている（「二神家文書」）が、そこに書かれた花押は義栄の父義維《よしつな》とも、歴代将軍の武家様・公家様とも形状は似ていない。

（水野嶺）

【主要参考文献】
上島有『中世花押の謎を解く』（山川出版社、二〇〇四年）
佐藤進一『増補　花押を読む』（平凡社、二〇〇〇年）

御台と側室

室町時代、将軍家の正室は通常「御台所《みだいどころ》」「御台《みだい》」、または「上様《かみさま》」とも呼称された。御台の家計は将軍とは別個のものであり、「上様御料所《ごりょうしょ》」と呼ばれる固有の所領があった。さらに、将軍が御成《おなり》をする際は御供衆《おともしゅう》や走衆《はしりしゅう》などが供奉したが、御台が将軍に従って御成をする際には将軍とは別に「上様御供衆」「上様走衆」が編成されて供奉している。加えて御台には固有の被官や乳母、女房衆《にょうぼうしゅう》も付属していた。このように、御台は将軍とは別個の人格として幕府内に存在したのである。

歴代の将軍のなかで、御台を持ったのは十名であり、そのうち初代尊氏《たかうじ》と二代義詮《よしあきら》は武家から、三代義満《よしみつ》以降は公家から迎えている。義満以降、六名は公家衆の日野《ひの》家（日野裏松《うらまつ》）から迎えた。若年で死去した義量《よしかず》・義勝《よしかつ》を別として、義稙《よしたね》と義昭《よしあき》は御台を迎えなかった。

そもそも将軍となった人物で、将軍の御台所から生まれた男子は少ない。歴代では義詮・義量・義《よし》尚《ひさ》・義輝《よしてる》・義昭であり、そのほかは側室（義満・義持《よしもち》・義教《よしのり》・義勝・義政《よしまさ》・義晴《よしはる》）、ないしはそもそも父が将軍でない人物である（義稙・義澄《よしずみ》・義栄《よしひで》）。御台と側室の将軍生母が併存する場合は、御台が「嫡母《ちゃくぼ》」となった。これは天皇家も同様である。

御台となる家をみると、鎌倉時代は足利家の正室は鎌倉の北条《ほうじょう》氏から迎えていた。初代尊氏の御

歴代将軍の正室と生母

将軍		正室	生母
1	尊氏	赤橋（北条）守子	上杉清子（側室）
2	義詮	渋川幸子	赤橋守子
3	義満	日野業子・日野康子	紀良子（側室）
	満詮	藤原誠子	紀良子（側室）
4	義持	日野栄子	藤原慶子（側室）
5	義量	なし	日野栄子
6	義教	日野重光娘（観智院）・正親町三条尹子	藤原慶子（側室）
7	義勝	なし	日野重子（側室）
8	義政	日野富子	日野重子（側室）
	義視	日野良子	小宰相局（側室）
9	義尚	日野勝光娘	日野富子
10	義稙	なし	日野良子（義視室）
11	義澄	広福院永俊娘（富子姪、日野氏）	武者小路隆光娘（政知室）
12	義晴	近衛尚通娘	阿与（側室）
	義維	大内義興娘	武衛（側室）
13	義輝	近衛稙家娘	近衛尚通娘
14	義栄	不明	大内義興娘（義維室）
15	義昭	なし	近衛尚通娘

台は最後の執権《しっけん》・赤橋《あかはし》（北条）守時《もりとき》の妹登子《とうし》であった。次の義詮は鎌倉幕府が滅亡したこともあり、足利一門渋川義季《しぶかわよしすえ》の娘幸子《こうし》が御台となった。しかし、義詮と幸子との間の男子が夭折《ようせつ》したため、将軍家は側室紀良子《きのよしこ》が産んだ義満が継承することとなる。

義満の時代になって、御台を公家衆の日野家より迎えることとなった。これは後円融《ごえんゆう》天皇に仕えた日野宣子《せんし》が推し進めたもので、自身の姪である日野業子《なりこ》を義満の御台として差配したのである。義満は日野家と関係を深めることで、天皇家との関係も深くなった。この日野家は名家《めいけ》という朝廷の実務を担う弁官《べんかん》・蔵人《くろうど》などをつとめる中級貴族であり、将軍家に仕える家司《けいし》（家政職員）という立場でも将軍家を支えた。また、義満の側室は上皇や天皇の女官であったものも多い。

将軍の主な側室

	将軍	名称	出身	主な子供
1	尊氏	越前局		足利直冬
		某	加子六郎女	
2	義詮	一対局（小河殿）	田中通清女	義満・満詮
3	義満	二位殿	裏松資康女	
		春日局	摂津能秀女	義嗣
		一条局		
		北向局	三宝院坊官安芸法眼女	義持・義教・聖仙
		新中納言局	三宝院坊官安芸法眼女	聖紹
		加賀局（柳原殿）	実相院坊官長快法印女	尊満・宝幢若公
		藤原誠子		義承
		大芝殿（寧福院）		聖久
		池尻殿	泉阿継子	永隆・女子
		高橋殿（西御所）		
		某	大炊御門冬宗女	尊久
		某	宇治大路氏	女子
4	義持	南向	徳大寺実時女	女子
		小兵衛督局		
5	義量	不明		
6	義教	日野重子	日野重光女	義勝・義政
		上臈局	三条公雅女	
		西御方	洞院満季女	了山聖智
		あこ局	日野重光女	
		あや御料人	烏丸資任女	女子
		大納言局	白川資忠女	
		新大納言局	伯二位女	女子
(6)	(義教)	右衛門督局		女子
		小宰相局		義視
		宮内卿局	赤松則綱女	小松谷義永
		小弁局	斎藤朝日氏	政知
		伊予局		女子
		某	遠州某娘	義観
7	義勝	なし		
8	義政	御料人局	三条公量女	女子
		佐子局	大館持房女	堯山周舜
		五伊局	一色右馬頭女	女子
		別当局	大中臣有直女	女子
		宮内卿局	赤松則村女	女子
		少将局		女子
		ちゃあ（茶阿）局	二階堂被官三富親類	円山
9	義尚	やち局	山名氏	女子
10	義稙	ちゃあ局	山名豊重娘	懐妊
11	義澄	武衛（斯波氏）	武衛（斯波氏）　正室？	義維
		阿与	御末	義晴
12	義晴	某	一色晴具娘	理源
		某	大館常興娘	
13	義輝	小侍従局	進士晴舎女	女子
		某		伝山性賢
		某		輝若丸
14	義栄	不明		
15	義昭	春日局	摂津氏か	
		佐子局	赤松政秀女	義尋

※羽田聡「室町幕府女房の基礎的研究」（木下昌規編著『足利義晴』戎光祥出版、二〇一七年、初出二〇〇四年）をもとに作成

ところが、六代義教は日野家出身の御台（観智院《かんちいん》）を事実上離別し、正親町三条家《おおぎまちさんじょう》の尹子《ただこ》を御台として寵愛した。日野家にとっては将軍家との縁が切れかねない事態であるが、観智院の妹重子《しげこ》が側室としてのちに将軍となる義勝、義政を出産している。尹子は後継者を産むことはなかったため（義勝の嫡母になる）、日野家の血を引く将軍がこの後も続くこととなったのである。もし尹子が後継者を産んでいたら、将軍家と日野家の関係はこれで終わっていただろう。重子は嘉吉《かきつ》の変（乱）による義教の死後は、二代にわたって将軍の生母として後見し、政治に介入している。

その後現れたのが義政の御台で、歴代将軍御台としてもっとも著名な日野富子《とみこ》である。彼女にとって重子は大叔母となる。重子と富子は義政の乳母で「三魔《さんま》」と呼ばれた今参局《いままいりのつぼね》や側室らを排除して奥向きでの実権を掌握した。

ところで、将軍と御台の関係が常に良好であったわけではない。義政と富子との不和が代表である。応仁・文明の乱ののち、義政は富子と別居したあげく、最後は東山《ひがしやま》に山荘を築いて自身の世界に没頭した。そのなかで、富子は義政に代わり幕府の執務を行うなど、幕府の中心人物と見なされるようになっていた。

その後、義尚・義政を続けて亡くした富子は、将軍家の家督後継指名に発言力を持っていた。富子の支持で義稙が十代将軍となったが、次第に対立し明応《めいおう》の政変《せいへん》でも富子が義稙から義澄に支持を代えたことが政変の成功にもつながった。御台は将軍である夫を亡くした後、次代将軍が実子であろうと養子であろうと、将軍家の後家《ごけ》として将軍家を代表する存在となったのである。

ところが、義澄を最後に日野家から御台を迎えることはなくなった。義晴・義輝の時代は公家社会の頂点に位置する近衛《このえ》家より御台を迎えることとなったのである。これにより、近衛家が将軍家を支える「足利―近衛体制」が成立した。ただし将軍家と日野家との関係が完全に切れたわけではなく、日野家の室春日局《かすがのつぼね》が義輝の乳母として養育に関わり、その政務を後見・補佐している。

最後の将軍義昭には側室はいたものの、御台を迎えなかったため、最後の将軍御台は義輝正室となる近衛氏（大陽院《たいよういん》）であった。

（木下昌規）

【主要参考文献】

木下昌規「足利義輝期幕府女房衆と永禄の変」（『国史学』二三〇、二〇二〇年）
高橋修「日野（裏松）重子に関する一考察」（『国史学』一三七、一九八九年）
田中淳子「室町殿御台に関する一考察」（『女性史学』四、一九九四年）
田端泰子『日本中世の社会と女性』（吉川弘文館、一九九八年）
田端泰子『室町将軍の御台所』（吉川弘文館、二〇一八年）
湯川敏治『戦国期公家社会と荘園経済』（続群書類従完成会、二〇〇五年）

子どもたちの処遇

将軍家子弟の大部分は寺院へ入寺した。その背景には、観応《かんのう》の擾乱《じょうらん》で尊氏《たかうじ》・直義《ただよし》兄弟が骨肉の争いを繰り広げたことがあろう。観応の擾乱は、御連枝《ごれんし》（兄弟）が将軍に対抗することのできる数少ない存在であることを示す結果をもたらした。御連枝は、将軍にとってもっとも身近な存在であるとともに、自身に取って代わりうる危険な存在でもあったのである。将軍家子弟が寺院に入寺するようになった大きな要因は、将軍が彼らの政治生命を可能な限り断とう（薄めよう）としたからであろう。ただし、将軍家に後継者問題が発生すると、出家した御連枝や庶流一族（例えば、義教《よしのり》や義澄《よしずみ》など）のなかから新たな将軍が選出されたことも事実である。したがって、寺院は将軍候補者の保護施設としての性格をも有していたわけであり、将軍家の存続をはかる関係上、彼らの政治生命を完全に剥奪することは難しかった。

御連枝や庶流一族の入寺先をみていくと、義満《よしみつ》期以前では禅宗寺院に集中しているが、義満期以降になると、青蓮院《しょうれんいん》や梶井《かじい》（三千院《さんぜんいん》）、実相院《じっそういん》など、門跡《もんぜき》寺院への入室が目立つようになる。これは、将軍家の地位が向上したことにともない、事実上、天皇家や摂関家の子弟によって継承されてきた、格の高い門跡寺院への入寺が可能になったからであろう。このことは、将軍家子弟の尊貴性、ひいて

将軍家出身僧の主な入寺先

父	入寺先
足利義詮	**清祖**（香厳院）、**宗器**（南禅寺徳雲院）、**某**（宝鏡寺）
足利義満	**尊満**（青蓮院）、**法尊**（仁和寺）、**義円**（足利義教。青蓮院）、**足利義嗣**（梶井）、**永隆**（相国寺）、**義昭**（大覚寺）、**義承**（梶井）
足利義教	**清久**（足利政知。香厳院）、**義尋**（足利義視。浄土寺）、**義観**（聖護院）
足利義政	**等賢**（香厳院）、**義覚**（醍醐寺三宝院）、**理勝**（宝鏡寺）、**聖俊**（大慈院）
足利義視	**周嘉**（慈照院）、**周台**（相国寺大智院）、**義忠**（実相院）、**聖寿**（曇華院）
足利政知	**清晃**（足利義澄。香厳院）
足利義晴	**覚慶**（足利義昭。興福寺大乗院）、**周暠**（相国寺鹿苑院）、**理源**（宝鏡寺）、**某**（三時知恩寺）
足利義昭	**義尋**（興福寺大乗院）

青蓮院　京都市東山区

は将軍家そのものの高い地位を外部に認知させる効果をもたらしたと考えられる。その意味において、御連枝は単に寺院へと押し込められたのではないのである。

そして、禅宗寺院においても、香厳院《きょうげんいん》や聯輝軒《れんきけん》など、将軍家所縁の寺院が形成される。これらの寺院は将軍家出身の禅僧により建立され、住持《じゅうじ》職も将軍家一族や将軍の猶子《ゆうし》によって継承された。特に将軍家の子弟は、入寺時から「御喝食御所様」（『蔭凉軒日録《いんりょうけんにちろく》』延徳四年二月十一日条）などと呼ばれ、一般禅僧との身分の違いが意識されていた。

なお、女子の多くは宝鏡寺《ほうきょうじ》や南御所《みなみのごしょ》（大慈院《だいじいん》）、入江殿《いりえどの》（三時知恩《さんじちおん》寺《じ》）などの尼寺（いわゆる比丘尼御所《びくにごしょ》）に入寺した。なかには、日野富《ひのとみ》子《こ》の猶子《ゆうし》として曇華院《どんげいん》に入寺した義視《よしみ》の息女のように、将軍周辺で発言力をもつ者もいた。また、一部の尼寺には天皇家の皇女も入寺したから、将軍家と天皇家の女性が生活をともにすることで、両家の良好な関係維持にもつながったと考えられている。（髙鳥廉）

【主要参考文献】

朝倉尚『就山永崇・宗山等貴』（清文堂出版、一九九〇年）
大石雅章「比丘尼御所と室町幕府」（『日本中世社会と寺院』清文堂出版、二〇〇四年、初出一九九〇年）
川本慎自「室町期における将軍一門香火所と大徳寺養徳院」（義江彰夫編『古代中世の政治と権力』吉川弘文館、二〇〇六年）
髙鳥廉「室町前期における足利将軍家出身僧の身分と役割」（『歴史学研究』九八七、二〇一九年）
髙鳥廉「室町前期における比丘尼御所の附弟選定とその背景」（『古文書研究』八九、二〇二〇年）
髙鳥廉「足利将軍家子弟・室町殿猶子の寺院入室とその意義」（『史学雑誌』一三〇―九、二〇二一年）
谷口雄太『中世足利氏の血統と権威』（吉川弘文館、二〇一九年）
松薗斉「『看聞日記』に見える尼と尼寺」（『中世禁裏女房の研究』思文閣出版、二〇一八年、初出二〇一二年）
水野智之「室町将軍の偏諱と猶子」（『室町時代公武関係の研究』吉川弘文館、二〇〇五年、初出一九九八年）
湯之上隆「足利氏の女性たちと比丘尼御所」（『日本中世の政治権力と仏教』思文閣出版、二〇〇一年、初出一九九〇年）

病気と祈禱

中世、祈禱《きとう》は医療行為とほぼ同等のものとして認識されていた。現在のように、高度な医療技術が望めない時代、人々は神仏にすがって祈禱をおこない、病を癒そうと試みたのである。将軍家には護持僧《ごじそう》がおり、彼らが日ごろから身体護持の祈禱を実施していたが、重い病の場合はさらなる法《ほう》験《げん》を求めて、高僧による（場合によっては大規模な）祈禱を実施させることもあった。例えば康安二年（一三六二）、腫物を患った二代将軍義詮《よしあきら》のための祈禱として、青蓮院尊道《しょうれんいんそんどう》が冥道供《みょうどうく》をおこなっており、貞治六年（一三六七）にも、尊道が義詮の病気平癒のための祈禱を実施している（『門葉記《もんようき》』）。このように、祈禱は病を癒す一つの手段だったのである。

また義詮は、死の数日前に多量の鼻血を出したという。義詮は昌阿弥《しょうあみ》なる医僧をことのほか信用していたようで、治療はすべてこの昌阿弥に任せていた。ところが、義詮は治療の甲斐なく、貞治六年十二月七日に息を引き取ってしまう。そのあと、治療にあたった昌阿弥が医療ミスの嫌疑をかけられて逐電《ちくでん》してしまっているところをみると、将軍の治療に携わることは、医療に関わる者として名誉なことであると同時に、責任も重大であったといえる（『門葉記』、『後愚昧記《ごぐまいき》』貞治六年十二月五日・九日条）。

応永三十五年（一四二八）正月、四代将軍義持《よしもち》は病状が重くなり、護持僧を統括する三宝院満済《さんぼういんまんさい》を御前に呼び寄せ、「もはや四十三歳で死ぬことに不満はないが、祈禱を中止してしまうのはどうかと思うので、よいように指示を出してやってくれ」と伝えている（『満済准后日記《まんさいじゅごうにっき》』同年正月十六日条）。当時、病気と祈禱が分かち難い関係にあったことがうかがえよう。

七代将軍義勝《よしかつ》も、病のため嘉吉三年（一四四三）七月二十一日に幼くして亡くなっている。赤痢《せきり》に罹っていたという。十二日から下痢気味になり、十三日にはそれがはなはだしくなった。十四日に御薬が供されたが、この日になってようやく母の日野重子《ひのしげこ》が、我が子義勝の異変を知る。万里小路時房《までのこうじときふさ》はその日記に、「御医療遅々、希代の事なり」と記している。なお義勝は、義教《よしのり》に滅ぼされた一色義貫《いっしきよしつら》や鎌倉公方《かまくらくぼう》の足利持氏《もちうじ》、そして義教を暗殺した赤松満祐《あかまつみつすけ》などの怨霊《おんりょう》にも苦しめられていたという（『建《けん》内記《ないき》』同年七月二十一日条）。義勝のための祈禱もぬかりなくおこなわれ、五壇法《ごだんほう》や泰山府君祭《たいざんふくんさい》などのほか、春日社《かすがしゃ》でも大般若経《だいはんにゃきょう》以下の読経《どきょう》が実施されたが、義勝は帰らぬ人となった（『看聞日記《かんもんにっき》』『建内記』同年七月十八日条）。このように、病気と祈禱は不可分の関係にあったのである。

（髙鳥廉）

【主要参考文献】

榎原雅治「足利義勝」（同・清水克行編『室町幕府将軍列伝』戎光祥出版、二〇一七年）
髙鳥廉「称光天皇」（久水俊和・石原比伊呂編『室町・戦国天皇列伝』戎光祥出版、二〇二〇年）

信仰

足利将軍の信仰を知るうえで欠かせないのは、五山派禅宗《ござんはぜんしゅう》、特に夢窓派《むそうは》（夢窓疎石《むそうそせき》の法系《ほうけい》）との関わりである。それは、室町幕府が五山・十刹《じっさつ》・諸山《しょざん》といった禅宗官寺制度を構築したことからも理解されよう。特に、足利将軍家の菩提寺となった等持院《とうじいん》や等持寺《とうじじ》、相国寺《しょうこくじ》などの寺院は、いずれも夢窓派の拠点寺院として大いに発展した。『蔭凉軒日録《いんりょうけんにちろく》』文明十九年（一四八七）三月十四日条によれば、尊氏《たかうじ》は夢窓疎石、義詮《よしあきら》は黙庵周諭《もくあんしゅうゆ》、義満《よしみつ》は義堂周信《ぎどうしゅうしん》・絶海中津《ぜっかいちゅうしん》・太初真肇《たいしょしんちょう》、義持《よしもち》は惟忠通恕《いちゅうつうじょ》・大愚性智《だいぐしょうち》・厳中周噩《げんちゅうしゅうがく》、義教《よしのり》は景南英文《けいなんえいぶん》・瑞渓周鳳《ずいけいしゅうほう》を崇敬していたという。いずれも各時代を代表する禅僧であり、足利将軍は特に夢窓派僧との師檀関係を積極的に結んでいたように見受けられる。歴代将軍のなかでも義持は、禅宗を「我宗」と位置づけ、あたかも禅僧であるかのごとく振る舞っていたことが知られている（『臥雲日件録抜尤《がうんにっけんろくばつゆう》』五十二冊、寛正三年六月中拾遺）。

むろん、足利将軍は禅宗のみを重視していたわけではない。例えば真言密教《しんごんみっきょう》寺院の醍醐寺三宝院《だいごじさんぼういん》は、賢俊《けんしゅん》の時代以降、将軍家ときわめて密接な寺院となった。三宝院は、将軍の身体を祈禱《きとう》によってまもる武家護持僧の集団を統括するのみならず、賢俊や光済《こうさい》、そして満済《まんさい》のように、公武の橋渡しや政治顧問のごとき役割を果たす僧侶を輩出し、さらには義賢《ぎけん》や義覚《ぎかく》など、将軍家一族も入寺するに至る。

三宝院は、信仰・祈禱・政治など多面的に足利将軍を支えていたのである。

なお将軍家では、建武三年（一三三六）に尊氏が九州へと敗走した際、少弐《しように》氏の影響を受けつつ北野《きたの》天神《てんじん》を信仰するようになったと考えられている。『梅松論《ばいしょうろん》』には、北野天神の御霊が、合戦のたびに尊氏らに向けて光輝いたという奇瑞が記されており、いわば将軍家の〝神話〟として記憶され、将軍家の信仰へとつながっていく。すでに尊氏の時代には、自邸での天神講《てんじんこう》が確認され、のちに天神講は、将軍家と縁の深い法身院《ほっしんいん》（三宝院の付帯施設）でおこなわれるようになり、義満の弟である満詮《みつあきら》も、天神講を見物していたことが知られている。加えて、晩年の義満が北山《きたやま》の地に居を移した背景にも、北野社の存在があったと考えられている。尊氏の時代の信仰や神話は、その後の将軍家に多大な影響を与えていることが読みとれよう。

（髙鳥廉）

【主要参考文献】
玉村竹二「足利義持の禅宗信仰に就て」（『日本禅宗史論集』下之二、思文閣出版、一九八一年、初出一九五一年）
藤井雅子「室町時代における三宝院門跡の実態」（『中世醍醐寺と真言密教』勉誠出版、二〇〇八年）
細川武稔「足利義満の北山新都心構想」（『都市を区切る　中世都市研究』一五、山川出版社、二〇一〇年）
三島暁子「将軍家天神講と奏楽」（『天皇・将軍・地下楽人の室町音楽史』思文閣出版、二〇一二年、初出二〇〇九年）
桃崎有一郎「足利義満の首府「北山殿」の理念的位置」（同・山田邦和編『室町政権の首府構想と京都』文理閣、二〇一六年）
森茂暁『満済』（ミネルヴァ書房、二〇〇四年）
八木聖弥「初期足利政権と天神信仰」（『太平記的世界の研究』思文閣出版、一九九九年、初出一九九一年）

出家

　歴代将軍のなかでも、出家した人物として最も著名なのは、やはり義満《よしみつ》であろう。よく知られている鹿苑寺《ろくおんじ》所蔵の義満像や相国寺《しょうこくじ》所蔵の義満像も、確かに法体である。その義満の出家理由については、朝廷官職の枠組みを飛び越えた自由な存在となり、天皇を超越するような立場を得るためとする見解があり、出家した義満を法王《ほうおう》ともいうべき存在として描く研究もある。

　ただし、義満が出家した応永二年（一三九五）は、義満が父・義詮《よしあきら》の死没時の三十八歳という年齢に並んだからだとする見解も提示されている。なお、義満の弟である満詮《みつあきら》が出家したのは応永十年で、彼が四十二歳のときではあったが、その日付は父・義詮の命日にあたる。それゆえ当時から満詮の出家について、「故・義詮公の御忌日にあたり、父君への孝養を尽くすためであろうか」と推測する者もいた（『吉田家日次記《よしだけひなみき》』同年十二月七日条）。また、応永元年ごろから義詮の追善供養に関する動きが活発化していることから、義満の出家を、父の菩提を弔いつつ、自身の延命をも目的としたものとする見解も示されている。

　ごく最近では、政治的な観点のみならず宗教行為としての出家に立ち返って、出家の意図を読み取ろうとする動きもある。多くの将軍に出家願望があったとみられ、特に尊氏《たかうじ》や義詮の時代には戦乱が続いていたから、将軍といえども遁世《とんせい》して安穏に暮らしたいとか、死にたくないという感情が湧いてきたとしても不思議ではない。実際に、彼らがそうした不安に駆られていたことも知られているし、義満自身も、すでに二十代のころから遁世願望を義堂周信《ぎどうしゅうしん》に吐露している（「益田文書」、『常光国師《じょうこうこくし》語録《ごろく》』、『空華日用工夫略集《くうげにちようくふうりゃくしゅう》』永徳二年七月十八日条）。尊氏や義詮は出家にまでは及ばなかったが、義満も父や祖父と同じような遁世の志を抱いていた点で、三者は共通している。したがって、義満の出家のみに過度な政治性を認めることには慎重になる必要があろう。

実のところ、出家した足利将軍は義満や義持《よしもち》、義政《よしまさ》など一部にとどまっている。一方、将軍家に採り入れられた受衣《じゅえ》儀礼は、夢窓疎石《むそうそせき》の法系《ほうけい》とのつながりを強く意識したものであり、近年注目されている儀礼でもある。出家と併せて、今後の議論のゆくえが注目される。

（髙鳥廉）

【主要参考文献】

今谷明『室町の王権』（中公新書、一九九〇年）
桜井英治『室町人の精神』（講談社学術文庫、二〇〇九年、初出二〇〇一年）
富田正弘「室町殿と天皇」（久留島典子・榎原雅治編『展望日本歴史11　室町の社会』東京堂出版、二〇〇六年、初出一九八九年）
原田正俊「足利将軍の受衣・出家と室町文化」（天野文雄監修『禅からみた日本中世の文化と社会』ぺりかん社、二〇一六年）
早島大祐『足利義満と京都』（吉川弘文館、二〇一六年）
芳澤元「足利将軍家の受衣儀礼と袈裟・掛絡」（前田雅之編『画期としての室町』勉誠出版、二〇一八年）
芳澤元『足利将軍と中世仏教』（相国寺教化活動委員会、二〇一九年）

葬送儀礼

足利将軍の葬送と中陰仏事《ちゅういんぶつじ》（四九日までの仏事《しじゅうく》）は菩提寺《ぼだいじ》である等持院《とうじいん》（臨済宗《りんざいしゅう》）で執り行われる。その後、等持寺（等持院とは別）にて一周忌《いっしゅうき》以降の追善供養《ついぜんくよう》が営まれる。ただし、三代足利義満《よしみつ》の執政期においては、相国寺《しょうこくじ》が創建されると相国寺、北山第《きたやまてい》が造営されると北山第にて修され、四代足利義持《よしもち》の時代になると再び等持寺へと戻った。

足利家の仏事は、朝廷の国家仏事に準じることが指向された。初代足利尊氏《たかうじ》の三十三回忌などは、中世社会において国家仏事の頂点と意識された御斎会《ごさいえ》に準ぜられた。ただし、国家仏事の中心は顕《けん》教《ぎょう》（東大寺《とうだいじ》・興福寺《こうふくじ》など）や密教《みっきょう》（延暦寺《えんりゃくじ》・東寺《とうじ》など）の僧侶たちであった。尊氏は、禅僧夢窓疎石《むそうそせき》に深く帰依《きえ》しており、禅宗を篤く信仰した。後醍醐《ごだいご》天皇の菩提を弔うために天龍寺《てんりゅうじ》（臨済宗）を創建したのもその一例である。

公家様《くげよう》を指向する足利将軍家ではあるが、こと仏事に関しては独自性を発揮し、禅宗様への強いこだわりをみせた。よって、足利将軍の葬儀・追善は禅僧が中心となり執り行われる。そのこだわりのあまり、四代足利義持《よしもち》は、天皇家の仏事（後円融《ごえんゆう》天皇三十三回忌）において禅宗様の追善仏事を強いるが、天皇家において新興の禅宗仏事が定着することはなかった。

中世の禅宗様の葬儀では死者を座らせる（鑑真和上坐像《がんじんわじょうざぞう》のイメージ）。たとえば、近江国《おうみ》へ出陣中に若くして亡くなった九代足利義尚《よしひさ》は、座位に縛り付けて桶に入れられ無言の帰京をした。奠茶《てんさ》という霊前に茶を供える作法もある。その際、法語《ほうご》（教示の言葉）を語りかけ、一周忌以降の法語では称号で語りかけられる。例えば尊氏の称号は長寿寺殿《ちょうじゅじどの》（のち等持院殿）、三代足利義満は鹿苑院《ろくおんいん》殿、八代足利義政《よしまさ》は慈照院《じしょういん》殿といった具合である。また、死者を仏として扱う点も特徴であり、義満の棺桶は幡《はた》と天蓋《てんがい》で装飾された。

葬儀の場面では、後継者を具現化することも行われる。棺桶に善《ぜん》の綱《つな》といわれる綱を後ろに伸ばし後継者がこれを引く作法である。六代足利義教《よしのり》も、義持の葬送においてこの綱を引いた。よって、現代では残された家族が持つことが多い位牌《いはい》は、室町期までは後継の者ではなく僧などが持つことが多かった。だが、面白いことに戦国時代になると、善の綱と位牌の持つ者が入れ替わり、後継者が位牌を持つようになる。

（久水俊和）

【主要参考文献】
烏鵲坊『考古幻想』（日本史史料研究会、二〇一二年）
勝田至『死者たちの中世』（吉川弘文館、二〇〇三年）
勝田至『日本中世の墓と葬送』（吉川弘文館、二〇〇六年）

院殿号

死後に貴人の実名を発することを憚る東アジアの慣習の一環で、足利将軍には没後に「〇〇院殿」という戒名《かいみょう》が送られた。このような戒名は院殿号《いんでんごう》と呼ばれており、「〇〇院」と呼称される皇族や摂《せっ》関家《かんけ》の院号と区別するために「殿」の字が加えられたという。その端緒は、初代将軍足利尊氏《たかうじ》がその死後に「等持院殿《とうじいんでん》」と呼称されたことにあり、以後、江戸時代に至るまで、院殿号は将軍や大名など上層の武家社会で用いられるようになった。

足利尊氏に送られた「等持院殿」は、言うまでもなく足利家の菩提寺等持寺《とうじじ》（院）に由来する。延文三年（一三五八）四月三十日に尊氏が死去すると、彼は等持寺に葬られ、その後、歴代足利将軍には、それぞれの塔所名《たっしょ》を冠した院殿号が送られるのが通例となった。

三代将軍の足利義満《よしみつ》以降は、基本的に相国寺《しょうこくじ》境内の夢窓派《むそうは》塔頭《たっちゅう》に塔所が設けられるようになった。義満の院殿号となった鹿苑院《ろくおんいん》は、義満正室日野業子《ひののなりこ》の叔母日野宣子《のぶこ》の中陰道場《ちゅういんどうじょう》であった安聖寺《あんしょうじ》に由来している。宣子の死後、義満は、相国寺の南西にあったこの寺院を相国寺に取り込んで鹿苑院と改称させ、さらにその院主《いんじゅ》には禅宗界の人事権を統括する僧録《そうろく》を兼任させた。また、鹿苑院は義満好みの禅室を備えるとともに、相国寺の西にある室町殿と「小門」を通じて直接行き来ができたとされる。

その後、四代足利義持《よしもち》は相国寺近傍の室町殿ではなく三条坊門殿《さんじょうぼうもんどの》を御所としたが、塔所は相国寺勝定院《しょうじょういん》に定められ、これによって相国寺境内の夢窓派塔頭が将軍家家督の院殿号にあてられることが慣習化した。ただし、早世した七代義勝《よしかつ》は、当初は東山に新たに創立された一山派《いちざんは》の慶雲院《きょううんいん》が塔所とされながら、寛正六年（一四六五）の八代足利義政《よしまさ》による山荘造営計画の過程でその名義が夢窓派の相国寺寿徳院《じゅとくいん》に変更されるなど、後付けで先例が踏襲されるケースもあった。

その一方で、義満の弟満詮《みつあきら》は養徳院《ようとくいん》という院殿号こそ直ちに定められたが、実際に養徳院が成立したのは死後約半世紀が経ったあとで、その立地場所も相国寺境内ではなく東山であった。また、義持の弟で義満の寵愛を受けたことで知られる足利義嗣《よしつぐ》は、院殿号と塔所の名称が一致しておらず（院殿号は円修院殿《えんしゅういんでん》、塔所は林光院《りんこういん》）、塔所の場所も洛中等持寺の近辺にあった。

このように、足利将軍家家督の塔所とそれに由来する院殿号からは、将軍家家督を特別な家系として荘厳しようとする室町幕府の政治的意図をうかがうことができる。

（松井直人）

院殿号一覧

将軍	院殿号
尊氏	等持院
義詮	宝篋院
義満	鹿苑院
義持	勝定院
義量	長得院
義教	普広院
義勝	慶雲院
義政	慈照院
義尚	常徳院
義稙	恵林院
義澄	法住院
義晴	万松院
義輝	光源院
義栄	光徳院
義昭	霊陽院

【主要参考文献】

藤井正雄『戒名のはなし』（吉川弘文館、二〇〇六年）
細川武稔「足利氏の邸宅と菩提寺」（『京都の寺社と室町幕府』吉川弘文館、二〇一〇年、初出一九九八年）

墓所

足利将軍家の墓所は、各代の位牌《いはい》が置かれた塔所《たっしょ》に設定されるのが基本であった。しかし、戦国期のように将軍が在京できない事態が生じた際には京都以外の地に置かれるなど、墓所にもまた各将軍の個性が反映されている。以下、将軍家の墓所、あるいは供養のために建立された寺院について、時代順に紹介してゆきたい。

初代足利尊氏《たかうじ》・二代義詮《よしあきら》の墓所としては、院殿号《いんでんごう》となっている等持院《とうじいん》（寺）・宝筐院《ほうきょういん》が著名である。しかし、その一方で、鎌倉長寿寺《ちょうじゅじ》には尊氏の遺髪を埋めたと伝わる五輪塔《ごりんとう》があり、また義詮もその遺骨が鎌倉浄妙寺《じょうみょうじ》に納められたとする記録があるなど、彼ら二代については、墓所を介して鎌倉とのつながりが保たれている点に特徴がある。

その後、三代義満《よしみつ》以降の墓所は四代義持《よしもち》、八代義政《よしまさ》、九代義尚《よしひさ》のように相国寺《しょうこくじ》境内に設けられることが一般的となる。しかし、さまざまな事情で墓所やそれに類する施設が地方に設けられるケースもあった。例えば、嘉吉《かきつ》の変《へん》で殺害された六代足利義教《よしのり》は赤松満祐《あかまつみつすけ》によって首を持ち去られ、しかもその首は播磨《はりま》への道中、摂津崇禅寺《せっつそうぜんじ》（大阪市東淀川区）近くの中島で放棄されてしまった。満祐の討滅後、中島の代官となった細川持賢《ほそかわもちかた》は、寺領寄進《きしん》などを通じて崇禅寺を整備し、義教を供養したという。一方、首がなくなった義教の遺体は等持院で荼毘《だび》に付された。その墓所は、永享三年（一四三一）に義教が誓願寺《せいがんじ》（当時は一条小川《いちじょうこかわ》にあった）境内に建立した堂宇に由来する、浄土宗《じょうどしゅう》寺院の十念寺《じゅうねんじ》に現存している。

また、二度にわたって京都を逐われ、最終的に阿波国撫養《あわのくにむや》（徳島県鳴門市）で没した十代義材《よしき》（義尹《よしただ》・義稙《よしたね》）の墓所は、現徳島県阿南市に所在する真言宗《しんごんしゅう》寺院の西光寺《さいこうじ》に置かれている。西光寺は義材の養子で、細川晴元《はるもと》・三好元長《みよしもとなが》とともに十二代義晴《よしはる》と対峙した堺公方義維《さかいくぼうよしつな》（後に義冬《よしふゆ》）や、その子で、十四代将軍に就任しながらも入京できずに生涯を終えた義栄《よしひで》など、いわゆる平島公方《ひらじまくぼう》（阿波公方）の墓所ともなった。彼らの子孫は江戸時代にも一定の尊崇を集めたという。

なお、本項で紹介したもの以外にも足利将軍の墓所や供養塔を伝える寺院は列島各所に存在している。個別の真偽は定かでなくとも、それらの存在を経由する形で足利将軍家をめぐるさまざまな言説が各地で息づいている事実は、改めて注目されるところである。

（松井直人）

【主要参考文献】

天野忠幸「足利義栄」（榎原雅治・清水克行編『室町幕府将軍列伝』戎光祥出版、二〇一七年）
大薮海『応仁・文明の乱と明応の政変』（吉川弘文館、二〇二一年）
山田康弘『足利義稙』（戎光祥出版、二〇一六年）

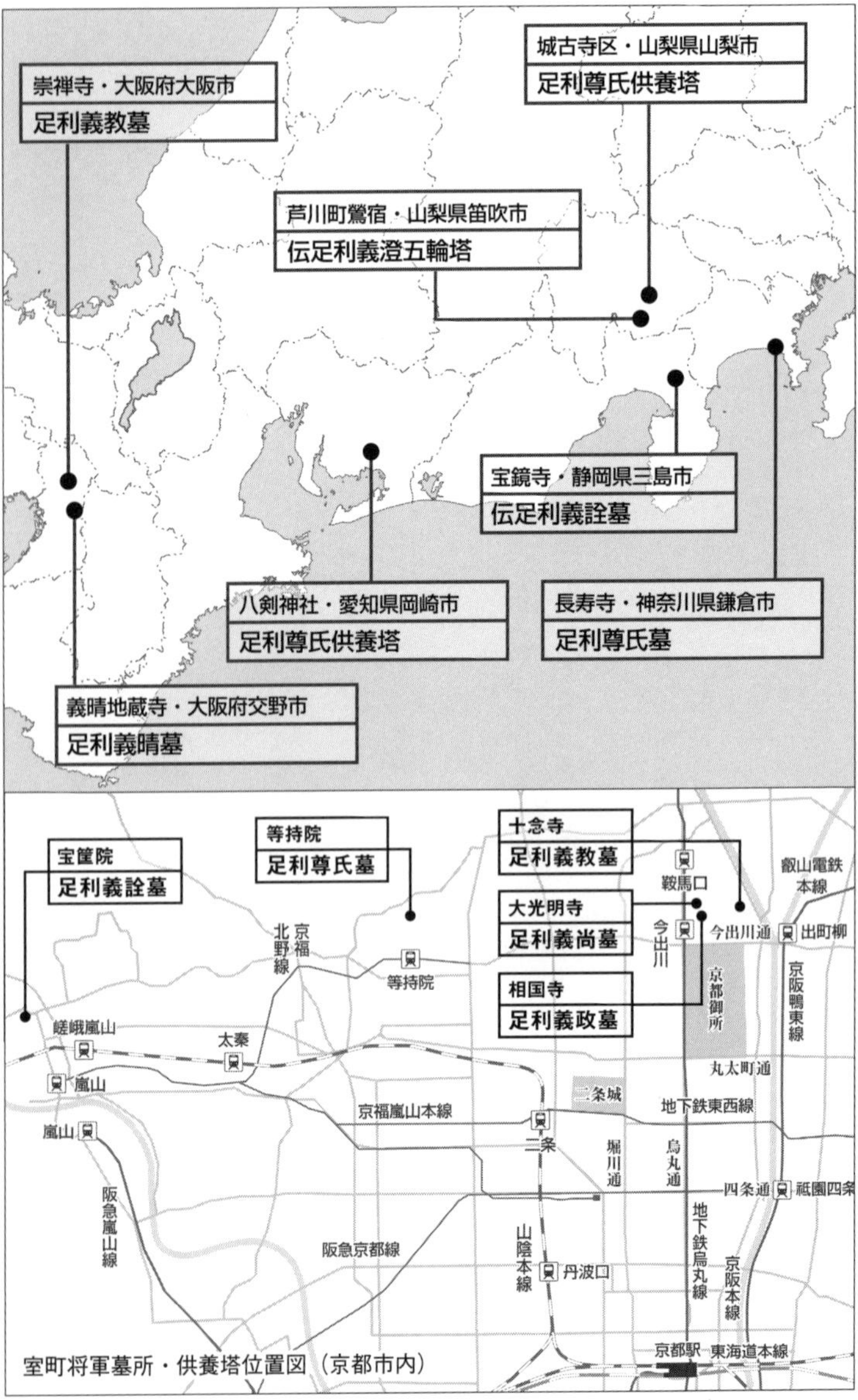
城古寺区・山梨県山梨市
足利尊氏供養塔
崇禅寺・大阪府大阪市
足利義教墓
芦川町鶯宿・山梨県笛吹市
伝足利義澄五輪塔
宝鏡寺・静岡県三島市
伝足利義詮墓
八剣神社・愛知県岡崎市
足利尊氏供養塔
長寿寺・神奈川県鎌倉市
足利尊氏墓
義晴地蔵寺・大阪府交野市
足利義晴墓
宝筺院
足利義詮墓
等持院
足利尊氏墓
十念寺
足利義教墓
大光明寺
足利義尚墓
相国寺
足利義政墓
叡山電鉄本線
鞍馬口
今出川
今出川通
出町柳
京阪鴨東線
京都御所
北野線
京福
等持院
嵯峨嵐山
太秦
嵐山
丸太町通
二条城
地下鉄東西線
京福嵐山本線
二条
堀川通
烏丸通
四条通
祇園四条
阪急嵐山線
阪急京都線
山陰本線
丹波口
地下鉄烏丸線
京阪本線
京都駅
東海道本線
室町将軍墓所・供養塔位置図（京都市内）

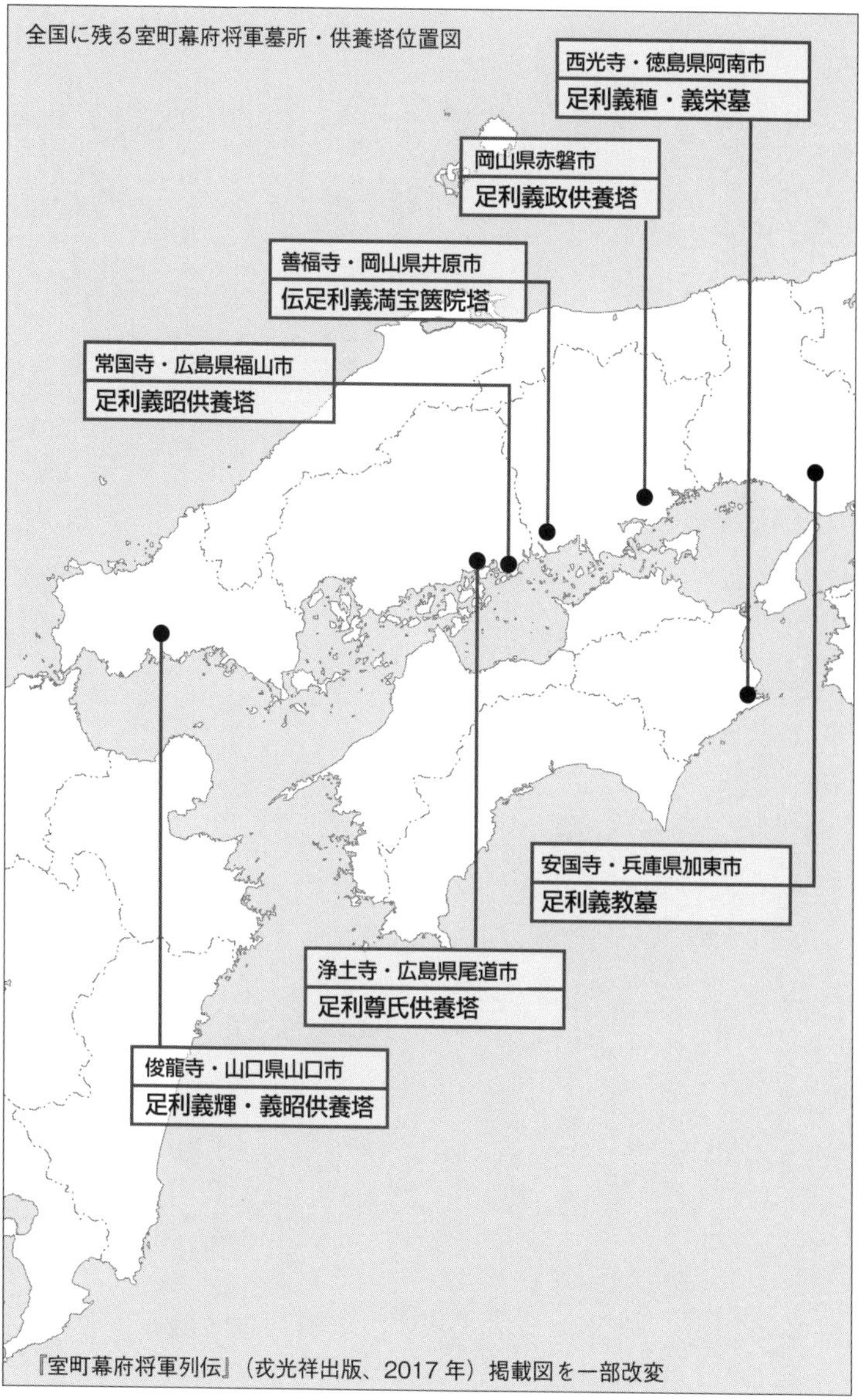
全国に残る室町幕府将軍墓所・供養塔位置図
西光寺・徳島県阿南市
足利義稙・義栄墓
岡山県赤磐市
足利義政供養塔
善福寺・岡山県井原市
伝足利義満宝篋院塔
常国寺・広島県福山市
足利義昭供養塔
安国寺・兵庫県加東市
足利義教墓
浄土寺・広島県尾道市
足利尊氏供養塔
俊龍寺・山口県山口市
足利義輝・義昭供養塔
『室町幕府将軍列伝』（戎光祥出版、2017 年）掲載図を一部改変

菩提寺

菩提寺《ぼだいじ》とは、特定の一家が代々その寺の宗旨に帰依し、位牌《いはい》を安置するとともに葬式や法要の開催を依頼する寺をいう。足利氏の菩提寺としては、鎌倉時代に二代義兼《よしかね》が本貫地の下野国《しもつけのくに》足利荘《あしかがのしょう》に建立した鑁阿寺《ばんなじ》（栃木県足利市）などいくつかの寺院が知られるが、以下では室町幕府開創後の足利将軍家において菩提寺として機能した等持寺《とうじじ》（院）と相国寺《しょうこくじ》について述べる。

もともと等持寺は浄華院《じょうげいん》という浄土宗《じょうどしゅう》寺院であったが、暦応元年（一三三八）頃に等持院、さらに等持寺と改称する。洛中三条坊門《さんじょうぼうもん》の足利直義《ただよし》邸の北側に所在したことから、同二年には直義により父貞氏《さだうじ》の追善仏事がおこなわれている。この頃の等持寺は直義邸の付属寺院という位置づけに留まっていた。しかし、直義の死後には、足利尊氏《たかうじ》・義詮《よしあきら》によって同寺の開基を尊氏とする新たな由緒が創出されるとともに伽藍が拡張され、菩提寺としての威儀が整えられた。以後、等持寺は、十五世紀末まで、特定の時期を除いて歴代の足利家家督＝室町殿《むろまちどの》に対する追善仏事である武家八講《ぶけはっこう》の会場となるなど、将軍家の宗教的拠点として重要な役割を果たした。また、等持寺の住持職《じゅうじしき》は五山僧《ござんそう》の昇進ルートに組み込まれており、そのような五山制度上の同寺院の機能も注目される。しかし、室町幕府の衰退とともに法要の場としての意義は薄れ、織豊期には洛北等持院の管轄に属した。

永徳二年（一三八二）には、足利義満《よしみつ》の発願により、室町殿近傍で相国寺の造営が始まる。当初、義満は衆僧五十人程度の「小寺」の建立を希望したが、鎌倉・京都の五山に列する大伽藍の創建を進言した禅僧義堂周信《ぎどうしゅうしん》の進言を容れたことで、相国寺は周囲二十町に及ぶ広大な寺地を有することとなった。応永六年（一三九九）には、寺地の東側に、日本における木造建築としては史上最高となる高さ三百六十尺（約一〇九メートル）の七重大塔も建立された。また、永徳三年には義満の檀那塔であり彼の院殿号《いんでんごう》ともなる鹿苑院《ろくおんいん》が成立し、その院主《いんじゅ》は僧録《そうろく》として五山派全体を統括するなど、相国寺はまさに禅宗界の中枢に位置することとなった。

義満の死後にはその忌日仏事が鹿苑院でおこなわれ、さらに次代の将軍義持《よしもち》の塔所が相国寺勝定院《しょうじょういん》とされたことで、歴代将軍の塔所を相国寺に設ける方針が定まった。一方、相国寺創建以後、武家八講は相国寺や北山殿《きたやまどの》でおこなわれていた。しかし、義持期以降

上：等持院　京都市北区　下：相国寺　京都市上京区

には再び等持寺で実施され、ここに武家八講がおこなわれる等持寺と歴代将軍の位牌が特定の塔頭に安置される相国寺という〝二つの菩提寺〟が並び立つ体制が定着することとなる。

（松井直人）

【主要参考文献】

今枝愛眞『中世禅宗史の研究』（東京大学出版会、二〇〇一年）
大田壮一郎「室町幕府の追善仏事に関する一考察」（『室町幕府の政治と宗教』塙書房、二〇一四年、初出二〇〇二年）
髙鳥廉「等持寺住持職の歴史的展開」（『仏教史学研究』六二巻一号、二〇一九年）
中井裕子「室町仏教を代表する官寺、相国寺創建の意義とは？」（亀田俊和編『初期室町幕府研究の最前線』洋泉社、二〇一八年）
細川武稔「足利氏の邸宅と菩提寺」（『京都の寺社と室町幕府』吉川弘文館、二〇一〇年、初出一九九八年）

第三部　将軍の政務と生活

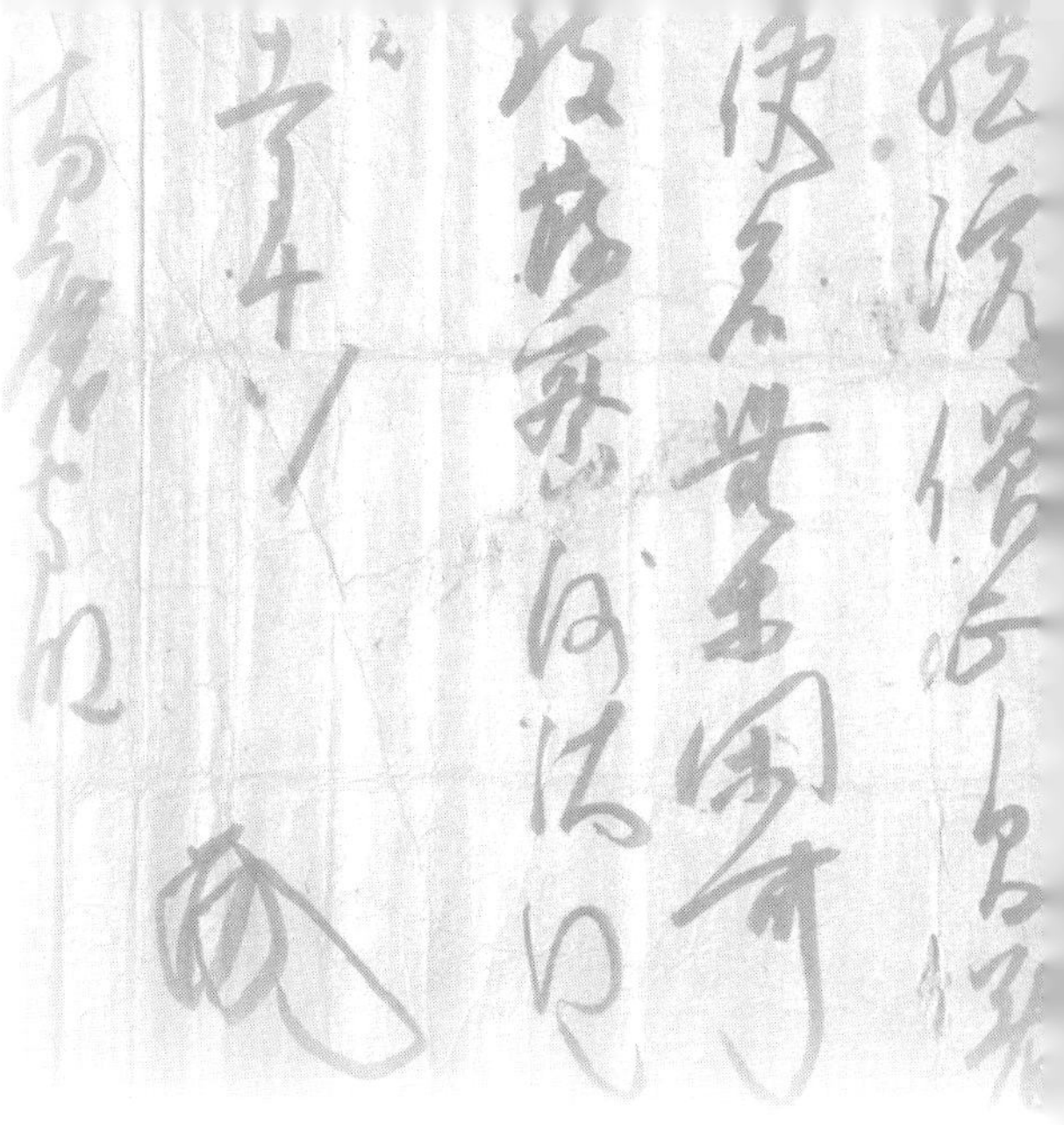

天下静謐祈祷事
近日殊可致精誠之状
如件
應仁元年六月廿五日

将軍と室町殿（北山殿・東山殿）

歴史叙述において「将軍とは名ばかりで」という類いの記述を目にすることがある。鎌倉幕府九代将軍の内、初代 源 頼朝《みなもとのよりとも》こそ遺憾なく幕府を主導しているが、四、五代の摂家《せっけ》将軍や、六代以降の親《しん》王《のう》将軍になると、どれほど幕府の主導権を掌握していたのか疑問に思うだろう。鎌倉幕府の場合は、執権《しっけん》という目立った主導者がおり、とくに得宗《とくそう》といわれる北条《ほうじょう》氏の嫡流が専制政治を行った。

このような将軍と主導者の分離は室町幕府においてもみられる。武家《ぶけ》の棟梁《とうりょう》として標識となるのは、征夷大将軍《せいいたいしょうぐん》である。しかし、足利将軍家の家長《かちょう》と将軍職《しき》を補任されている人物が違うケースが出てくる。その場合、家長のほうが実権を握る。

また、足利将軍家は公家《くげ》（時には寺社）へも君臨した。このような権力体は、将軍職の範疇で理解することはできない。そこで、中世史研究においては、公武に超越した主導権を持つ権力体を、史料用語を用いて「室町殿《むろまちどの》」と称している。当然、将軍職を持つ者が「室町殿」と呼ばれるケースがほとんどだが、足利義持《よしもち》へ将軍の座を譲った後も権力を掌握し続けた足利義満《よしみつ》の場合は、将軍職と「室町殿」とが分離している典型的な事例であろう。さらに、義満の出家後は、法皇《ほうおう》に準ずる突出した超越的権限を発揮した。この権力体は、史料用語と彼の邸宅から「北山殿《きたやまどの》」と定義されている。

「北山殿」は法皇と同格と評価され、義満の治天《ちてん》の君《きみ》（天皇家の家長）をも凌駕する数々の事例は、かつては皇位簒奪《さんだつ》の証左とされた。皇位簒奪の意志の有無は義満の死により闇に葬られたが、義満から家督を継いだ義持は、父のような極端に超越した立場を取らず、天皇の執事的な立場で権力を掌握した。以降、このようなスタイルが「室町殿」として定着する。その後の足利将軍家の家長では「室町殿」が継承されていく。

ただし、八代足利義政《よしまさ》と九代足利義尚《よしひさ》の関係は複雑である。義政は、将軍位を息子義尚に譲るが、義尚の将軍職は実質の伴わないものであった。その後、義政は義尚への政務委譲宣言を行い、京都東山《ひがしやま》の山荘（慈照寺《じしょうじ》銀閣）へと移住した。実際に、「室町殿」としての権限は段階的に義尚へと委譲されるが、すべてを委譲せず義政には家長としてのコアな部分の権限が残った。この義政の権力体を、史料用語と邸宅の場所から「東山殿」と表される。つまり、家長としての権限も分割され、「東山殿＝義政」「室町殿・将軍職＝義尚」の複雑な構造へと変わったのである。

（久水俊和）

【主要参考文献】

久水俊和編『「室町殿」の時代―安定期室町幕府研究の最前線―』（山川出版社、二〇二一年）

家格

将軍家の家格を探るのは存外難しい。武家社会の頂点に位置づく存在であることは疑いないが、摂《せっ》関家《かんけ》や清華家《せいがけ》、大臣家《だいじんけ》といった、公家社会にある既存の家格秩序にあてはめること自体が難しいからである。しかも、家格や地位を探る方法は一つではないため、将軍家の家格は理解しにくいものになっている。例えば、将軍家の家長たる室町殿《むろまちどの》は、実際に摂政《せっしょう》や関白《かんぱく》にならなかったし、太政大臣《だいじょうだいじん》まで昇った義満《よしみつ》の例を除くと左大臣《さだいじん》や内大臣《ないだいじん》止まりなので、官職の面からいえば将軍家だけが突出して高い地位にあったとはいえない。

しかし、室町殿が「現任摂関」のごとく振る舞ったことも知られており、天皇家を補佐するという意味では、摂関に近い役割を果たしたことも事実で、実際に将軍家が摂関家を模して行動した事例もみられる。また、後小松上皇《ごこまつじょうこう》は、天皇・上皇・室町殿の三者を別格視する発言をしたことから、室町殿が天皇・上皇に次ぐ地位にあったという指摘もある。上記の研究は、室町殿の地位や身分、役割を論じたものとしてきわめて重要である。ただし、これらは必ずしも家格を論じたわけではない。

将軍家の家格を公家社会での家格秩序にあてはめ難いことを踏まえたうえで、あえてその家格を探るとすれば、親族の存在は無視できまい。特に、御連枝《ごれんし》（将軍の兄弟姉妹）や庶流一族が、公家社会や寺院社会で受けた待遇を探ることは、将軍家の位置をより明瞭にすることにつながる。そこで、将軍家の御連枝の待遇をみてみると、御連枝は現天皇の御連枝と同等の待遇を受けるべき存在として位置づけられていた。一例としては、法会などに際して照明具を持つ脂燭役の殿上人を、現天皇の御連枝と同様に室町殿の御連枝も召集できる、という点が挙げられる（『薩戒記』永享十一年十一月七日条）。こうした特権は、室町殿の猶子にも認められており、将軍家の高い尊貴性は広く認識されていたと考えられる。また庶流一族も、足利将軍家の血筋であることが重視され、摂関家の子弟と同等の待遇を受けている。総合的にみると、将軍家の待遇は、摂関家のそれを上回るものであったといえよう。

足利義教画像　東京大学史料編纂所蔵

また義教《よしのり》は、九条満家《くじょうみついえ》の猶子《ゆうし》が東大寺東南院《とうだいじとうなんいん》へ入室する際、その少年を自身の猶子にもしている。この事例は、満家だけでは補填できなかった「貴種」性を義教が付与したものとみられる。さらに義教は、皇族による継承が先例化していた妙法院《みょうほういん》に、清華家出身の猶子・教覚《きょうがく》を入室させており、教覚はのちに准后宣下《じゅごうせんげ》も受けている。室町殿との擬制的な親子関係が、教覚の地位を押し上げたことが読み取れる。

将軍家を摂関家の上位とする認識は、公家・寺院社会にも存在していたと考えられよう。

（髙鳥廉）

【主要参考文献】

石原比伊呂『室町時代の将軍家と天皇家』（勉誠出版、二〇一五年）
石原比伊呂『足利将軍と室町幕府』（戎光祥出版、二〇一八年）
相馬和将「中世後期の猶子入室と門主・家門・室町殿」（『史学雑誌』一三〇―九、二〇二一年）
髙鳥廉「室町前期における足利将軍家出身僧の身分と役割」（『歴史学研究』九八七、二〇一九年）
髙鳥廉「足利将軍家子弟・室町殿猶子の寺院入室とその意義」（『史学雑誌』一三〇―九、二〇二一年）
桃崎有一郎「「裏築地」に見る室町期公武社会の身分秩序」（『中世京都の空間構造と礼節体系』思文閣出版、二〇一〇年、初出二〇〇四年）

御所

室町時代、将軍の御所、つまり幕府の所在は京都にあった。しかし、将軍の居住した場所はたびたび変遷した。初代尊氏《たかうじ》はたびたび居住地を替えたが、二条万里小路殿《にじょうまでのこうじ》を主な居所とした。その南には三条坊門殿《さんじょうぼうもん》(三条高倉殿《たかくら》とも)があり、弟直義《ただよし》がここで幕府の執務を行っていた。二代義詮《よしあきら》の時代には、この三条坊門殿が将軍御所として使用された(直義時代の建物は観応《かんのう》の擾乱《じょうらん》で焼失。のち、隣接地に再建される)。

続く三代義満《よしみつ》も当初は三条坊門殿に居住したが、彼は新たに上京《かみぎょう》に御所を造営した。これが「室町幕府」・「室町時代」の語源ともなった室町殿《むろまちどの》(通称花の御所)である。文字通り、室町小路に正門である四足門《よつあし》があり、敷地は東西一町(約一〇八メートル)、南北二町(約二一六メートル)で、現在の同志社大学の敷地に重なる。六代義教《よしのり》の時代には四足門、中門《ちゅうもん》、寝殿《しんでん》、台盤所《だいばん》、一対西《いちのたい》のつま三間、御湯殿《おゆどの》、常御所《つねのごしょ》、夜御殿《よるごてん》などがあったことが確認される。義満は永和四年(一三七八)に新しい室町殿に移ったのち、居所にちなんで「室町殿」と呼称され、上京のこの地が新しい政治の中心地となった。ところが、義満が新将軍の息子義持《よしもち》に室町殿を譲って北山山荘《きたやまさんそう》(北山殿《きたやまどの》)に移ったのち、政治の中心の場はこの北山殿に移った。将軍御所＝政治の中心ではなかったのだ。

四代義持は義満の死後、室町殿から北山殿に移ったが、その後三条坊門殿に移っており、そこで死去した。三条坊門殿に移った義持は、その後も居住所の名称によらず、「室町殿」と呼称されており、足利将軍家の家督の称号＝「室町殿」という認識となっていく。しかし、この後も室町殿だけが将軍御所として利用されたわけではなかった。義政の時代の将軍御所もたびたび移転したからである（表・図参照）。

八代義政《よしまさ》の時代に発生した応仁・文明の乱は、室町殿にも影響を与えた。戦乱を避けるために後花《ごはな》園《その》上皇と後土御門《ごつちみかど》天皇が室町殿に避難してきたのである。これより数年にわたって、将軍家と天皇家が一つの御所に同居することとなった（もちろん、生活空間は別）。

しかし、室町殿は文明八年に焼失してしまった。義政はこの当時小川《こかわ》殿を造営し、そこに居住していたが、焼失の翌年より室町殿再建が進められた。だが、実際には再建は進まなかったようで、九代義尚《よしひさ》は高倉に新たな将軍御所を造営させた。ところが、義政はこの立地に賛同せず、室町殿跡の立地とするように命じている。義政はその理由として、「将軍家は代々室町と号しており、花の御所の立地がもっともふさわしい」と述べたという。将軍家にとって室町殿こそが、将軍御所として正統であったと認識していたことがわかる。結局、室町殿は再建されなかったが、将軍家が義満の造営した室町殿をいかに重要視していたかわかるだろう。

通常、このような将軍御所の造営にあたっては、諸国に段銭《たんせん》が賦課され、その後作事《さくじ》が開始された。

歴代将軍の京都での主な御所

1	尊氏	二条万里小路殿
2	義詮	(鎌倉)→三条坊門殿
3	義満	三条坊門殿→室町殿→北山殿
4	義持	室町殿→北山殿→三条坊門殿
5	義量	三条坊門殿(義持とは別棟の北対屋)
6	義教	三条坊門殿→室町殿
7	義勝	室町殿
8	義政	烏丸殿＝高倉御所→室町殿→小川殿→(長谷御所)→東山殿
9	義尚	室町殿(文明８年焼失)→(北小路室町伊勢邸)→小川殿→(近江鈎御陣)
10	義稙	三条御所→(河内正覚寺・越中放生津・周防山口)→吉良御所→三条御所
11	義澄	細川邸敷地半分
12	義晴	(岩栖院)→柳の御所→(近江・朽木谷岩神館)→南禅寺仮御所→今出川御所(室町殿旧地)
13	義輝	今出川御所(室町殿旧地)→(近江・朽木谷岩神館)→(東山霊山城)→(近江・朽木谷岩神館)→(本覚寺)→武衛御所
14	義栄	入京せず(阿波から摂津富田庄普門寺を御座所に)
15	義昭	(本国寺)→二条御所(武衛御所旧地)→(紀伊由良、備後鞆の浦)

※(　)は仮御座所

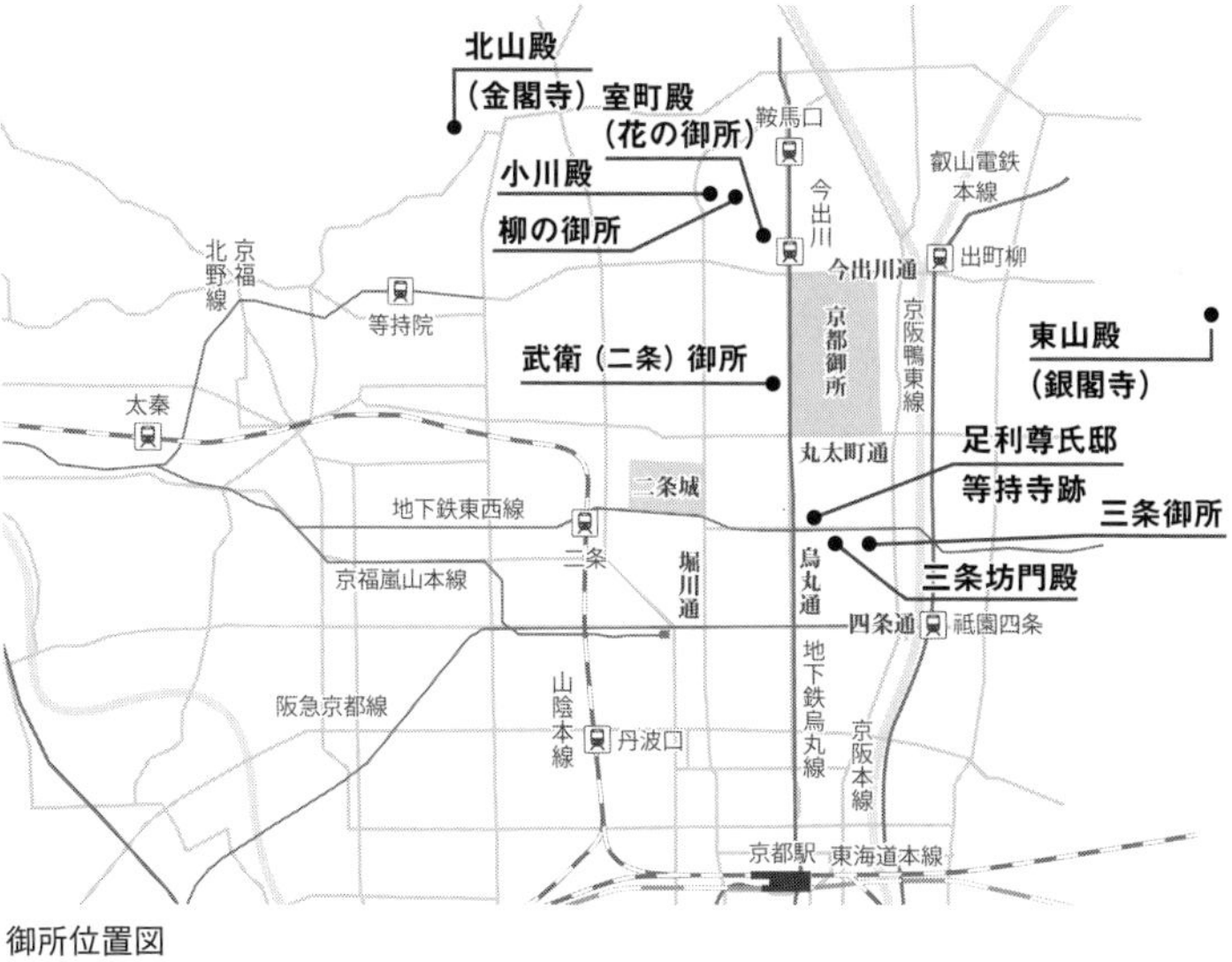

御所位置図

「洛中洛外図屏風」に描かれた室町殿　米沢市上杉博物館蔵

室町殿石組水路跡　京都市上京区　撮影：筆者

立地や作事日などについては、土御《つちみ》門《かど》家や勘解由小路《かでのこうじ》家などの陰陽師《おんみょうじ》が候補を選定し、細川や畠山などの大名が総奉行、将軍直臣が造営奉行をつとめた。特に造営奉行は結城《ゆうき》氏と杉原《すぎはら》氏、幕府の奉行人などがつとめた。

現役の将軍の御所以外に注目すれば、義満の造営した北山殿や義政の造営した東山殿《ひがしやまどの》もある（彼らはそれぞれ「北山殿」「東山殿」と呼称された）。さらに長享《ちょうきょう》元年に義尚は近江《おうみ》の六角《ろっかく》氏征伐のために近江の鈎《まがり》に御陣（滋賀県栗東市）を構えるが、この陣も将軍御所とみなしてもよい。さらに戦国期になると、将軍が京都より避難することも多くなるが、十二代義晴《よしはる》と十三代義輝《よしてる》がそれぞれ京都から亡命生活を送った近江の朽木谷《くつきだに》（同高島市）にあった岩神館《いわがみやかた》（現興聖寺《こうしょうじ》）も仮ではあるが、将軍の御所であったといえる。なお、将軍不在の際の御所は相国寺《しょうこくじ》の僧などが交代で管理していたらしい。

将軍御所は絵画のなかにも残された。義晴時代の柳の御所は歴博甲本洛中洛外図屛風《れきはくこうほんらくちゅうらくがいずびょうぶ》に、義晴・義輝時代の今出川《いまでがわ》御所は上杉本洛中洛外屛風図に描かれているため、その全容を視覚的に知ることができる（必ずしも正確な再現とはいえないが）。さらに注目されるのは、今出川御所はもともとの室町殿の立地に造営されたものであり、室町殿の再現であったことである。将軍家は室町殿焼失後もやはりこの土地に対しては特別な思いを持っており、洛中洛外図屛風は本来の将軍家の理想的な将軍御所像を示したものであった。しかし実際は、義輝後期・十五代義昭《よしあき》期には上京と下京《しもぎょう》の中間にある武《ぶ》衛《えい》御所（＝二条御所）を将軍御所とし、本来の室町殿との繋がりはなくなってしまったのである。

（木下昌規）

【主要参考文献】

黒嶋敏『天下人と二人の将軍』（平凡社、二〇二〇年）
小谷量子『歴博甲本洛中洛外図屛風の研究』（勉誠出版、二〇二〇年）
田坂泰之「室町期京都の都市空間と幕府」（『日本史研究』四三六、一九九八年）
浜口誠至『在京大名細川京兆家の政治史的研究』（思文閣出版、二〇一四年）
桃崎有一郎・山田邦和編著『室町政権の首府構想と京都―室町・北山・東山』（文理閣、二〇一六年）
森田恭二「花の御所とその周辺の変遷」（永島福太郎先生退職記念会編『日本歴史の構造と展開』山川出版社、一九八三年）

文書

足利将軍が発給した主な文書は、下文《くだしぶみ》・下知状《げちじょう》・御判御教書《ごはんのみぎょうしょ》・御内書《ごないしょ》の四様式があげられ、この他に寄進状《きしんじょう》・願文《がんもん》などがある。近年の古文書学では、様式から文書の効力を解明する手法から、文書の形態・機能・伝来などさまざまな視点に基づき文書の性格を捉えようとする研究が進んでいる。しかし、ここでは基本的な様式論とその用途を中心としたい。

では、主要四様式の将軍文書をみていこう。この四様式は二通りに分類できる。一つは平安時代に発達した公文書の系譜をひく下文様文書（下文・下知状）、もう一つは私的な書状から発達し公的機能を持つようになった書札様文書（御内書）である。御判御教書はこの両方にまたがっている。これらの様式は、用途・時期・礼節によって使い分けられる。

下文は、「下」と書き出し、その下に宛所があり、上意下達が表現される文書である。尊氏《たかうじ》と直《ただ》義《よし》・義詮《よしあきら》・義満《よしみつ》が主に武士への所領充行、安堵に用いた。鎌倉幕府では将軍が従三位《じゅさんみ》に昇ると、自筆の花押《かおう》を据えた下文を止め、政所《まんどころ》職員が署判する政所下文に切り替えられた。だが足利将軍はこれを継承せず、実態的権力の象徴として自筆の袖判《そではん》（文書の右端に花押）【図1】を据えることを選択したと考えられる。花押の位置から相手に対する礼の厚薄が知られ、日下《にっか》（日付の下）→奥下（左下）

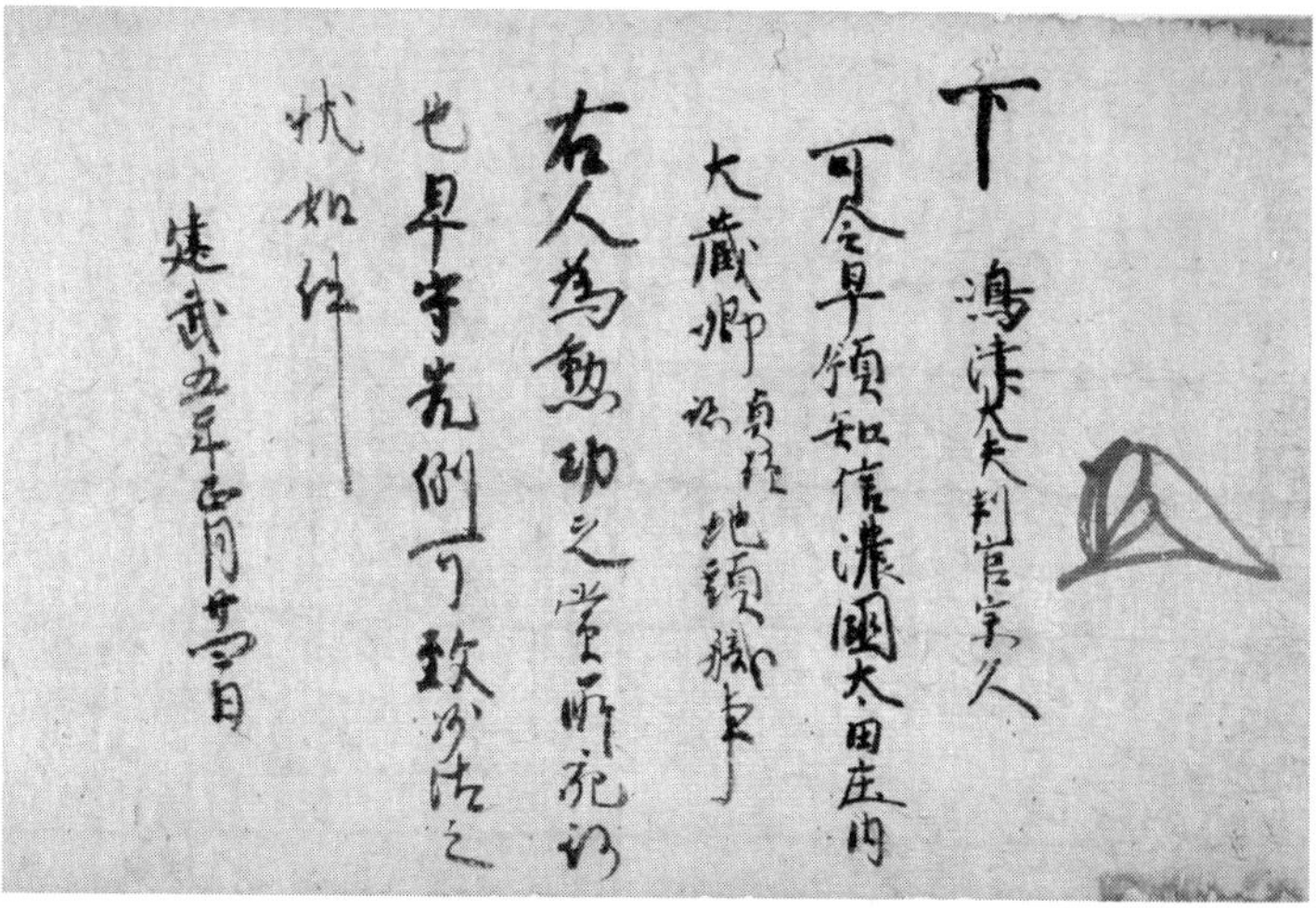

図１　足利尊氏袖判下文「島津家文書」東京大学史料編纂所蔵　花押が文書の袖（右端）にあり、相手に対し最も尊大な様式であることを意味する

↓奥上（左上）↓袖の順に相手に対して尊大、言い換えれば礼が薄くなる。応永九年（一四〇二）の義満下文を最後に幕府から本様式は消える。

　下知状は、鎌倉幕府が下文から発展させた武家独自のもので、「下知如件」と結ぶ。主に所領裁判の裁許や安堵に用いられた。初期には直義が多数発給した【図２】。長文になる場合、紙継目の裏に訴訟を扱った引付方《ひきつけかた》の長官が花押を据え保証とした。観応《かんのう》二年（一三五二）に直義が死去すると数が減少していく。将軍署判の裁許下知状は応永八年（一四〇一）の義満のものを最後とし、以降は課役免除などに限定されていった。なお、将軍幼少時など管領《かんれい》が政務を代行する際にも下知状が使われた。

　書状から発達した書札様文書として、御判御教書と御内書がある。御判御教書は、尊氏期から充行・安堵・軍勢催促などに用いられ、義詮期以降、所領

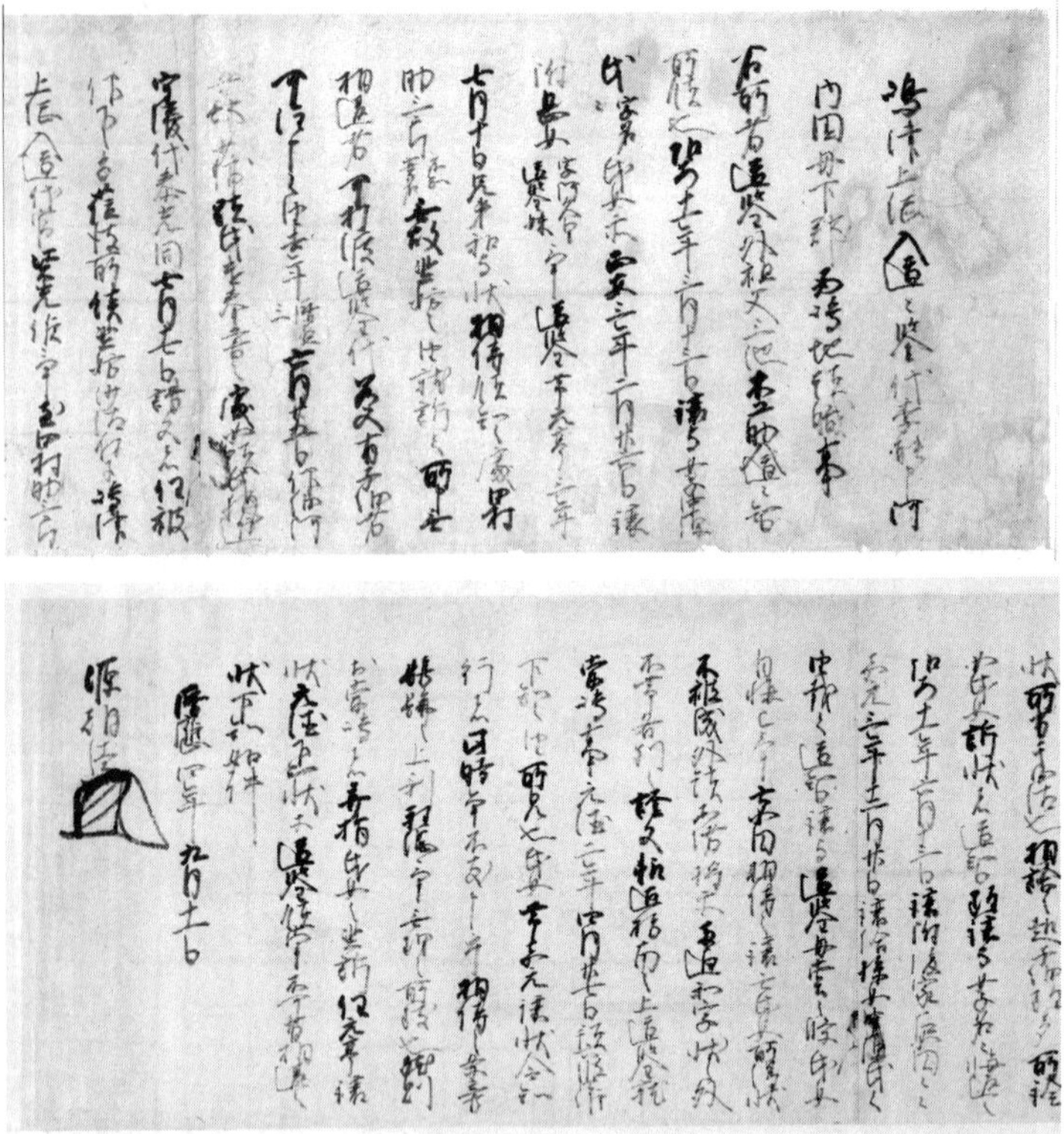

図２　足利直義下知状（奥上署判）「島津家文書」 東京大学史料編纂所蔵　上の左から３行目・４行目の裏側の間に引付方の長官の花押（吉良貞家）の墨影がある

裁判の裁決に拡大した。その様式は宛所の有無・署判の位置で五つに分類でき、宛所有のものがより厚礼である。義詮の裁許は宛所有＋日下花押のものが多い【図3】。書札様であるが、公的な性格を持つため、書下《かきくだし》年号（年号月日を一行で書く）が使われた。書止文言は「状如件」が多く、直接将軍が命令したことを示す。また武士に対しては、尊氏期より袖判下文の系譜に連なる宛所有

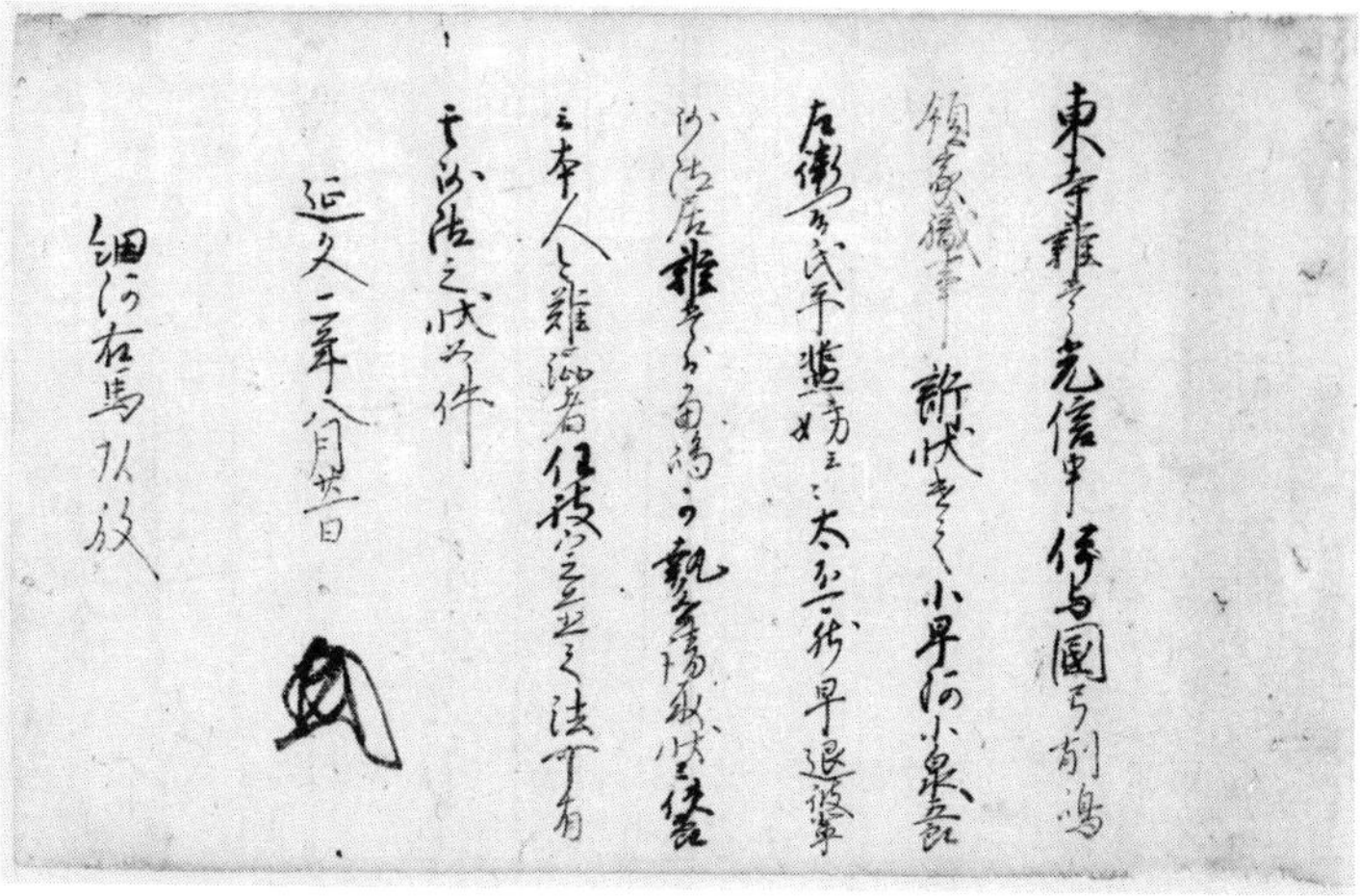

図３　足利義詮御判御教書　「東寺百合文書」　京都府立京都学・歴彩館蔵　日下（日付の下）に花押があり、宛所「細川右馬頭殿」（頼之）がある

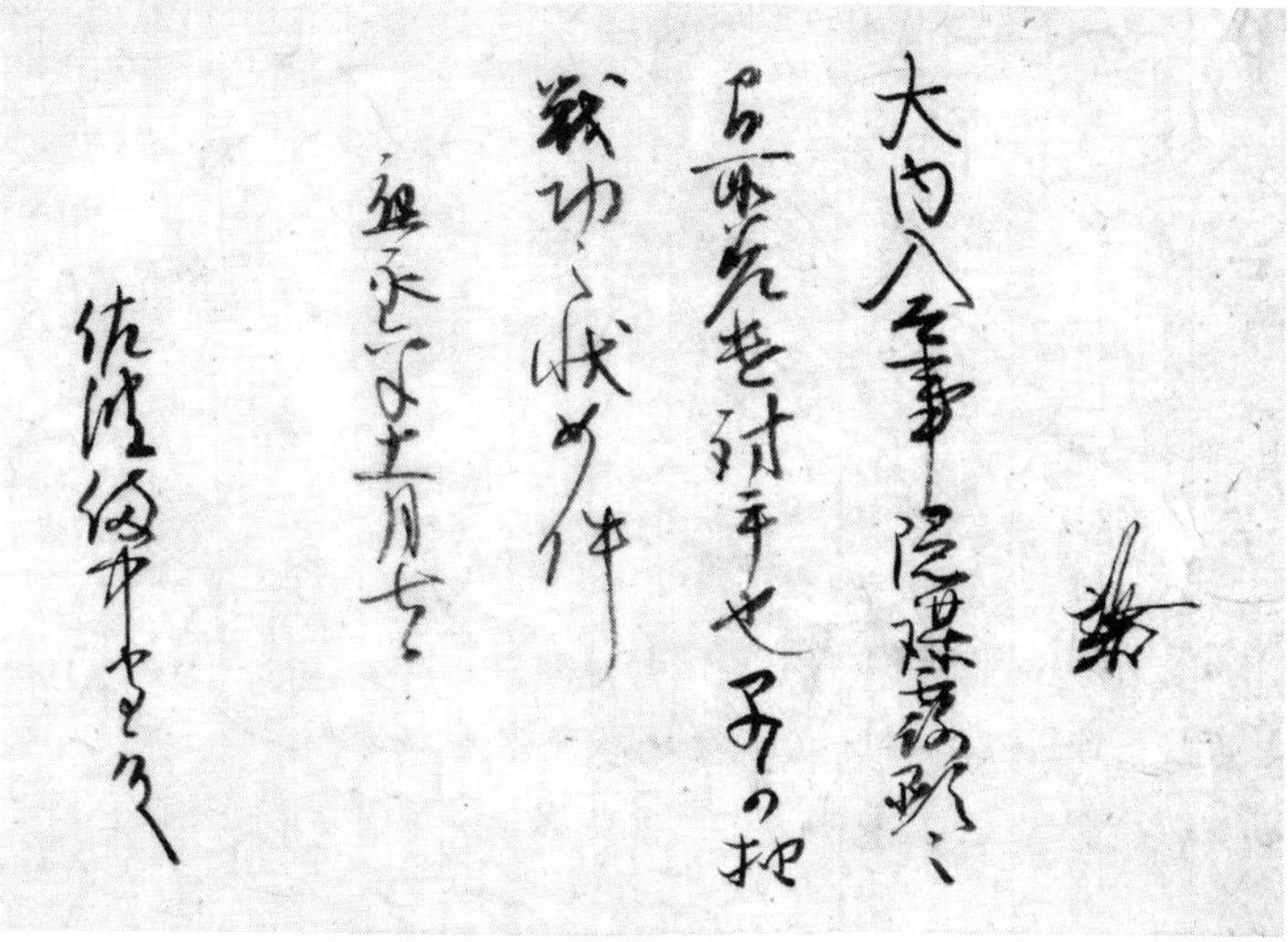

図４　足利義満袖判御判御教書　「中川四郎氏所蔵文書」　東京大学史料編纂所蔵　所領充行や安堵、軍勢催促に使われた（写真は応永の乱につき、大内義弘討伐のため石見国の佐波氏を催促するもの）

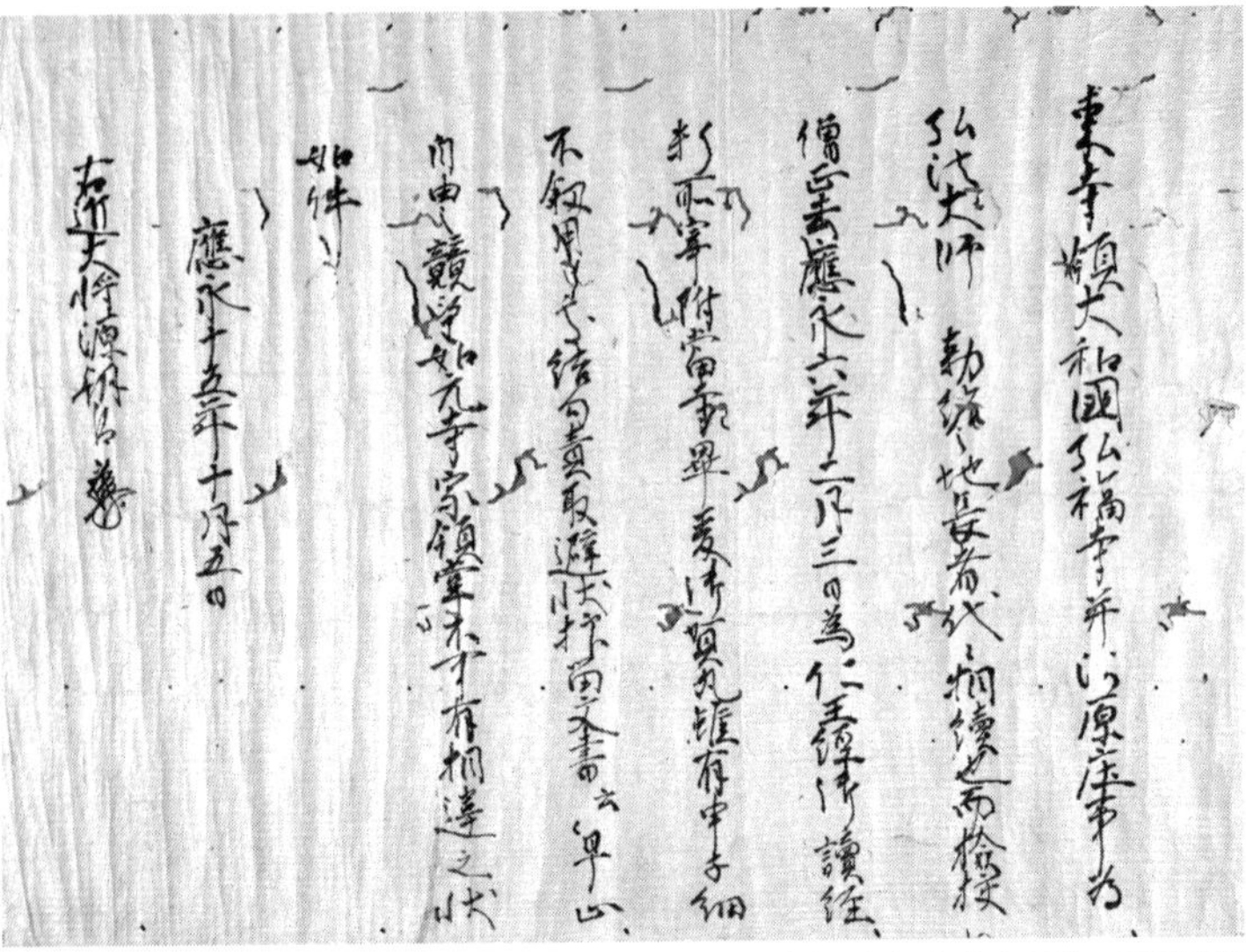

図５　足利義持御判御教書（奥上署判）「東寺百合文書」 京都府立京都学・歴彩館蔵
図２と同じ位置に署判があり、下知状の様式を継承していることがわかる

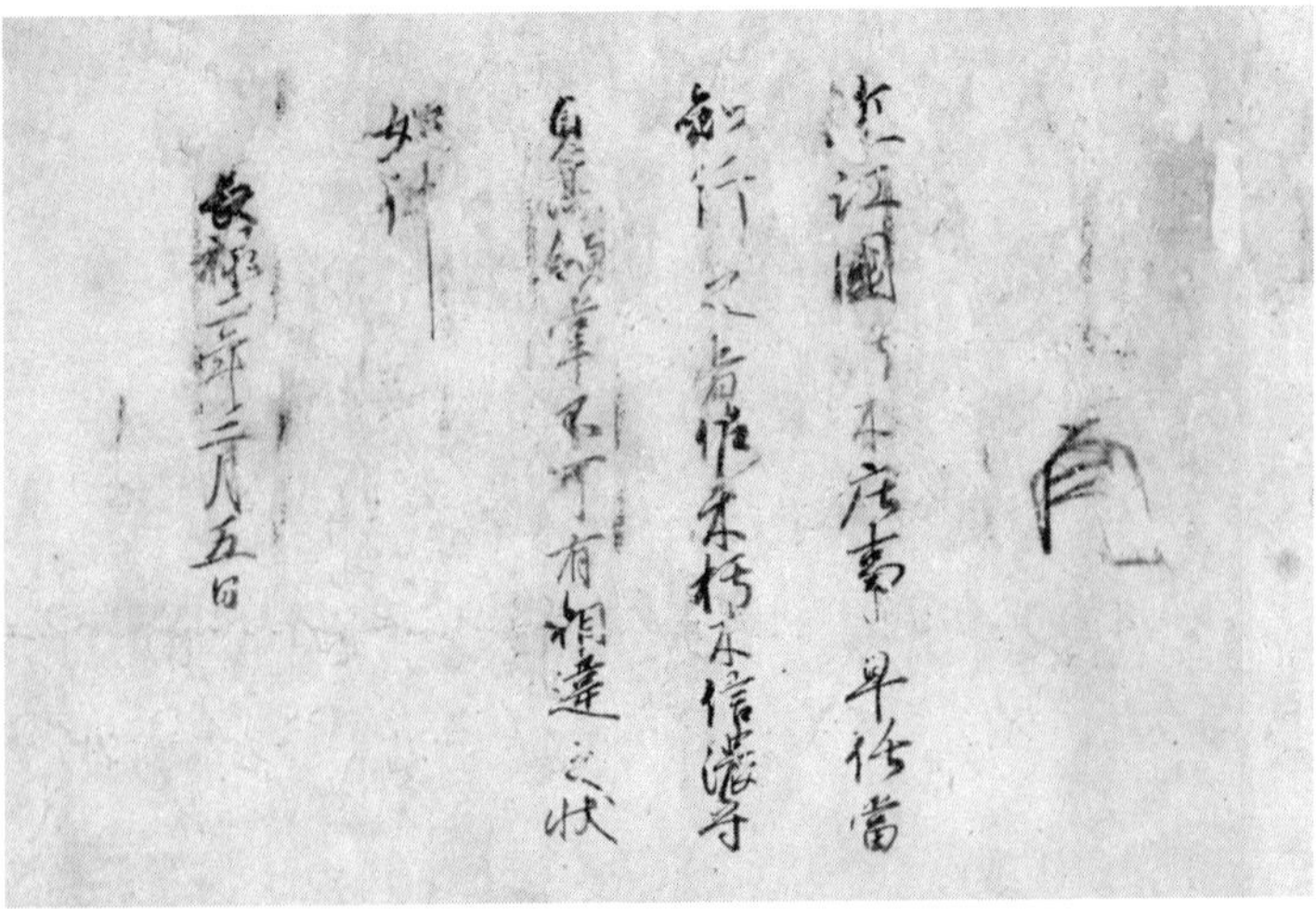

図６　足利義政袖判御判御教書 「朽木家古文書」 国立公文書館蔵　日付の次行に宛所がなく、本文（２行目）に入れ込まれている

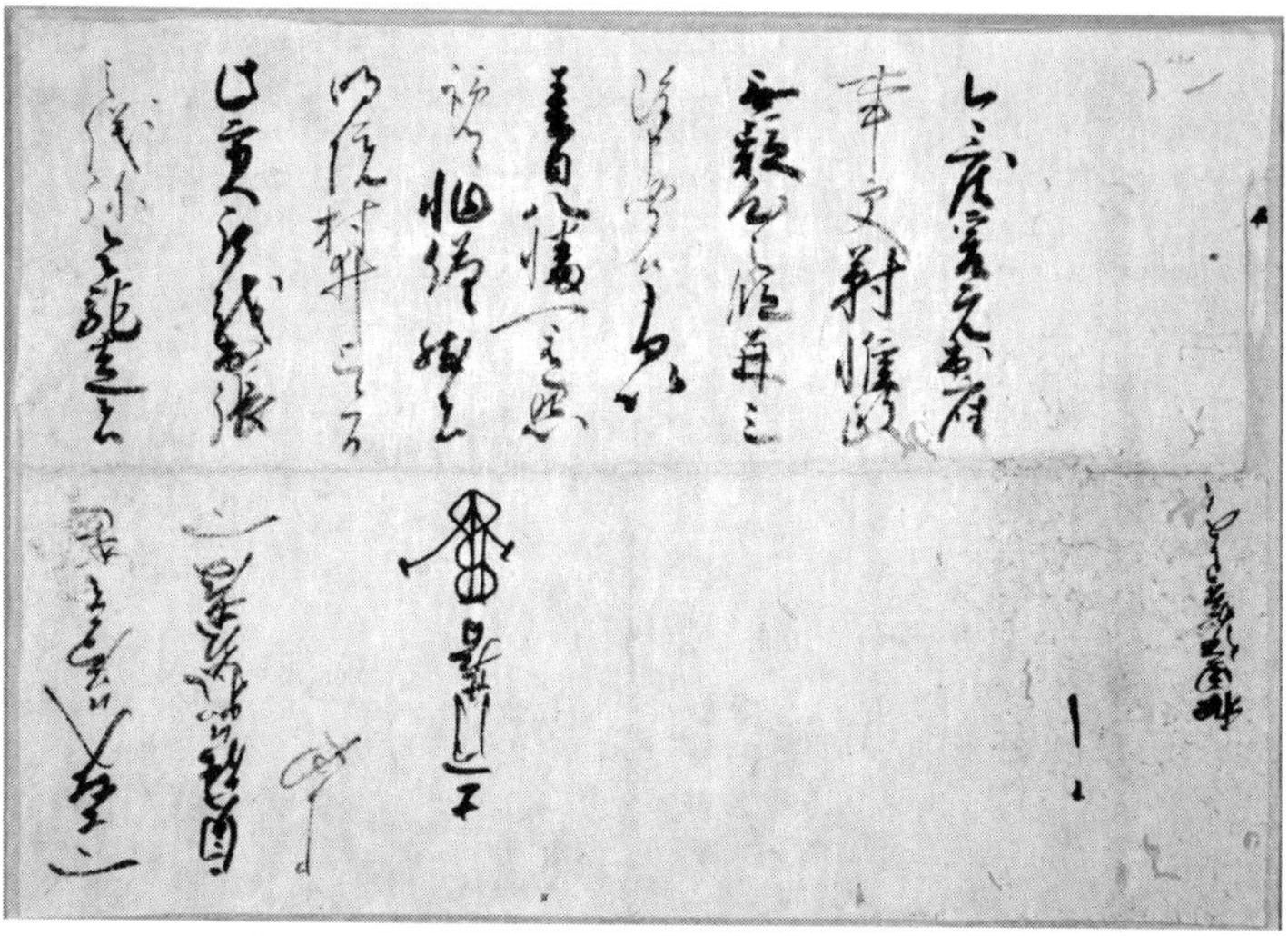

図7　足利義昭御内書　「和田家文書」　京都市歴史資料館蔵　折紙で、上段右端に切封のこよりが付属、下段右端に宛所と切封の墨引がある。また下段本文１行目の下方に花押の反転墨影があり、書いてすぐに折ったことがわかる

＋袖判も使われた【図4】。他に宛所無＋日下花押の様式もあり、寺社に宛てられた。

義満が朝廷に進出し、永徳年間に昇進を重ねると、下知状の書式を継承した宛所無＋奥上署判のものが現れる【図5】。応永年間に義満は出家、北山殿《きたやまどの》に移る。下文・下知状の終見が応永八・九年に固まっており、【図4】【図5】の様式が現れ出すのは、文書様式と義満の地位が連動した結果であろう。この頃には宛所無＋袖判という最も尊大な様式が【図6】、公家・寺社にも出されるようになり、公武寺社に君臨する義満の地位が文書でも表現された。以降、戦国期に至るまで、幕府最高の支配文書に位置付けられるに至った。

最後に御内書をみよう。御判御教書との違いは書止文言(可申候也など)とする見解もあるが、年号の有無・候文であることが重視される。尊氏期には公家領安堵に、義満期には将軍への献上物への回礼、義教《よしのり》・義政《よしまさ》期には軍勢催促・戦功を誉める感状《かんじょう》・外交文書に拡大し、戦国期には大名間の和睦斡旋にも使われるようになった。書状から発達したため、基本的に無年号である。宛所の書き方（殿・とのへ）、書体（行書《ぎょうしょ》・草書《そうしょ》）の区別、折紙《おりがみ》・切封《きりふ》（右端の紐状の紙）【図7】・仮名書など書き方マナー（書札礼《しょさつれい》）があった。次第に公的性格を強めていき、戦国期には御判御教書と並ぶ最高位の文書に位置付けられた。

また、御内書には副状《そえじょう》が付属することも特徴である。副状の発給者は諸大名・諸勢力との交渉役であり、より詳細な内容が副状で伝えられた。足利将軍は、地位の変化に応じてふさわしい書式を開発し用いてきたのである。

（田中誠）

【主要参考文献】
今岡典和「御内書と副状」（大山喬平教授退官記念会編『日本社会の史的構造』古代・中世、思文閣出版、一九九七年）
今谷明「室町幕府御内書の考察」（『室町時代政治史論』塙書房、二〇〇〇年、初出一九八五年）
上島有「室町幕府文書」（『日本古文書学講座』第四巻中世編Ⅰ、雄山閣、一九八〇年）
尾下成敏「御内書・内緒・書状論」（『古文書研究』四九、一九九九年）
田中大喜「将軍の文書と武士団の文書」（小島道裕・田中大喜・荒木和憲編・国立歴史民俗博物館監修『古文書の様式と国際比較』勉誠出版、二〇二〇年）

政策方針

足利将軍としての政策方針はどのように決められていたのだろうか。本項では、将軍周辺での政策の決め方を繙きたい。

将軍家の政策方針をごく大まかに捉えるならば、幕府成立後の両頭政治から管領《かんれい》による輔弼《ほひつ》へと移りゆき、中期頃にみられる将軍親裁《しんさい》と管領政治とのせめぎあいを経て、後期の将軍側近政治へという流れを確認できる。

足利直義画像　「英雄百首」　個人蔵

最初期の段階では、将軍たる尊氏《たかうじ》と、主に内政面でこれを補佐する弟直義《ただよし》によって幕府の舵取りがなされていた。その後、直義と尊氏が相次いで没すると、尊氏の後嗣である義《よし》詮《あきら》が将軍親裁の度合いを強めつつ幕府運営を進めることとなる。ところが、その義詮が早世したことで、管領と有力大名によって幕府が運営されるというひとつのモデルが成立した。

義詮の没後に将軍を継いだのは十二歳の義満《よしみつ》であった。義

赤糸威肩白鎧　足利義教の所用で、義政が奉納したと伝わる　島根県出雲市・出雲大社蔵
写真撮影：島根県立古代出雲歴史博物館

詮に後事を託された管領細川頼之《ほそかわよりゆき》は若き義満の執政をよく支え、頼之失脚後に管領となった斯波義将《しばよしゆき》も幕府機構の整備を進めるなど行政面で義満を補助した。その後の義満は専制君主として振る舞うわけだが、原理上は、幕府そのものは管領を中心とする有力大名の合議によって運営されたと考えられ、幕府としての諸制度が確定していった義持《よしもち》期においても、政策方針は合議に拠るところが大きかった。

この状況といささか様相を異にするのが、義教《よしのり》期である。義教はその政策決定において、幕臣の間での評議を排して、在宅諮問とでも呼ぶべき個別に意見を伺う方策を取った。こうなると、義教が意図する政策に対して、大名の総意という建て付けで重臣らが意見を上申することが難しくなり、必然、将軍専制の度合いは高まることとなった。

義教の横死後、将軍の政務を管領以下の重臣会議が支える構造に復すかと思われたが、幼かった義《よし》政《まさ》が政治的な自立心を発露させ始めると、義政の側近集団が政治力を高めてゆく。この軋轢の中で応《おう》仁《にん》・文明《ぶんめい》の乱《らん》が発生すると、有力大名は相次いで帰国し、政策の担い手も一部の直臣団が占めることとなった。その中で義尚《よしひさ》は、自らへの譲位後も実権を手放そうとしない父義政への抵抗もあって、「評定衆《ひょうじょうしゅう》（幕府機関のそれとは異なる）」と呼ばれる四人の側近を著しく重用し、続く義稙《よしたね》も、葉室《はむろ》光忠《みつただ》ら側近公家が万事を取り次ぐと評される有様であった。

明応《めいおう》の政変《せいへん》で義稙が廃されたのち、将軍権力は二派に分裂し相争うこととなるが、これが一応の決着をみた義晴《よしはる》期において、再び側近政治が全盛を迎える。義晴は八人程度の側近を「内談衆《ないだんしゅう》」として組織し、政務の多くを補佐させている。そしてこれに続く将軍らも、京都を掌握する大名との関係に苦慮しつつ、側近・直臣団とともに幕府の存立を模索するのであった。

（佐藤稜介）

【主要参考文献】

榎原雅治・清水克行編『室町幕府将軍列伝』（戎光祥出版、二〇一七年）
木下昌規『足利義晴と畿内動乱』（戎光祥出版、二〇二〇年）
桜井英治『室町人の精神（日本の歴史12）』（講談社、二〇〇一年）
設楽薫「足利義尚政権考」（『史学雑誌』九八―二、一九八九年）
末柄豊「応仁・文明の乱」（『岩波講座日本歴史8』岩波書店、二〇一四年）
吉田賢司「室町幕府論」（『岩波講座日本歴史8』岩波書店、二〇一四年）

裁判

室町幕府における裁判といえば、大きく分けて所務沙汰《しょむざた》（所領をめぐる民事裁判）、雑務沙汰《ざつむざた》（貸借・金融関係の裁判）、検断沙汰《けんだんざた》（刑事裁判）がある。ここでは主として所務沙汰を取り上げる。

初期室町幕府は、将軍尊氏《たかうじ》と弟直義《ただよし》による政治体制がしかれた。尊氏は武家の棟梁の根幹である恩賞給与を掌握し、直義は所務沙汰を中心とする諸政務を総覧した。

直義が主導する初期の所務沙汰は、寺社本所領《じしゃほんじょりょう》保護を目的とし、主として鎌倉幕府の体制を継承した評定《ひょうじょう》と引付方《ひきつけかた》（内談方《ないだんかた》）が管轄した。この他、禅律寺社を保護する禅律方《ぜんりつかた》、手続き不備を補う庭中方《ていちゅうかた》、内奏方《ないそうかた》などの機関も存在した。そのスタッフは前代の評定衆・奉行人《ぶぎょうにん》が継承されたが、金《かね》沢北条《さわほうじょう》氏の被官（治部《じぶ》氏）、禅律方頭人に就いた藤原有範《ふじわらのありのり》などの儒者も新規登用されている。

評定・引付方では定例の会議日が設けられた。そこでは①特別訴訟手続：訴人の提訴を受理、ただちに論人の押領《おうりょう》停止を命令、②理非糺明：被告を召喚し口頭弁論をおこなって議論を尽くし裁許する、という手続きがとられた。主に評定では②の手続きが運用され、直義と評定衆が議論し、直義の下知状《げちじょう》で裁許がなされた。さらに、建武政権《けんむせいけん》の所領強制執行手続を引き継ぎ、守護遵行が整備された。これは主に引付頭人奉書によって、守護に遵行命令が通達され、①の手続きをとることもあった。直義は、前代にない部分を創造しつつ、鎌倉幕府をモデルとした機構を作っていった。

一方、尊氏は恩賞給与を専管した。その実務は恩賞方が担い、執事高師直《こうのもろなお》が頭人《とうにん》となった。恩賞方は新恩給付をおこなうだけでなく、寺社別当職《べっとうしき》相論も管轄した。かつて、尊氏は「主従制的支配権」を持ち、直義が「統治権的支配権」持つと規定され、それが将軍権力の二元性とされたが、近年、尊氏・直義ともにこれらの権限を保持していたという指摘が出てきている。

こうした体制は観応《かんのう》の擾乱《じょうらん》を契機に再編され、二代義詮《よしあきら》期には、将軍本人が裁判権を掌握した点が特徴で、以降の室町幕府の基本線となった。義詮は御前沙汰《ごぜんざた》を稼働させ、直判の御判御教書《ごはんのみぎょうしょ》を用いて、前掲①の特別訴訟手続に基づく裁許を下すようになった。また引付方は弱体化し、引付—評定制は衰退していった。

幼少の義満《よしみつ》が跡を継ぐと、管領細川頼之《かんれいほそかわよりゆき》が後見した。細川頼之は御前沙汰・評定・引付などの定例会議を復活させ、裁判を興行した。しかし、義満が成長した永和四年（一三七八）頃を境に定例会議が開かれなくなり、奉行人が義満と管領に伺いを立てて決裁する「個別伺」に変化する。鎌倉幕府的裁判が放棄され、室町殿の仰せが重要になったのである。仰せを得る経路として、武家近習、室町殿《むろまちどの》に仕える公家家司《けいし》が申次《もうしつぎ》として内々の訴えを取り次ぎ、一方で、公的な窓口として管領がその任に当たり、奉行人を指揮した。また、特定の寺社本所専任の窓口である別奉行も広く設置されるようになった。応永八年（一四〇一）には、裁許の正当性を補強するため、評定衆に諮問する「意見」がおこなわれた（「植松方《うえまつかた》評定《ひょうじょう》引付《ひきつけ》」）。意見制の成立は義教《よしのり》期以降とされてきたが、義満期には存在していたのである。こうした将軍・管領・奉行人による御前沙汰体制は、おおむね応仁の乱前まで続いた。

義持《よしもち》が跡を継ぐと、代替わり徳政《とくせい》として寺社本所領返付が盛行した。また訴訟の受理についても、申次による内々のルートの重みが増していった。義持期末期に制定された追加法「御成敗条々」をみると、前掲②理非糺明を重視する方針に転換したことがわかり、論人保護をおこなう論人奉行も置かれた。この頃に「御成敗式目追加」「建武以来追加」といった裁判実務上必要な法令集が編まれた。義教も代替わり徳政として訴訟を興行した。そのときの記録として『御前落居記録《ごぜんらっきょきろく》』『御前落居奉書《ごぜんらっきょほうしょ》』が残されている。かつて、義教は管領を排除し専制を志向したとされていたが、管領は訴訟の受理、奉行人の伺事に関与していたことが明らかにされている。義政期になると、政所執事《まんどころしつじ》伊勢《いせ》氏が訴訟にも関与するようになった。また、奉行人の地位向上にともない、奉行人への意見諮問も多くなった。また奉行人の被官が原告被告との取次となり、室町殿への提訴ルートが再編されていた。

応仁の乱以後の訴訟制度の大きな違いは、管領が特別訴訟手続の遵行《じゅんぎょう》命令を出さなくなり、裁判への関与もみられなくなることである。その代わりに義政の妻日野富子の兄勝光が奉行人の指揮にあたるようになる。乱後、義政は九代義尚《よしひさ》に将軍職を譲るが、奉行衆を掌握して東山殿《ひがしやまどの》で政務を続けた。一方室町殿義尚は、義政と対立し、六角《ろっかく》氏征討の出先である近江国鈎《まがり》の陣《じん》で、二階堂・大館《おおだち》氏ら側近による訴訟体制を構築した。側近らは奉行人と将軍の間を取り次ぎ、さらに評議もおこなっており、決裁の場と評議の場が分離していった。管領制の機能不全に陥ったこと、明応の政変以降の将軍家が二流に分裂したこともあり、戦国期の将軍は側近を再編成し政務の基盤を強化する必要に迫られた。十二代義晴《よしはる》は、一時近江《おうみ》に動座したが、奉行人が同行し法廷機能が維持された。帰京後は内談衆《ないだんしゅう》を置き、御前沙汰を興行している。御前沙汰の他、政所沙汰も行われ、京都と畿内近国の武士、公家、商工民らの訴訟を裁いており、法廷機能は健在だった。最後の将軍義昭《よしあき》は、織田信長《おだのぶなが》から独立した御前沙汰を開始した。しかし、恣意的な運営が目立ち信長から数々の諫言を受け両者は決裂、室町幕府は滅亡に向かった。室町幕府の裁判は、時期による違いが大きいが、将軍が直接裁判に臨んだことが特質であり、将軍権力の基礎をなす権能であった。

（田中誠）

【主要参考文献】
亀田俊和「南北朝期室町幕府研究とその法制史的意義」（『法制史研究』六八、二〇一九年）
北山航「室町幕府奉行人家の存在形態」（『日本史研究』七〇一、二〇二一年）
設楽薫「足利義尚政権考」（『史学雑誌』九八（二）、一九八九年）
設楽薫「将軍足利義教の「御前沙汰」体制と管領」（『年報中世史研究』一八、一九九三年）
田中誠「室町幕府奉行人在職考証稿（三）―文和二年（一三五三）～貞治六年（一三六七）―付氏族研究（治部氏）」（『立命館文学』六六三、二〇一九年）
松園潤一朗「法制史における室町時代の位置」（『歴史評論』七六七、二〇一四年）
山田徹「室町幕府所務沙汰とその変質」（『法制史研究』五七、二〇〇七年）
山田康弘『戦国期室町幕府と将軍』（吉川弘文館、二〇〇九年）

偏諱

偏諱《へんき》とは、諱《いみな》（名乗・実名）の一字のことである。武家社会においては元服《げんぷく》と同時につけられ、基本的には家系で同じ字を通用する字（通字《つうじ》・系字《けいじ》）と、もう一字によって実名は構成されていた。この二字のうち一字を、上位者や主君が家臣などへ与えることを恩恵とすること（一字拝領・偏諱授与）もおこなわれていた。

足利将軍の実名は、義詮《よしあきら》以降、足利将軍の代々の通字である「義」字＋一字で構成される。この実名は改められることがあり、たとえば義教《よしのり》は還俗《げんぞく》後の初名は「義宣《よしのぶ》」であり、後に「義教」と改めている。義政《よしまさ》も初名は「義成《よししげ》」を名乗り、後に「義政」となる。改名理由については字の吉凶や、天皇候補者の諱を避けるといった慣例的な理由などがある（「実名と改名」項参照）。

さて、この二字いずれかの偏諱を、大名・奉公衆《ほうこうしゅう》などの諸武家が使用することが許されていた。偏諱の使用が認められるのは通例の場合と、将軍から恩賞などとして授与された場合、申請が認可された場合などがある。たとえば、管領《かんれい》家の一つである細川《ほそかわ》氏の場合では、義満《よしみつ》の偏諱を受けた細川満《みつ》元《もと》以降、将軍の下字を拝領することが通例となっている。同じ管領家の斯波《しば》氏は「義」字の名乗を許されていた。また、足利将軍は摂関家《せっかんけ》の子弟や僧などにも偏諱を授けており、二条《にじょう》家・九条《くじょう》家・近《この》衛《え》家などは将軍家の偏諱を使用している。

使用が許される偏諱は、幕府の儀礼秩序に基づき一程度の格式のもと決まっていた。しかし、時代が下るにつれその基準は曖昧となり、戦国時代に入ると、それまで偏諱の使用を許可されていない武家や、下字を使用していた家が「義」字を使用するようになるなどの事例が散見されるようになる。戦国大名のなかで「義」字を使用するものが多い背景には、こうした授与基準の緩和があったのである。この偏諱授与は、最後の将軍である足利義昭《よしあき》が将軍職を辞するまでその事例が確認でき、将軍の諱に対する社会的な希求が続いていたことが確認できる。ところで、戦国時代には、元来読む・書くことを忌避された実名が、文書などにおいて「殿」などを付けず呼び捨てに記され、それが敬意表現とみなされている事例が確認される。しかし、豊臣政権《とよとみせいけん》期以降、近世に入るとこの慣習は失われており、戦国期特有の現象といえる。

ちなみに、戦国時代における将軍偏諱獲得には金銭が必要であり、「義」字と下字では、「義」字のほうが多額の金銭を必要としていた。相場は「義」字が銭万疋、下字が三千疋となっていた。（水野嶺）

【主要参考文献】
小久保嘉紀『室町・戦国期儀礼秩序の研究』（臨川書店、二〇二一年）
二木謙一『中世武家儀礼の研究』（吉川弘文館、一九八五年）
水野智之『室町時代公武関係の研究』（吉川弘文館、二〇〇五年）

ブレーン

将軍のブレーンと言われると、どのような人物像が連想されるだろう。権力者の影で活躍する法体の人物か。はたまた、公家社会の指南役か。本項では、宗教社会・公家社会から足利将軍を支えた人物について述べてゆきたい。

まず、宗教面を取り上げる。ここで挙げたいのは、醍醐寺三宝院《だいごじさんぼういん》の賢俊《けんしゅん》と、それに連なる歴代三宝院門跡《もんぜき》である。賢俊は、持明院統《じみょういんとう》に仕えた日野俊光《ひのとしみつ》の子として生まれ、建武年間の内乱以降は一貫して足利尊氏《たかうじ》に従った真言僧《しんごんそう》である。とりわけ、後醍醐天皇《ごだいごてんのう》方との戦いの中で窮地に立たされた尊氏のもとに、持明院統である光厳上皇《こうごんじょうこう》の院宣《いんぜん》を届けたことは、尊氏方の士気を大いに高めたとされ、この功によって賢俊は醍醐寺座主《ざす》の座を得ている。そしてその後も宗教的な顧問として尊氏と持明院統に連なる北朝をよく助け、のちまで続く三宝院興隆の基礎を築くこととなる。その没時には「権勢、比肩の人なし」（『園太暦《えんたいりゃく》』）とまで言われるほど、当時の社会で重きを成した人物であった。

賢俊に続く歴代の三宝院門跡で最も著名なのが、三宝院満済《まんさい》であろう。満済は二条《にじょう》家の支流である今小路《いまこうじ》家に生まれ、幼くして義満《よしみつ》の養子となっていた。二十歳という年齢差もあり、義満存命中はその政治方針に意見することはなかったとされるが、義満実子の義持《よしもち》の治世になると一挙にその政治手腕を開花させる。満済は、義持の招集した重臣会議にデビューしたことを皮切りに、幕府の政策決定に大きく関与していくのである。

幕府ブレーンとしての満済の事績でよく知られるのが、六代目に当たる将軍選任に際しての活動である。満済は、死の床にあってなお後継者の指名を渋る義持に対して、兄弟の中からくじ引きで選ぶことを進言し、実際にそのくじの作成にも当たったのである。くじによって選ばれた義教《よしのり》は、自身の政策決定の場においても満済を重用し、満済の没時にはひどく狼狽したと伝わっている（『看聞日記《かんもんにっき》』）。

あわせて、朝廷政策のアドバイザーにも触れておきたい。足利将軍家にとって北朝は権力の正統性の根源であり、また公家社会の側にも将軍家の参政と援助を望む声があった。本書「家司・昵近公家衆」、「天皇家との関係」などもお読みいただきたいが、朝廷との関係において足利将軍を最もよく導いた人物は、関白《かんぱく》二条《にじょう》良基《よしもと》を措いてほかにあるまい。義満の元服時にはすでに老境に達していた良基であったが、若き義満に朝儀《ちょうぎ》のいろはを伝授して朝廷デビューを後押しし、前例のない義満の昇進に際しては新たに序列の整備を進めるなど、義満が朝廷で活動する礎を築いた。良基の没後も、摂関家の人物が儀礼面で足利将軍の顧問になるという関係性が一応は維持されたのであった。（佐藤稜介）

【主要参考文献】

小川剛生『二条良基』（吉川弘文館、二〇二〇年）
笠松宏至『法と言葉の中世史』（平凡社、一九九三年）
森茂暁『満済』（ミネルヴァ書房、二〇〇四年）

鎌倉公方との関係

鎌倉幕府はその名の通り鎌倉に政治拠点があるため、手薄となる京都に幕府の出先機関として六波《ろくは》羅探題《らたんだい》を置いた。一方、室町幕府は京都に拠点を置くことになり、今度は関東が手薄となった。そこで、初代将軍足利尊氏《たかうじ》は、四男足利基氏《もとうじ》を長官として、関東統治の出先機関すなわち鎌倉府《かまくらふ》を置いた。この鎌倉府の長官こそ、鎌倉公方《かまくらくぼう》である。

初代鎌倉公方となった基氏（初代は義詮《よしあきら》とする説もある）、父尊氏と叔父足利直義《ただよし》の対立を目の当たりにしていることからも、二代将軍となった兄足利義詮との仲は良好にあるように努めた。だが、二代鎌倉公方足利氏満《うじみつ》からは、はやくも将軍との間に確執が芽生えはじめる。若き三代将軍足利義満《よしみつ》の補佐役であった室町幕府管領細川頼之《かんれいほそかわよりゆき》が失脚した康暦《こうりゃく》の政変（一三七九年）の際に、鎌倉から出陣し京都の情勢をうかがった。氏満の出陣は、鎌倉公方の補佐役である関東管領上杉憲春《かんとうかんれいうえすぎのりはる》の命にかえた諫止により事なきを得た。

氏満は、関東に強固な基盤を作るべく有力勢力と時には干戈《かんか》を交えつつ従わせ、三代鎌倉公方足利満兼《みつかね》の頃になると、鎌倉公方足利氏と関東管領上杉氏の二人三脚による関東統治が軌道に乗った。さらに、明徳二年（一三九一）に陸奥国・出羽国の管轄が幕府より鎌倉府へ移管され、弟足利満直《みつなお》・満《みつ》貞《さだ》をそれぞれ篠川《ささがわ》（福島県郡山市）と稲村《いなむら》（同須賀川市）へ下向させ、鎌倉府の出先機関とした。鎌倉府による東国支配は盤石なものとなっていったのである。

ただし満兼も、父氏満同様に京都の足利宗家に盲従していたわけではなかった。応永六年（一三九九）、有力守護であった大内義弘《おおうちよしひろ》が義満と対立し和泉《いずみ》国の堺《さかい》（大阪府堺市）にて挙兵すると（応永の乱）、それに呼応して挙兵した。とはいえ、今回も関東管領上杉憲定《のりさだ》に諫止され、義弘も敗れたため、矛を収めて義満に恭順した。だが、室町将軍と鎌倉公方との確執は解消されることなく次世代へと引き継がれる。

足利基氏坐像　神奈川県鎌倉市・瑞泉寺蔵

四代鎌倉公方は満兼の子持氏《もちうじ》が継いだ。就任した時点で持氏はまだ十二歳と若く、叔父の足利満隆《みつたか》と新たに関東管領へと就任した上杉禅秀《ぜんしゅう》（氏憲《うじのり》）が補佐した。持氏が成長すると、鎌倉府の実権を握っていた禅秀を退け、関東管領を上杉憲基《のりもと》へと交替させた。応永二十三年、失脚した禅秀は満隆とともに挙兵した。禅秀は鎌倉を制圧し、持氏は駿河《するが》国へと逃れた。上杉禅秀の乱といわれるこのクーデターは、四代将軍足利義持《よしもち》とも無縁ではなく、義持の弟足利義嗣《よしつぐ》がこの乱に際して出奔しており、禅秀と通じていたのではとの疑いがもたれた。

義持は持氏へ援軍を送り、禅秀の反乱は鎮圧された。しかし、この援軍は幕府の関東進出への呼び水となり、鎌倉府の関東での独立性は揺らぎ始めた。その一つが「京都扶持衆《きょうとふちしゅう》」と呼ばれる武士たちである。「京都扶持衆」とは、鎌倉府の管轄内にいながら幕府と主従関係を結ぶ勢力で、反鎌倉府勢力ともいえ、鎌倉公方にとってまさに目の上のたんこぶであった。

持氏はこのような関東における幕府方の抵抗勢力を掃討し、応永三十一年、幕府が持氏に譲歩する形での和睦にもちこんだ（都鄙《とひ》和睦）。持氏は関東管領をも排除し、専制体制を築いていく。そんな持氏に京都進出のチャンスが生まれる。五代将軍足利義量《よしかず》が後継を残さず早世したのである。持氏は、義持の猶子《ゆうし》となり将軍職に就くことを望んだ。しかしその望みは一蹴され、義持の死後、くじ引きにより後継者が決められ、六代将軍として足利義教《よしのり》（当初の名は義宣《よしのぶ》）が就いた。

将軍職への夢がはかなく破れたことで、持氏は幕府への態度をより一層硬化させた。義教の将軍代替わり改元ともいえる「永享」年号を拒否し、「正長」年号を使い続けたり、嫡男賢王丸《けんおうまる》の元服において鎌倉公方の慣習である室町将軍からの偏諱《へんき》（この場合は義教の「教」字をもらうこと）授与を拒絶し「義久《よしひさ》」としたりと、対立は決定的となった。

この二人に翻弄されたのが、関東管領上杉憲実《のりざね》である。憲実は持氏を諌めたが聞く耳を持たず、かえって対立することとなった。憲実が領国の上野国へ下ると、すかさず持氏は憲実討伐軍を派遣した。鎌倉公方と関東管領の対立は、幕府の介入を招き、義教は憲実救援のため幕府軍を派遣する。これが永享の乱（一四三八年）である。持氏方は幕府軍とよく抗戦したが、離反者が続出し、ついには降伏した。憲実は持氏の助命をおこなったが許されることはなく、持氏は自刃した。鎌倉府は一時的に滅亡の憂き目をみることとなる。義教は、さらに持氏の遺児春王丸《はるおうまる》・安王丸《やすおうまる》を匿う下総国の結城《ゆうき》氏を攻め、二子を捕殺した（結城合戦〈一四四〇―四一年〉）。

だが、幕府の直接支配による東国経営は一筋縄にはいかず、関東の武士たちは鎌倉府の再興を望んだ。持氏の遺児では万寿王丸《まんじゅおうまる》が生き残っており、嘉吉の変（一四四一年）による義教暗殺後、幼君続く幕府は再興運動を容認せざるをえず、文安四年（一四四四）に万寿王丸は鎌倉へ入り、五代鎌倉公方足利成氏《しげうじ》となった。鎌倉府の復活である。

しかし、鎌倉公方と関東管領の対立は解消されず、さらには八代将軍足利義政《よしまさ》が弟足利政知《まさとも》を関東に派遣するなど（堀越公方《ほりごえくぼう》）、関東は全国に先駆け戦国時代へと突入することとなる。

（久水俊和）

【主要参考文献】

植田真平『鎌倉府の支配と権力』（校倉書房、二〇一九年）
小国浩寿『鎌倉府体制と東国』（吉川弘文館、二〇〇一年）
杉山一弥『室町幕府の東国政策』（思文閣出版、二〇一四年）
杉山一弥編著『図説 鎌倉府 構造・権力・合戦』（戎光祥出版、二〇一九年）
山田邦明『鎌倉府と関東』（校倉書房、一九九五年）

大名・守護との関係

建武三年（一三三六）正月に京都合戦に敗れた足利氏は、播磨室津《はりまむろつ》（兵庫県たつの市）において軍議を開き、山陰・四国諸国に守護《しゅご》と国大将《くにだいしょう》を置いた。これが室町幕府守護制度の端緒である。また南北朝後期以降、数か国の分国を持つ守護は大名《たいめい》として幕政に参与した。かつて守護は封建制を進め荘園制を解体した「守護大名《しゅごだいみょう》」とされたが、現在では守護・大名の役割は重なりつつも異なっているという理解が広がりつつあり、ここでは分けて概観する。

守護職は将軍の守護補任状をもって任じられ、その補任は将軍の重要な権能であった。『建武式目《けんむしきもく》』に「上古《じょうこ》の吏務《りむ》」＝国司のような行政官が理想とされたが、実際には南北朝期の守護は時に荘園を兵粮徴達のために不法占拠する、対南朝戦の軍事指揮官であった。足利一門守護・非守護との間に配下の国人《こくじん》に対する指揮権の差があったとされてきたが、現在では権限上の差異はなく、国人側が軍功認定の際に、中央に縁のある一門を頼っていたことが明らかになった。

守護に変化をもたらしたのが観応《かんのう》の擾乱《じょうらん》である。内訌の中で、寺社本所領の年貢米の守護による徴収を認める半済令《はんぜいれい》が出され、さらに分国内所領の充行権《あてがいけん》が認められていった。これらは、観応以前から所領の預置として行われ、なし崩し的に守護の権限が拡大したとする見解もある。ただ、観応以後に国内の荘園全体に人夫や材木を賦課する守護役がみられはじめ、幕府の命令をうけて所領を領主に交付する遵行もこの時期以降に守護に収斂する傾向をみせる。また戦乱の鎮静化した南北朝後期、室町殿御分国（およそ駿河《するが》〜周防《すおう》）の内では、在京《ざいきょう》する守護が増加する。守護在京は将軍からの強制といわれていたが、所領確保など守護にとってのメリットがあったのである。

義満《よしみつ》は朝廷支配に乗り出し、公武を従える室町殿《むろまちどの》となる。同時に義満は守護統制を強め、土岐《とき》・山名《やまな》・大内《おおうち》三氏の守護討伐をおこなった。その結果、三氏の分国の守護職が討伐に参加した大名に恩賞として充行われ、守護の世襲分国が確立していく。義持《よしもち》期には、幕府から諸国への課税も守護の請負となった。

こうした課税は荘園制の枠組みに沿っておこなわれた。従来から、寺社・貴族が守護に荘園の年貢を定額請負させる守護請《しゅごうけ》が知られていたが、近年では守護分国外の所領や将軍家御料所《ごりょうしょ》の代官職所持が評価され、守護は在京する有力な荘園領主とみなされるようになった。分国外の所領は、当該国の守護不入特権を認められ、強い領主権を有した。諸国の富は室町殿・守護をはじめとする在京領主に吸い上げられる構造だったのである。幕府財政上、守護からの贈与として行われる守護出銭《しゅっせん》がある。御料所代官として、幕府財政面でも守護は重要な位置を占めた。

一方、分国支配の面では、国人領主との関係が論点となる。守護の被官となる国人は多かったが、軍事指揮の面では議論がある。つまり、国人を幕府直属国人・守護被官と分類し、前者を協力者とみる見方、他方で、守護がすべての国人への軍事指揮権を有したする見方も存在する。また、守護権の分割と捉えられた分郡守護は存在せず、郡単位の領主が遵行の担い手となったことが指摘されており、分国支配の浸透度には濃淡があった。

応仁《おうにん》・文明《ぶんめい》の乱《らん》が始まると、東軍が守護職を勧誘の道具としたように、守護の秩序が動揺していく。守護在京制も動揺し多くの守護が下国したが、九代義尚《よしひさ》の近江《おうみ》出陣に際し守護が参陣し、さらに在京に至ったこともあり、在京志向はなお残存していた。しかし明応《めいおう》の政変《せいへん》を境に、一部の守護を除き守護在京制は衰退していた。

次に大名をみていこう。室町殿御分国の大守護の内、斯波《しば》・細川《ほそかわ》・畠山《はたけやま》・山名《やまな》・土岐《とき》・赤松《あかまつ》・一色《いっしき》氏などが大名と呼ばれ幕政に参与した。史料上、ある人物が分国経営に関する場合は守護、幕政関係は大名と呼び分けられており、両者の立場は区別する必要がある。

幕政参与の早い事例は、義詮《よしあきら》期・細川頼之《よりゆき》執政期の「寄合《よりあい》」であろう。当該期には鎌倉幕府以来の評定《ひょうじょう》が開かれていたが、これに出られない大名を含めた会議が持たれた。

義持期には大名が参与する大名衆議が成立した。その議題は地域紛争への対処など軍事活動である。管領《かんれい》を首班に数人の大名に諮問し合議をさせ、全会一致となれば、結論を将軍に答申した。ところが、義教《よしのり》期になると、将軍に近しい大名に個別諮問する形態に代わり、合議的性格は薄れていった。

大名衆議では、関東・九州など遠国への出兵が議題に上ったが、そうした地域や守護分国外の地域勢力との交渉は、大名が取次となった。例えば、日向国の伊東氏は、非守護の山名・細川氏とつながり、中央と情報交換を行っていた。大名からの通達は、将軍の内意を伝えるもので緩衝材の役割を果たした。こうした活動は、大名の庶流家と被官に支えられていた。被官は地域と往来する結節点であったのである。しかし義教の暗殺、義政《よしまさ》の側近伊勢貞親《いせさだちか》が台頭し、大名衆議はその役割を終えた。

応仁・文明の乱後、諸国の大名にとって将軍はただちに無用になったわけではない。室町期から儀礼を通じて将軍を頂点とする価値観が植え付けられていた。例えば大名中の有力者は、最高家格である将軍外出の御供をし食事を共にする御相伴衆《ごしょうばんしゅう》に列せられ、序列が明確化された。戦国期にもこうした家格や栄典を求める戦国大名は多かった。しかし、家格授与を乱発した結果、序列が乱れ幕府は瓦解に向かっていった。

（田中誠）

【主要参考文献】

大藪海「室町期守護論の「これまで」と「これから」」（秋山哲雄・田中大喜・野口華世編『増補改訂新版日本中世史入門　論文を書こう』勉誠出版、二〇二一年）
川口成人「大名被官と室町社会」（『ヒストリア』二七一、二〇一八年）
谷口雄太『〈武家の王〉足利氏　戦国大名と足利的秩序』（吉川弘文館、二〇二一年）
山田徹「南北朝期の守護論をめぐって」（中世後期研究会編『室町・戦国期研究を読みなおす』思文閣出版、二〇〇七年）
山本康司「南北朝期室町幕府の政権構造」（『ヒストリア』二七一、二〇一八年）
吉田賢司『室町幕府軍制の構造と展開』（吉川弘文館、二〇一〇年）

栄典授与

栄典授与《えいてんじゅよ》は、「御恩《ごおん》と奉公《ほうこう》」の「御恩」にあたる。主な栄典の種類は、①偏諱《へんき》、②官位推挙、③家格・役職、④各種免許特権などである。室町時代中期には足利将軍家を頂点とする幕府の儀礼秩序がおおよそ完成したこともあり、将軍への御礼や幕府儀式での扱いなど、家格といったものが重要視された。そのため、将軍よりどのような栄典を授与されたのかは、その人本人や家が、幕府の儀礼秩序のなかで、どのような位置にあるのかをあらわすものとして重要なものであった。

まず、偏諱授与とは、将軍が実名の一字を与えることをいう。詳しくは本書「偏諱」項をご覧いただきたいが、偏諱授与では将軍家の通字「義」、ないしは下字が将軍より与えられた。「義」の字は将軍家の通字ということで、下字より上位とされ、斯波《しば》・吉良《きら》の足利一門など限られた家に、下字は細川《ほそかわ》氏や畠山《はたけやま》氏以下、将軍直臣、さらには公家衆など多くの家に与えられた（陪臣《ばいしん》は不可）。

ただし、将軍の直臣のなかには将軍ではなく、有力な大名や幕府の有力者伊勢《いせ》氏より偏諱を得るものもあった。これは有力者と擬似的な親子関係を構築することで、自身の政治的な位置の向上を期待したとされる。もちろん、これによって将軍との主従関係にひびが入ったわけではない。

次に官位推挙では、将軍自身が天皇に官位の叙任《じょにん》を推薦するという形式をとった。官位授与は将軍ではなく、天皇の権限だからである。将軍は武家執奏《ぶけしっそう》というかたちで天皇に武士への官位叙任推挙を行使し、それを独占したのだ。手続き上は幕府側の官途奉行《かんとぶぎょう》が武家伝奏に申し入れ、天皇の勅許を得て叙任される。幕府には通常の朝廷での官位相当とは異なり、独自の序列があった（「大館常興書札抄」）。

叙任される際には、通常は朝廷での叙任の手続き上の文書・口宣案《くぜんあん》が発給され、被叙任者に渡されたが（正式には位記《いき》や宣旨《せんじ》など）、将軍よりの御恩であることを示すために、将軍の袖判が据えられることもあった（袖判口宣案《そではんくぜんあん》）。

家格と役職は、御相伴衆《ごしょうばんしゅう》、御供衆《おともしゅう》や探題《たんだい》、守護などである。このうち、御相伴衆は幕府における大名としての最高の家格である。また、免許にもさまざまものがあるが、本来は特定の家格のものしか使用できないものを許可するのである。代表的なものは毛氈鞍覆《もうせんくらおおい》・白傘袋《しろがさぶくろ》であるが、実際に現物が与えられるわけではなく、あくまでも使用許可である。これは本来、守護に許された免許であるため、これを得た長尾景虎《ながおかげとら》は越後守護相当と見做されている（本来は守護代）。だが、これは守護の重臣クラスの陪臣身分でも認められた栄典であり、たびたび免許されている。

ほかに、桐紋《きりもん》免許、塗輿《ぬりこし》免許、書札礼《しょさつれい》での特権である裏書《うらが》き御免もある。裏書き御免は管領《かんれい》に準じる特権である。これらの特権・免許の多くに共通するのは、視覚的な効果である。偏諱や官位と違って、周囲に目に見えるかたちで、自らの格式を示すことができたのである。

戦国期の栄典授与者の例

家格・役職	被授与者
御相伴衆	朝倉孝景･義景、尼子晴久、伊東義祐、大内義長、斎藤（一色）義龍、若狭武田元信、北条氏綱・氏康、三好長慶・義長、三好実休、毛利元就、六角義賢ら
准管領	武田義信
奥州探題	伊達晴宗
九州探題	大友義鎮
大外様	益田元祥、三浦元忠
御供衆	朝倉孝景、松永久秀、三好長慶・義長、由良成繁、三好長逸、山内隆通ら

諸免許	免許者
裏書き御免	長尾景虎、織田信長
桐紋	織田信長、三好長慶・義長、松永久秀、河野通直ら
毛氈鞍覆、白傘袋	飯田興秀、浦上村宗、大野直昌、熊谷信直、内藤興盛、長尾景虎、横瀬泰繁、松浦隆信、三浦元忠、三雲行定、村上亮康、山県秀政ら

将軍	主な「義」字授与者
義稙	赤松義村、大内義隆、細川義春
義澄	大友義長
義晴	有馬義貞、伊東義祐、今川義元、大友義鑑・義鎮、相良義滋、宗義親（義調）、畠山義続、六角義賢ら
義輝	朝倉義景、足利義氏、尼子義久、大内義長、相良義陽、島津義久、武田義信、若狭武田義統、松永義久（久通）、三好義長（義興）、三好義継、最上義光、毛利輝元（使用せず）ら
義昭	大友義統、島津義弘ら

戦国期に入ると偏諱や官位推挙、家格・役職授与、諸免許が多く授与された。新たに授与されたものの多くは従来の守護の家格にあったものではなく、これまでこのような栄典を授与されなかった新興の戦国大名たちであった（表参照）。特に限られた家のみに授与されてきた「義」字も、新興勢力に多く授与された。これは、戦国期の将軍が求心力を維持しつつ、新興勢力を従来の幕府秩序のなかに取り込み、秩序の再編をおこなおうとした結果でもあった。

御相伴衆などの特定のものを除けば、これらの栄典は基本的には被授与者からの申請による。申請者は同一勢力との差別化か序列の上昇といった効果を見込んで申請した。申請を受けると幕府内で可否が審議され、可となれば栄典が授与されたのである。もちろん、これらの授与に対して、受けた側は御礼をしなければならない。これは経済的に不安定となった戦国期の幕府にとって、貴重な臨時収入でもあった。

これらの栄典授与は、特に戦国期に入り将軍権力・権威が動揺していくなかで、諸勢力を幕府秩序に取り込み、秩序を再生産するための道具として使われた。反対に新興勢力は自家の家格上昇のための道具として求めたのである。新興勢力の存在が戦国期の将軍に新たな権威を付与させたともいえるだろう。

（木下昌規）

【主要参考文献】

木下聡『中世武家官位の研究』（吉川弘文館、二〇一一年）
木下聡「室町幕府において将軍直臣に対して将軍以外が名前の一字を与えるということ」（日本史史料研究会編『日本史のまめまめしい知識第1巻』岩田書院、二〇一六年）
小久保嘉紀『室町・戦国期儀礼秩序の研究』（臨川書店、二〇二一年）
谷口雄太『中世足利氏の血統と権威』（吉川弘文館、二〇一九年）
二木謙一『中世武家儀礼の研究』（吉川弘文館、一九八五年）
山田康弘『戦国時代の足利将軍』（吉川弘文館、二〇一一年）

和平調停

将軍・幕府に期待された役割の一つに、紛争解決がある。日常的には京都周辺の公家や武士、寺社や町衆《まちしゅう》などが当事者である動産・不動産の訴訟への対応である。

そのなかで、地域での軍事的な紛争の解決を目指した和平調停をおこなうこともあった。将軍による和平調停がもっとも多くおこなわれたのが戦国期である。全国的に紛争が発生した時代であり、将軍による和平調停が必要とされたのだ。

もちろん、十五世紀にも調停がおこなわれることもあった。第六代足利義教《よしのり》の時代では大和国内での紛争や大内《おおうち》・大友《おおとも》氏間、東北の南部《なんぶ》氏と下国《しもぐに》（安東《あんどう》）氏らの紛争に対して、頻繁に調停をおこない、紛争を停止させている（『満済准后日記《まんさいじゅごうにっき》』ほか）。応仁《おうにん》・文明《ぶんめい》の乱《らん》では、将軍ではないが、当初、当時の将軍継嗣足利義視《よしみ》が細川勝元《ほそかわかつもと》と山名宗全《やまなそうぜん》との調停を試みている（『後法興院記《のちのほうこういんき》』）。これも和平調停の一つである。

調停には将軍より進める場合と、当事者より将軍に調停を依頼する場合があった。調停の際は、当事者に対して将軍の書状形式の直状《じきじょう》である御内書《ごないしょ》を発給した。義教は御内書で調停をおこなっても、これが調わなければ御内書（もしくは将軍権威）に傷がつくことを気にしていたようだ。在京する大名が幕府政治に参加している時代、将軍が調停をおこなうのに際して、大名らに意見が求められていたが、当時の宿老《しゅくろう》畠山満家《はたけやまみついえ》は遠国の調停にはこれまでも御内書を発給してきたと述べて、義教を納得させている（『満済准后日記』）。

ここで調停が調わなかった場合が想定されているように、将軍の調停は万能ではなく、失敗した場合には、騒乱が拡大するばかりか、将軍権威の低下につながるものであり、慎重に対応する必要があった。将軍の調停とはいえ強制力を伴ったものではなく、当事者の大名の都合によっては調停が拒否されたり、違反行為がある場合もあったのである。それでも、大名は将軍の調停を簡単に無視したわけではなかったことは留意される。

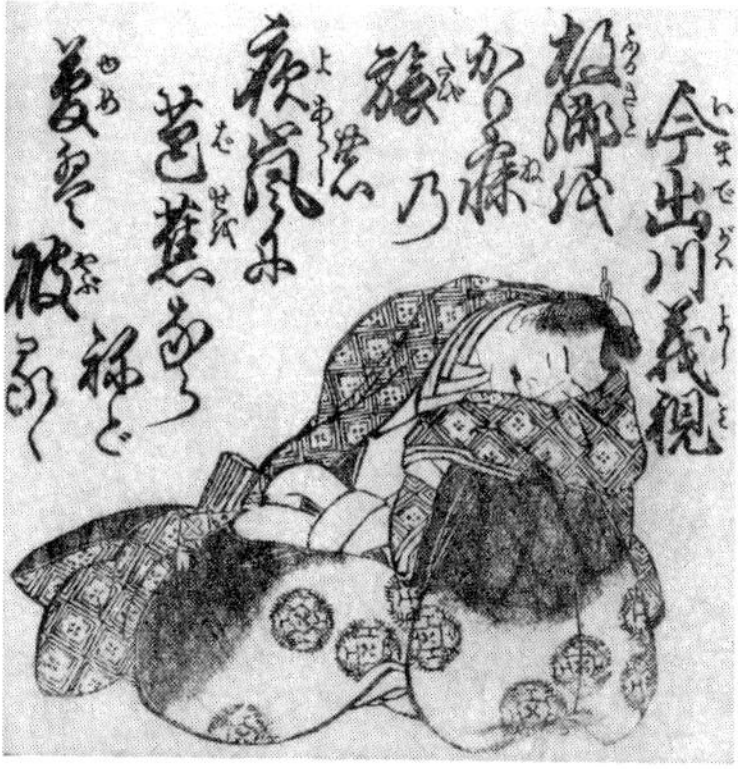
足利義視画像　「義烈百首」　個人蔵

これらの和平調停で必要となるのは、将軍の中立性である。戦国期の将軍・第十二代足利義晴《よしはる》は、将軍の中立性を意識して大名との関係構築に努めた。特に幕府を支える大名同士の紛争に際しては、どちらにも肩入れせず、中立的な立場で調停をおこなった。

しかし、戦国期になると、将軍家の分裂や、将軍本人が紛争の当事者となることもあり、この場合は和平調停をおこないえない。そのため、第三者による和平仲介が必要とされた。第

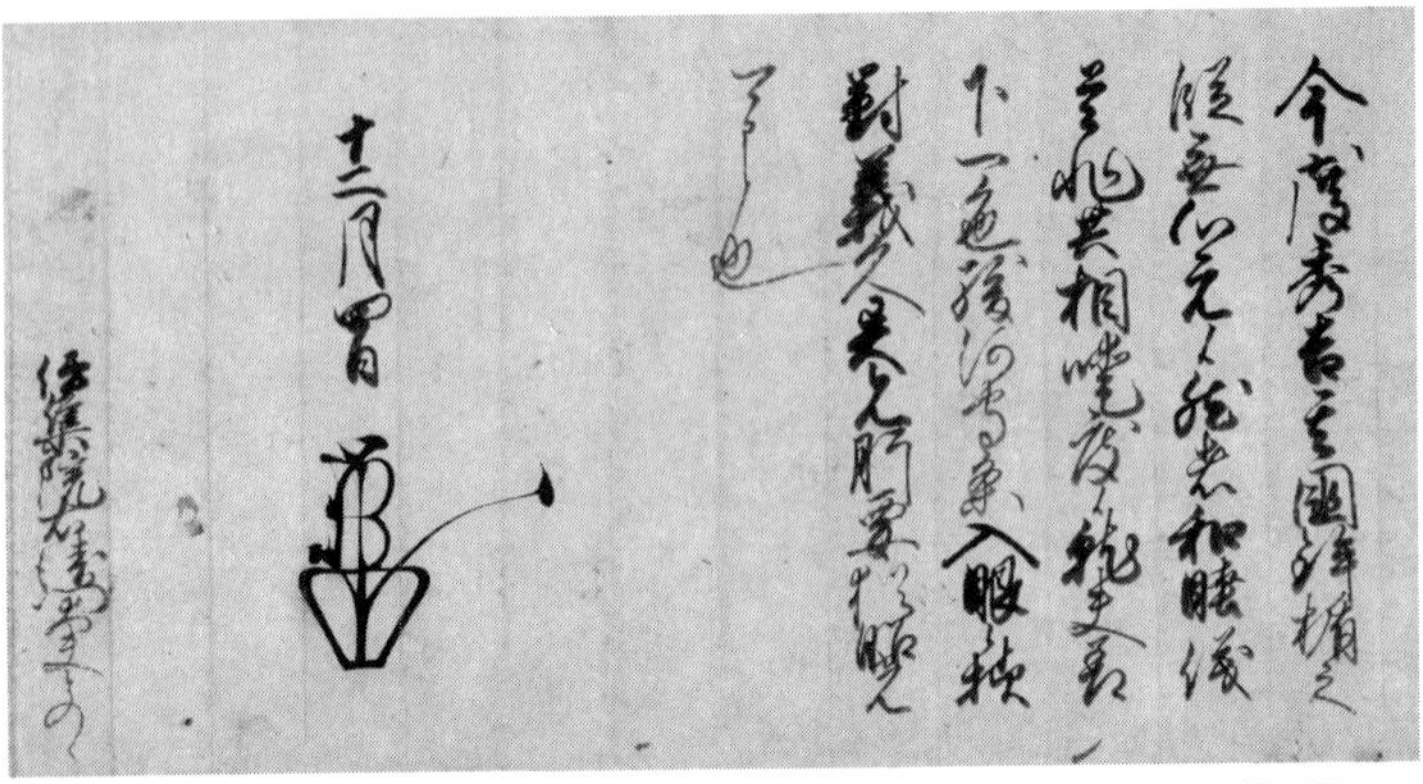

（天正 14 年）12 月 4 日付足利義昭御内書　「島津家文書」　東京大学史料編纂所蔵

十三代足利義輝《よしてる》と三好《みよし》氏との対立では、当時幕府を支えた大名である六角《ろっかく》氏が仲裁者としてあった。

三好氏との対峙し続け、京都を度々離れた義輝は、特に大名間の和平調停を頻繁におこなった。調停成立にともなう礼銭《れいせん》などに期待したということもいわれているが、基本的には自身の上洛への支援や、「天下」・「天下静謐」（『毛利家文書』）のためとみられる。特に将軍を頂点とする秩序の維持や、幕府を支えるべき大名の上洛などが企図されていた。これらの調停では将軍による当事者への栄典授与もおこなわれ、成立と講和の維持が期待された。これらの調停では外戚《がいせき》である近衛《このえ》一門が実際に現地に下向して、大名家側と交渉にあたった。大友氏など調停される側も「威勢のもの」として、彼らを丁重に扱ったのである。

最後の足利義昭《よしあき》の時代にも義輝時代と同様、大名同士の紛争に対する和平調停がおこなわれた。やはりここでも、近衛一門（聖護院道増《しょうごいんどうぞう》、久我愚庵《こがぐあん》）が現地に下向して大名との交渉を担った。義昭も「天下」のために大名間の調停を進めたのである。

しかし、将軍の調停の成否は当事者の都合に左右された。当事者の家中や周囲への面目、もしくは家の存続に関わるのであれば、調停が拒否されることもあったのである。

将軍による最後の調停といえるのは、天正十四、五年（一五八六、八七）の豊臣秀吉《とよとみひでよし》による九州征伐のときである。義昭は秀吉と対立した島津《しまづ》氏に対して、調停を申し入れたのだ（『島津家文書』）。ただ、実態はこれまでの将軍の調停ではなく、秀吉と島津氏との仲裁であった。秀吉は秀吉政権を認めない島津氏の体面を保つために、将軍義昭の名前で和平を勧めようとしたのである。この後、義昭が天正十六年に将軍職を辞し、将軍家自体が終焉したことで、足利将軍による和平調停の歴史的役割は終えたのである。

（木下昌規）

【主要参考文献】
木下昌規『足利義晴と畿内動乱』（戎光祥出版、二〇二〇年）
水野嶺『戦国末期足利将軍権力』（吉川弘文館、二〇一九年）
宮本義己「足利義輝の芸・豊和平調停」（木下昌規編著『足利義輝』戎光祥出版、二〇一八年所収、初出一九七四年）
宮本義己「足利義輝の芸・雲和平調停—戦国末期に於ける室町幕政—」（右同、初出一九七四年）
山田康弘『戦国時代の足利将軍』（吉川弘文館、二〇一一年）

天皇家との関係

初代足利尊氏《たかうじ》が後醍醐《ごだいご》天皇方との争乱を勝ち抜くためには、大義名分が必要であった。天皇に楯突く者、すなわちそれは逆賊である。尊氏は逆賊の汚名を払うべく、大覚寺統《だいかくじとう》の後醍醐のライバル皇統であった持明院統《じみょういんとう》の光厳《こうごん》上皇を味方に付け、光厳の弟光明《こうみょう》天皇を擁立した。そして、光明からは幕府を開くためには必須の官職である征夷大将軍《せいいたいしょうぐん》の任命を受けた。

ところが、せっかく後ろ盾とした持明院統天皇家を、尊氏自らの優柔不断さにより分裂させてしまう。弟足利直義《ただよし》との戦いに大義名分を得るため、よりによって南朝へと一時的に降ってしまったのである。これにより、崇光《すこう》天皇が南朝へと拉致されてしまい、崇光の弟後光厳《ごこうごん》天皇を擁立せざるを得なくなった。後光厳の朝廷は求心力が脆弱であり、二代足利義詮《よしあきら》は懸命に、天皇の権威維持のために支援した。金銭的な援助はもちろんのこと、朝廷儀礼こそ天皇の威厳を示す場とし、その体裁を保つことにも力を注いだ。

兄崇光が帰ってくると、皇位継承問題が起こる。道理としては、兄崇光の皇子が次なる天皇につくべきである。弟後光厳は、三種の神器もない不完全な形での即位であった。しかしここで、兄崇光の皇子に皇統を戻すと、やはり後光厳の即位は偽りであったということになる。引っ込みのつかない幕府は、後光厳の皇子後円融《ごえんゆう》天皇をごり押しする。三代足利義満《よしみつ》は、後円融に対し「誰がなんと言おうと私が守って見せます」と、後光厳の皇統への全面バックアップを約束する。

だが、義満は次代の後小松《ごこまつ》天皇をも凌駕する振る舞いが散見するようになり、皇位の簒奪《さんだつ》すら疑われるほどであった。

四代足利義持《よしもち》以降は、天皇に対し僭越的な態度を控えるようになり、執事的な立場に徹するようになる。六代足利義教《よしのり》と後小松上皇の関係などは典型的である。義教と後小松は個人的な仲は最悪ではあるものの、国政を担うパートナーとしては別に考えており、後小松をよく補佐した。

後花園天皇と八代足利義政《よしまさ》は、応仁《おうにん》・文明《ぶんめい》の乱（一四六七〜七七年）により一つ屋根の下に住むこととなった。内裏の空間と幕府の空間で屋敷内での住み分けはできていたものの、将軍と天皇は行き過ぎた仲となり、公私のけじめがつかなくなっていき、朝廷儀礼の威厳が堕落していった。

そのような天皇家と将軍家の蜜月関係も、幕府が衰退してくると徐々に離れていき、天皇は新たなる支援者を模索するようになるのである。

（久水俊和）

【主要参考文献】

石原比伊呂『室町時代の将軍家と天皇家』（勉誠出版、二〇一五年）
久水俊和『室町期の朝廷公事と公武関係』（岩田書院、二〇一一年）
松永和浩『室町期公武関係と南北朝内乱』（吉川弘文館、二〇一三年）

公家との関係

足利将軍は武家《ぶけ》の棟梁《とうりょう》であるとともに、官位を帯び朝廷に仕える公家《くげ》でもある。足利将軍家の嫡男が初めに叙任《じょにん》される官職は、幕府創始の立役者足利直義《ただよし》が叙任された佳例《かれい》により左馬頭《さまのかみ》である。その後、参議《さんぎ》・中納言《ちゅうなごん》・大納言《だいなごん》と順事昇進していき、三代足利義満《よしみつ》から八代足利義政《よしまさ》までは、大臣にまで昇りつめる。

公家の社会をも凌駕した足利将軍だが、高位高官をもとに朝廷を支配するといった公的な面もさることながら、公家たちとも私的な関係を築くことで、内面からより強固にその支配を確立していった。公家の社会では「家礼《けらい》」と称される、朝廷の儀式作法や学芸などを習うために上級公家に出入りする公家たちがいる。中下級の貴族たちは、近衛《このえ》家や一条《いちじょう》家といった摂関《せっかん》家に学芸を通して主従関係《しゅじゅうかんけい》を結んでいたのである。

摂関家などの上級公家の特権ともいえる家礼関係の構築は、足利将軍も築くことになる。とくに義満期以降、足利将軍家の家礼となる公家が多数あらわれ、主従関係を媒介とする公家支配が浸透していく。

足利将軍家の家格は摂関家相等といえる。その摂関家との関係も深いものであった。公家社会の作法を極めた足利義満は、その多くを二条良基《にじょうよしもと》から学んだ。足利義持・義教《よしのり》も一条経嗣《つねつぐ》・二条持基《もちもと》とともに称光《しょうこう》・後花園《ごはなぞの》天皇を輔弼《ほひつ》した。公家社会屈指の才覚者一条兼良《かねよし》は、九代足利義尚《よしひさ》へ政治の指南書ともいえる『樵談治要《しょうだんちよう》』を贈呈した。こうして、足利将軍家と摂関家は二人三脚で天皇を支え、中世国家を運営したのである。

経済状況が芳しくなくなるこの中世後期、公家たちは足利将軍家に自らの家門《かもん》の安堵を求めた。家門とは、家格や家領などその家の根幹をなす要素であり、本来は天皇家の家長である治天《ちてん》の君《きみ》が安堵する。しかし、南北朝の内乱を通して、足利将軍家が安堵するようになる。それを具現化するがごとく、将軍から偏諱《へんき》(名前の一字)を拝領する公家もあらわれる。公家たちは武家との主従関係を結ぶことにより、自身の家格や生活の糧となる所領を守ったのである。

(久水俊和)

【主要参考文献】
今谷明『室町の王権』(中央公論新社、一九九〇年)
水野智之『室町時代公武関係の研究』(吉川弘文館、二〇〇五年)
百瀬今朝雄「将軍と廷臣」(『週刊朝日百科13　日本の歴史』中世I―3、朝日新聞社、二〇〇二年)

家司・昵近公家衆

室町時代、足利将軍家に奉公する公家衆が存在した。将軍家に出仕奉公する公家衆は何も室町時代に限ったことではなく、鎌倉時代にも鎌倉の将軍家に出仕する公家衆が存在していた。特に転機となったのが、三代義満《よしみつ》の時代である。義満が内大臣《ないだいじん》になると、摂関《せっかん》家などと同様に家政職員たる家司《けいし》を持つことになったのである。彼らは公家としての室町殿に家司・家礼《けらい》として奉公し、主従関係を結んで側近として活動していた。そしてその公家衆が昵近《じっきん》（直近とも）公家衆（以下、昵近衆）として家格化するようになった。

将軍家に参賀する公家衆は「外様」と「内々」に区別されていたが、昵近衆は「内々」に属する。当初は外戚《がいせき》でもある日野《ひの》家をはじめとする日野流の家、万里小路《までのこうじ》家や中山《なかやま》家などがあったが、室町中期にはだいたい家が固定化されていった。戦国期にはおおよそ、譜代（根本直近）の正親町三条《おおぎまちさんじょう》家・日野家・広橋《ひろはし》家・烏丸《からすま》家・飛鳥井《あすかい》家・高倉《たかくら》家があり、さらに「近代」に上冷泉《かみれいぜい》家と勧修寺《かじゅうじ》家が加わった。おおむねは大納言《だいなごん》止まりの中流貴族である。

このなかで特殊な役割を担ったのが、高倉家である。高倉家は衣紋道《えもんどう》を家業としており、将軍家の衣装係というべき役割を担った。そのため、将軍個人に近く、戦国期にたびたび京都を没落すること

昵近公家衆一覧

家名	家格	氏	家流	武家伝奏	備考	
日野（裏松）	名家	藤原氏	日野流		譜代	
広橋	名家	藤原氏	日野流	○	譜代	
烏丸	名家	藤原氏	日野流		譜代	
正親町三条	大臣家	藤原氏			譜代	義教以来
飛鳥井	羽林家	藤原氏		○	譜代	
高倉	半家	藤原氏			譜代	衣紋係
冷泉	羽林家	藤原氏			近代	義澄期に加入
勧修寺	名家	藤原氏		○	近代	義晴期に加入
万里小路	名家	藤原氏		○	一代	義政以前
中山	羽林家	藤原氏		○	一代	義政以前
葉室	名家	藤原氏			一代	義稙・義晴
阿野	羽林家	藤原氏			一代	義稙・義晴
白川	半家	源氏			一代	義稙・義晴
山科	羽林家	藤原氏			一代	
竹内	半家	源氏			一代	もと久我家諸大夫
東坊城	半家	菅原氏			一代	義晴・義輝

となる将軍に従うことが多かった。

しかし、昵近公家衆が家柄として固定化されるにしたがって、将軍個人と公家本人との親疎に隔たりもでてきた。そこで、戦国期の将軍は新たに側近となる公家衆を登用し、彼らに公武間交渉を担わせたり、訴訟に関与させるなど特別な役割を持たせることがあった（葉室《はむろ》家や阿《あ》野《の》家など）。将軍によっては、より近い自分に親しい公家衆を昵近公家衆に加わえることもあり、将軍の代によって、その構成に変動はあった。そのため、日野家など家柄として世襲される場合（譜代）と、将軍との親疎によって一代、場合によっては二代に限って奉公する場合（一代）の二種類あった。

日野勝光画像　東京大学史料編纂所蔵模写

彼らの役割は、式日《しきじつ》などでの将軍御所への出仕、儀式への参加、将軍御使、参内《さんだい》や御成《おなり》の扈従《こしょう》、殿中での申次《もうしつぎ》などである。将軍宣下の際には彼らは将軍家の家司として儀式の一部をなしていた。また、将軍が親征するときには、甲冑を着て従軍することさえあった。九代義尚《よしひさ》が近江《おうみ》に親征した際には、昵近公家衆が従軍している。十二代義晴の時代には、昵近公家衆の日野内光《うちみつ》が従軍し、流れ矢に当たり戦死している。

さらに、公武間交渉の担い手であった武家伝奏《ぶけてんそう》も昵近公家衆より選ばれた。当初は万里小路家や中山家もつとめたが、八代義政《よしまさ》の時代からは広橋家・勧修寺家の二家がほぼ限定してつとめていた（勧修寺家は当初は昵近公家衆の扱いではなかった）。伝奏が公的な公武間交渉を担う一方で、伝奏ではない昵近公家衆は内々の交渉を担うこともあったほか、前述の側近公家も内々の交渉を担ったのである。

将軍と昵近公家衆との関係の維持には、武士と同様に何より「御恩と奉公」の関係があったことは忘れてはならない。将軍は昵近公家衆に対して、官位の昇進について天皇に執奏《しっそう》することで、彼らの公家社会での立場の上昇に寄与した。そのため、本来の家格を越えた昇進がされることもあった（例えば高倉家はもともと中納言《ちゅうなごん》止まりであったが、十三代義輝《よしてる》の執奏により大納言にまで昇進した）。

戦国期には将軍がたびたび京都を没落するが、その際にも複数の昵近公家衆が随っていたように主従関係が継続されてきた。昵近公家衆の終焉は元亀《げんき》四年（改元して天正《てんしょう》元年、一五七三）七月、十五代義昭《よしあき》が織田信長に対して挙兵したときである。昵近公家衆の日野輝資《てるすけ》や高倉永相《ながすけ》は二条御所に籠城して、織田信長勢と交戦している。しかし、多勢に無勢な彼らは信長に降参した。さらに義昭が敗北して京都を没落したことにより、将軍と昵近公家衆との関係（御恩と奉公）は断絶したのである。

これ以降、将軍家に扈従する公家衆はなくなり、信長との関係を優先するようになった。義昭は公家の従者を失ったことで朝廷と没交渉となり、将軍家と朝廷との関係も断絶することとなった。

（木下昌規）

【主要参考文献】

家永遵嗣『室町幕府将軍権力の研究』（東京大学史学研究叢書1　東京大学日本史学研究室、一九九五年）
神田裕理編・日本史史料研究会監修『伝奏と呼ばれた人々―』（ミネルヴァ書房、二〇一七年）
木下昌規『戦国期足利将軍家の権力構造』（岩田書院、二〇一四年）
瀬戸薫「室町期武家伝奏の補任について」（『日本歴史』五四三、一九九三年）
瀧澤逸也「室町・戦国期の武家昵近公家衆―その構成を中心として―」（『国史学』一六二、一九九七年）
桃崎有一郎『室町の覇者足利義満―朝廷と幕府はいかに統一されたのか』（ちくま新書、二〇二〇年）

家政機関

室町幕府における家政機関として想起されるのは政所《まんどころ》である。政所は、幕府成立当初から存在し、幕府の公的・私的財政や動産・金融に関する裁判を担当した。その機能はおのずと「公的」性格を帯びるが、祈禱の奉行や御服調進など将軍本人や妻子にかかわる「私的」な領域をも含む。ここでは政所の職務を概観し、さらに機関とは言えないが政所と密接にかかわる御所奉行、そして将軍家御台《みだい》と関わる小侍所《こさむらいどころ》もみていきたい。

まず、政所の人員構成をみてみよう。長官は政所執事（頭人《とうにん》）と呼ばれる。その下に、奉行人から二十名程度の寄人《よりうど》が任じられ、そのリーダーとして政所執事代が選ばれた。寄人は、後述する雑務沙《ざつむざ》汰《た》での審理に参加し、執事代は審理参加に加えて、朝廷行事や将軍家儀式、日常雑費などへの財政支出の執行などの重要な役割を担った。奉行人の下には、政所公人《くにん》と総称される下級役人がいる。土《ど》倉《そう》・酒屋役《さかややく》徴収の督促、御産など将軍家儀礼の際の被差別民動員など、幕府機構末端の仕事を担った。

執事は、当初鎌倉幕府の例を継承し、多く二階堂《にかいどう》氏が、時に佐々木京極《ささききょうごく》氏などが就いたが、康暦《こうりゃく》の政変《せいへん》（一三七九年）により鎌倉以来の足利根本被官たる伊勢貞継《いせさだつぐ》に交替し、以後基本的に伊勢宗家が世襲した。伊勢宗家は、将軍を自邸で養育するという特殊な地位にあり、将軍とは情義的な関係で結ばれていた。庶流家も繁栄し「伊勢党」と呼ばれ、申次となり、時に御内書右筆《ごないしょゆうひつ》などに携わった。こうした活動のため宗家を中心に一族から将軍家や幕府の礼節に詳しい者が出て、多くの故実書を残した。義教《よしのり》期の伊勢貞国《さだくに》の代では、政所執事代とは別に政所代が置かれ、基本的には伊勢氏被官である蜷川《にながわ》氏が就任した。数流の家が出仕していたが、政所代となったのは新右衛門・大和守を官途とする家で、親当《ちかまさ》・親元《ちかもと》らが出た。その職務は、公務日記や徳政《とくせい》帳簿【図】の作成、訴訟受理などで政所の政務を支えた。これらは『蜷川家文書』として国立公文書館等に伝来しており、幕府内部文書として貴重である。義政《よしまさ》の「御父」貞親《さだちか》期には、政所だけでなく、軍事制度の運営にも進出し、伊勢氏権力伸長の画期となった。

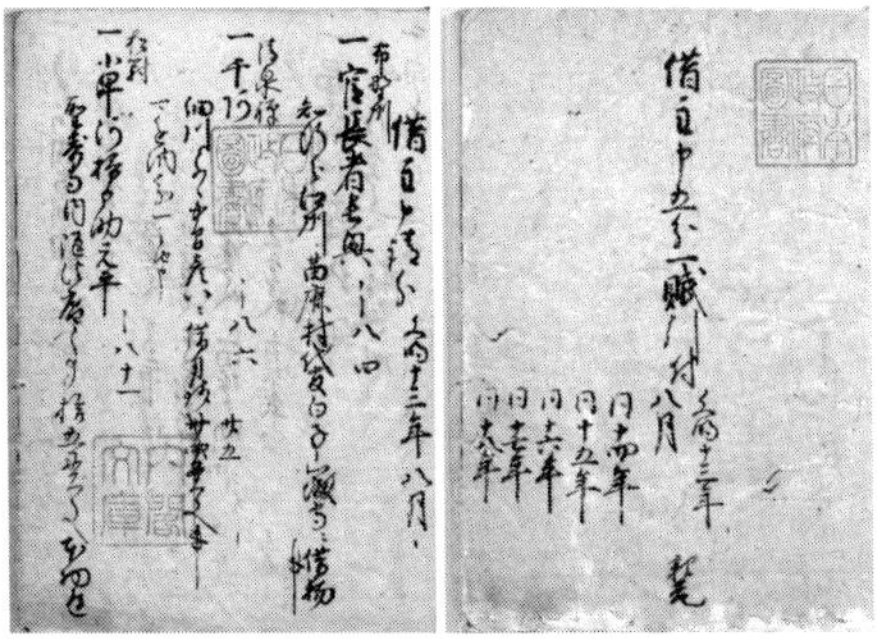
「賦引付一」　文明12年（1480）土一揆の翌年8月に蜷川親元が作成した分一徳政の帳簿。債務破棄の申請者を載せる。幕府は彼らから分一銭を徴収し財源とした　国立公文書館内閣文庫所蔵

政所の役割として重要なのが、財政機能である。幕府領からの年貢収納は南北朝期からの管轄であり、義満《よしみつ》期以降の御《ご》料所《りょうしょ》からの収納も担当した。南北朝後期、幕府は延暦寺《えんりゃくじ》に対して融和策を取り、明徳四年（一三九三）には延暦寺配下の土倉・酒屋など商工業者へ大規模課税が可能となり、政所年中行事経費として六千貫文を確保できるようになった。なお近年、山門《さんもん》配下でない土倉・酒屋の実態についても注目が集まっている。この要脚は、油代など雑費・仏事など将軍家

の私的な用途に充てられた。他に守護《しゅご》からの贈与である守護出銭《しゅっせん》、一国ごとに賦課する段銭《たんせん》が成立すると、その管理も政所が当たっている。ただ、その徴収や現金出納は政所の配下で、有力土倉からなる公方御倉《くぼうみくら》が請け負った。公方御倉は現金以外にも将軍家の宝物も預かった。また、土倉・酒屋役など商業課税の徴収・出納は、公方御倉から選出された納銭方《のうせんかた》の役目となった。室町幕府は「国に府庫なし」といわれ、徴税と現金管理の一部を外注していたのである。政所の役割で重要なのは、出金に際してで、多くの場合、伝奏から出金を求める切符が出され、執事代・寄人がそれに下書を加えて許可し、公方御倉・納銭方が出金する手続きがとられた。切符には用途・支払先が明記され、財政の管理がなされた。儀式によっては、執事代ではなく、担当奉行だけが下書に署判を据えることもあった。

もう一つの機能として、室町中期以降発達した動産・金融に関する訴訟（政所沙汰）、それにともなう徳政分一《ぶいち》銭収入《せん》があげられる。嘉吉元年（一四四一）八月、七代足利義勝の代替わりに際し、京都周辺の土民が債務破棄を求める徳政一揆がおきた。同年九月、幕府は早くも徳政令を出したが、それにより債権をもっていた土倉は打撃を受け土倉役収入が激減した。そこで幕府は、享徳三年（一四五四）の徳政令の際には、申請者に債務額の十分の一を幕府に納めさせることで徳政を許可する分一銭を編み出した【図】。その審査には執事伊勢貞親が主導する政所が当たっており、幕府財政を一時的にせよ潤したのである。また、政所の雑務沙汰は、義政期に軌道に乗り、戦国末期まで政所が独占した。

次に、政所執事の職掌と密接に関わる御所奉行を検討する。鎌倉幕府にも置かれていた役職で、将軍に近侍した。また、御所奉行は日記をつけており、『吾妻鏡《あずまかがみ》』の原史料の一つになったと推定されている。南北朝期には、二階堂氏や尊氏近習の饗庭《あえば》尊宣《たかのぶ》（命鶴丸《みょうつるまる》）、伊勢貞継が就いた。その役目は、将軍への申次、祈禱料足の出金命令、将軍御服の調進、神馬《じんめ》奉納など、将軍の私的分野を担当した。この内、神馬奉納や御服調進などが政所執事に継承され、伊勢氏がこれを行った。伊勢氏が政所に入って以降、御所奉行には摂津氏が就いたようだが活動実態はなお不明である。

最後に小侍所をあげたい。家政との関係で注目したいのは、義教期以降、御台所や女中が外との連絡をおこなう際に、御所の小侍所に出座したことである。また、奉公衆《ほうこうしゅう》番頭以下が御台と年始の挨拶を交わす場でもあり、小侍所は将軍家家政の拠点であった。政所以外の家政機関についての研究が俟たれるところである。

（田中誠）

【主要参考文献】

家永遵嗣「室町幕府奉公衆体制と「室町殿家司」」（『室町幕府将軍権力の研究』東京大学日本史学研究室、一九九二年、初出一九九〇年）
桑山浩然『室町幕府政治と経済』（吉川弘文館、二〇〇六年）
桜井英治『室町人の精神』（講談社学術文庫、二〇〇九年、初出二〇〇一年）
下坂守「中世土倉論」（『中世寺院社会の研究』思文閣出版、二〇〇一年、一九七八年）
丹生谷哲一「室町幕府の下級官人」（『増補検非違使』平凡社ライブラリー、二〇〇八年、初出一九八二年）
早島大祐『首都の経済と室町幕府』（吉川弘文館、二〇〇六年）
山家浩樹「室町幕府政所と伊勢貞継」（『室町時代研究』一、二〇〇二年）

所領

いわゆる王家（天皇家）や公家・寺社と同様、足利将軍家もまた荘園領主としての性格を持ち、御《ご》料所《りょうしょ》と呼ばれる所領を列島各地に設定した。その数は延べ二〇〇所ほどに及ぶ。かかる御料所について、かつての研究ではそれらが将軍直轄軍の奉公衆《ほうこうしゅう》に預けられた点が注目され、御料所は奉公衆の経済、ひいては彼らを統率する将軍権力を支える重要な経済基盤として位置づけられた。しかしその後、御料所の多くは一時的に設定されたもので、幕府経済に占める意義はそれほど大きくなかったとする見解が提起されるなど、研究史上の評価には紆余曲折がみられる。本項では、最近の研究成果に拠りつつ御料所の歴史的展開を概観することで、現在の到達点を確認したい。

開創期の室町幕府は、鎌倉幕府が御家人《ごけにん》に賦課した関東御公事《かんとうみくうじ》にルーツを持つ地頭御家人役《じとうごけにんやく》や、鎌倉幕府滅亡後に足利尊氏《たかうじ》が麾下《きか》の武士に与えた所領から徴収する五十分一年貢などを設定したが、いずれも安定的な財源とはならなかった。観応《かんのう》の擾乱《じょうらん》後には「政所料所《まんどころりょうしょ》」「御厩料所《みうまやりょうしょ》」など「料《りょう》所《しょ》」と呼称される将軍家の直轄領が本格的に登場する。さらに足利義満《よしみつ》期からは、将軍＝室町殿《むろまちどの》の政治的地位と活動範囲の向上・拡大を背景に、室町殿個人の所領や足利家近親者の所領が一律に「御料所」と呼称されるようになった（後者の例としては、室町殿の娘が入室した比丘尼御所《びくにごしょ》である大慈院《だいじいん》南御所《みなみごしょ》領、小川《こかわ》殿と呼ばれた義満母紀良子・義満の弟満詮《みつあきら》の所領などが知られる)。足利将軍家の御料所が確立する画期は義満期にあったと考えてよいだろう。

前述のとおり、御料所は一般的に奉公衆に預けられるものと認識されてきたが、近年は大名(守護)に預けられることも少なくなかったことが明らかになっている。例えば管領畠山満家《かんれいはたけやまみついえ》が代官を務めた河内国十七箇所《かわちのくにじゅうしちかしょ》は、年貢額が以前より減少していたはずの戦国期においても一千石以上の収納があった。このような数百〜数千貫規模の収入をもたらす御料所は東海〜山陽地方を中心に複数検出され、また、いったん将軍家の手を離れた所領が再び御料所に設定されたり、新たな御料所が設定されたりするケースも継続的に確認される。足利将軍家・室町幕府の経済基盤としては、土倉酒屋役《どそうさかややく》や日《にち》明貿易《みんぼうえき》による収益の多さが強調される場合が多いが、幕府財政全体に占める各収入の比重については、改めて検討し直すべき段階にあるのかもしれない。

(松井直人)

【主要参考文献】

桑山浩然「室町幕府経済の構造」(『室町幕府の政治と経済』吉川弘文館、二〇〇六年、初出一九六五年)
佐藤進一「室町幕府論」(『日本中世史論集』岩波書店、一九九〇年、初出一九六三年)
田中淳子「室町幕府御料所の構造とその展開」(大山喬平教授退官記念会編『日本国家の史的特質　古代・中世』思文閣出版、一九九七年)
山田徹「足利将軍家の荘園制的基盤」(『史学雑誌』一二三編九号、二〇一四年)
山家浩樹「室町幕府初期の財政基盤」(『史学雑誌』一三〇編六号、二〇二一年)
吉田賢司「武家編制の転換と南北朝内乱」(『日本史研究』六〇六号、二〇一三年)

御料所一覧表

国別	料所名	現在地
上野	上野国闕所分	不明
下野	足利庄	栃木県足利市
	東茂木保小深村	栃木県芳賀郡茂木町
常陸	中郡庄	茨城県桜川市
武蔵	師岡保内入江郷	神奈川県横浜市
上総	三直郷氏家範能跡	不明
駿河	益頭庄	静岡県藤枝市（焼津市も含むヵ）
遠江	新池郷	静岡県袋井市
	刑部郷	静岡県浜松市
	玉井庄	不明
三河	吉良庄内家武名	愛知県西尾市
	豊川	愛知県豊川市
	黒瀬	愛知県新城市
	下条	愛知県安城市
	山中郷	愛知県岡崎市
	本田左近将監跡	不明
	太平	不明
	田奈江郷他、設楽与一跡	不明
尾張	知多郡	
	山田庄	愛知県一宮市・稲沢市
	今枝	不明
	羽黒	愛知県犬山市
	入鹿	愛知県犬山市
	青山庄	愛知県西春日井郡豊山町
	海東庄庶子等跡	愛知県稲沢市
	於田江庄（御台料所）	愛知県名古屋市
越後	五十公郷闕所分	新潟県新発田市
	乙面保	新潟県三島郡出雲崎町
越中	阿怒庄	富山県氷見市
	宇波保	富山県氷見市
	高野庄	富山県中新川郡立山町
	森尾保	不明
	青柳	富山県富山市
	野尻保	富山県南砺市
	般若野	富山県砺波市
	野丸	不明
加賀	豊田村	不明
	六箇村長嶋、野田、他	不明
	吉光保	石川県能美市
	長滝	石川県能美市
	倉光保	石川県白山市
	森嶋	石川県白山市
	徳久村	石川県能美市
	野代庄	石川県野々市市
	倉月庄青崎	石川県金沢市
	八田庄	石川県小松市
	額田庄	石川県加賀市
	味智郷	石川県白山市
	安宅陰山分	石川県小松市
	軽海郷	石川県小松市

加賀	笠間保	石川県白山市
	有松	石川県金沢市
	安田保八町田	石川県白山市
	徳光	石川県白山市
	加州四郡中公方御料所	不明
	七箇所（御台料所）	不明
	五箇庄（御台料所）	石川県金沢市
能登	町野庄	石川県輪島市
越前	平葺郷	福井県越前市
	礒部郷	福井県坂井市
	木田庄	福井県福井市
	高椋郷	福井県坂井市
	小磯部保	福井県鯖江市
	春近庄	福井県坂井市
	角原庄	福井県福井市
飛騨	広瀬郷	岐阜県高山市
	富安郷	岐阜県飛騨市
	石浦郷	岐阜県高山市
	江名子	岐阜県高山市
	岡本保	岐阜県高山市
	古川庄	岐阜県飛騨市
美濃	小嶋庄	岐阜県揖斐郡揖斐川町
	遠山庄山田村、上村	岐阜県恵那市
	菅谷	岐阜県関市
	揖深庄	岐阜県美濃加茂市
	大衣斐	岐阜県揖斐郡大野町
美濃	気良庄	岐阜県郡上市
	三井村	岐阜県各務原市
	羽丹生郷	岐阜県加茂郡富加町
	郡上保小野、吉田	不明
若狭	富田郷	福井県小浜市
	木津庄	福井県大飯郡高浜町
	三宅庄	福井県三方上中郡若狭町
	青保（郷）	福井県大飯郡高浜町
	松永庄（保）	福井県小浜市
	安賀庄	福井県三方上中郡若狭町
	鳥羽庄	福井県三方上中郡若狭町
	宮川庄（保）	福井県小浜市
	国富庄	福井県小浜市
	名田庄	福井県大飯郡おおい町
近江	木戸庄	滋賀県大津市
	蜂屋郷万寿寺領	不明
	清水庄太郎左衛門尉跡	滋賀県彦根市
	海津西庄	滋賀県高島市
	舟木関	不明
	小幡郷	滋賀県東近江市
	朝妻	滋賀県米原市
	江辺富波	滋賀県野洲市
	浅小井	滋賀県近江八幡市
	朽木庄	滋賀県高島市
	後一条大智院領	不明
	安主名称弥陀院領	不明

国別	料所名	現在地
近江	保坂関	滋賀県高島市
	首頭庄	不明
	朽木関代官職	滋賀県高島市
	栗見庄成重名并岩福名	滋賀県彦根市
	岸本庄小屋木名	滋賀県東近江市
	朝国	滋賀県湖南市
	山前内佐々名嶋郷	滋賀県東近江市
	兵主郷内二宮図田職	滋賀県野洲市
	西今村	滋賀県彦根市
	麻生庄	滋賀県東近江市
	金勝寺定光坊跡	不明
	大興寺領志賀郡散在地	不明
伊勢	一身田	三重県津市
	益田庄（御台料所）	三重県桑名市
	小向郷山本兄弟等跡	三重県三重郡朝日町
	田能村大木両人跡	不明
	深矢部郷	三重県桑名市
	香取庄	三重県桑名市
河内	日置庄	大阪府堺市
	河内国十七箇所	大阪府寝屋川市
	玉櫛庄	大阪府東大阪市
	橘島	大阪府八尾市
和泉	堺南北庄	大阪府堺市
	横山庄	大阪府和泉市
紀伊	吉礼郷	和歌山県和歌山市
紀伊	和佐庄山東範家跡	和歌山県和歌山市
摂津	富田庄	大阪府高槻市
	溝杭	大阪府茨木市
	井出新庄内一分方	不明
	野鞍庄	兵庫県三田市
山城	稲八妻（稲間）	京都府相楽郡精華町
	西京	京都府京都市
	伊勢田	京都府宇治市
	野尻	京都府八幡市
	草内郷飯岡所務職	京都府京田辺市
	山科郷	京都府京都市
	紀伊郡散在田畑	京都府京都市
	久多庄（御台料所）	京都府京都市
	伏見庄	京都府京都市
	富野	京都府城陽市
	小山郷	京都府京都市
	西七条田地拾町	京都府京都市
	植松庄	京都府京都市
	竹田口関	京都府京都市
	東西九条	京都府京都市
	秋田名	不明
丹波	桐野河内	京都府南丹市
	美濃田（保）	京都府亀岡市
	山内三箇村	京都府船井郡京丹波町
	春日部庄多利村	京都府丹波市
	漢部郷	不明

丹波	八田郷上村	不明
丹後	筒川庄領家職	京都府与謝郡伊根町
	宇川庄	京都府京丹後市
	結城越後守跡	不明
但馬	大将野庄	兵庫県豊岡市
伯耆	星川庄	不明
出雲	朔山庄	不明
	日登郷	島根県雲南市
	朝山郷	島根県出雲市
	来海庄	島根県松江市
播磨	河述北条	兵庫県神崎郡市川町
	上揖保	兵庫県たつの市
	松井庄	兵庫県多可郡多可町
	永良庄料所分	兵庫県神崎郡市川町
	佐大郷	不明
	浦上賀屋新庄	兵庫県姫路市
美作	小吉野庄	不明
	布施郷富永弥六跡	不明
	江見庄	岡山県美作市
	角田禅正跡	不明
備前	馬矢郷	不明
	佐伯庄	岡山県和気郡和気町
備中	中津井	岡山県真庭市
	小坂部郷	岡山県新見市
備後	志摩利庄	広島県神石郡神石高原町
安芸	人芳郷半分	不明
安芸	下竹仁郷	広島県東広島市
周防	平井備前入道祥助跡	不明
筑前	河上衆	不明
	河上	不明
	御牧郡内五人跡	不明
その他	正伝寺并末寺領	
	粟田之田地三段半	
	依田信濃守跡職	
	安芸国御料国	
	石見国守護職	
	信濃国御料国	
	筑前国御料国	
	播磨国三郡	
	日向国料国	
	山城国守護職	

桑山浩然「室町幕府の経済構造」（同『室町幕府の政治と経済』吉川弘文館、二〇〇六年、初出一九六五年）掲載表をもとに作成。なお、すべての御料所が同時期に存在していたわけではなく、変遷がある。また、一時期的に御料所になったものも掲載した。

軍事と合戦

初代足利尊氏《たかうじ》の時代より南朝方との戦乱、観応《かんのう》の擾乱《じょうらん》（一三五〇～五二）、明徳《めいとく》の乱（一三九一）、応永《おうえい》の乱（一三九九）といった大きな戦乱が終結するまで、各勢力との合戦のために幕府には軍事力が不可欠であった。その幕府軍を構成したのは、将軍直属軍・大名・守護、国人《こくじん》らからなる連合軍であった。ところが、応永の乱の際に三代義満《よしみつ》が親征《しんせい》したのを最後として（実際は戦場までは出向かなかったが）、十五世紀に入ると将軍当人が出陣（親征）することがしばらくなくなった。同時に将軍が直接その武威を示す機会がなくなった。だが、これは幕府の安定を意味しない。十五世紀には土一揆《つちいっき》の蜂起などが頻発したためである。

幕府軍の主力は三管領家（斯波《しば》・畠山《はたけやま》・細川《ほそかわ》）、四職家（赤松《あかまつ》・一色《いっしき》・京極《きょうごく》・山名《やまな》）などの在京する大名であった（このほかにも大内《おおうち》や土岐《とき》、今川《いまがわ》なども）。

これに加え、将軍直属の軍として奉公衆《ほうこうしゅう》があった。これは将軍直参《じきさん》の親衛隊であり、鎌倉以来の譜代、足利一門、守護の庶流や国人などによって編成された軍事力である。

彼らの所領は守護不入権《しゅごふにゅうけん》などを持ち、各国内では守護に対して牽制する存在としてもあった。奉公衆の範囲は広義と狭義があるが、広義では御供衆《おともしゅう》や御部屋衆《おへやしゅう》など、実務官僚である奉行衆《ぶぎょうしゅう》などを除いた将軍直臣の総称として用いている。狭義では五ヶ番《ごかばん》に組織された親衛隊である「番衆《ばんしゅう》」のことを指す。通常は御所の警固や御成《おなり》の際の将軍の身辺警護をつとめるのが主たる役割であり、番衆の長として「番頭《ばんがしら》」があった。彼らはこの番頭のもとで連帯していた。その数は明徳の乱では義満直属の「奉公方」は五千人ほどあったという。将軍直臣の名簿である「番帳《ばんちょう》」が複数残されているが、親衛隊である番衆の家は、室町時代を通しておおよそ三百家ほどあったとみられる（家の勢力も大小あり。陪臣《ばいしん》を含めて五千ほどの兵力）。

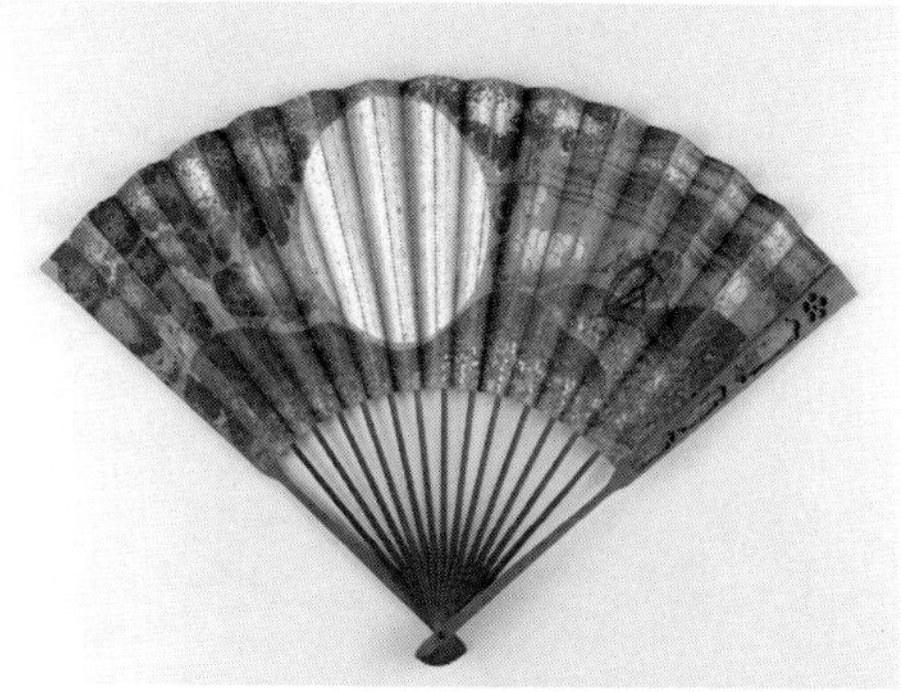
足利尊氏の花押が書かれた日月図軍扇　観応の擾乱の際、尊氏が河内国の土屋氏に与えたと伝わる　九州国立博物館蔵　撮影者：落合晴彦

有事の際は、大名やこのような奉公衆が出兵した。応仁・文明の乱の際には、奉公衆の一部は西軍に付いたが、義政《よしまさ》が当初中立の立場であったうちは、奉公衆も中立の立場であった。しかし、義政が東軍を幕府軍として承認すると、奉公衆も東軍の大名とともに戦闘に参加している。このように、基本的には奉公衆による将軍への忠節は維持された。

義満以来、約九十年ぶりに親征を行ったのが九代義尚《よしひさ》である。義尚は大乱による将軍権力の立て直しの意味もこめ、自らの武威を示し、求心力を高めるため、長享《ちょうきょう》元年（一四八七）に幕府による寺社本所領返付《じしゃほんじょりょうへんぷ》命令に従わず、奉公衆らの所

鈎の陣土塁跡　滋賀県栗東市　撮影：筆者

領を押領していた近江の六角高頼《ろっかくたかより》の討伐のため近江に親征したのである（鈎《まがり》の陣）。当然、奉公衆も義尚の親征に供奉している。なお、このとき義尚は、将軍家家督の象徴である伝家の重宝「御小袖《おんこそで》」という鎧を一緒に持参した。

その後、十代義稙《よしたね》も近江親征、さらに続けて河内親征を行い、将軍の武威を示そうとしたが、その親征中に明応《めいおう》の政変（一四九二）が発生してしまう。この明応の政変は奉公衆に影響を与えた。なぜなら、奉公衆の一部は新将軍義澄《よしずみ》ではなく、義稙を支持してそれに随ったため、分裂してしまったのである。それでも奉公衆体制はその後も基本的には維持された。

このように応仁・文明の乱後、日本が戦乱の世となると、将軍本人の親征が再び復活した。これは将軍の武威を示す必要ができただけでなく、将軍本人が戦乱の当事者となることが増えたためである。つまり、自らの立場を守るための出陣でもあった。そこでも幕府軍は奉公衆のほか、幕府を支援する大名の軍勢との合同であった。だが、在京する大名が減少すると、幕府の軍事力も減少した。場合によっては公家衆や寺社の兵力を動員したのである。また、将軍は彼らに御内書《ごないしょ》による軍勢催促を行ったが、それには具体的な兵力や出立日の指示はなく、基本的には大名任せであった（使者が口頭で伝達か）。

ところで、将軍の敵は「御敵《おんてき》」とされたが、将軍の敵になるのは誰でもよいというわけではなかった。十二代義晴《よしはる》の時代、出陣相手が大名の被官であったため、将軍が出陣する相手として不都合とされた。そのため、義晴は合戦を親征ではなく、甲冑もつけず鷹狩《たかが》りのついでに傍観するという体裁をとったのである（結果は義晴方が大敗するが）。

奉公衆は戦国期に縮小再編されながら継続されるが、意外にも十五代義昭《よしあき》の時代にも約三、四千ほどの兵力があった。義満の時代と、最後の義昭の時代では兵力にさほど大きな差違はなかったのである。むろん、戦国期ではこれだけでは数万規模の大名勢力と交戦することはできない。奉公衆の数を増加させるには、所領の給付など権益の付与が必要であった。戦国期にかけて財政的に困窮する幕府にその余裕はなく、むやみに奉公衆を増やすことは、したくてもできないのである。これこそが将軍が幕府の終焉まで大名勢力との連携を模索する理由の一つであった。

（木下昌規）

【主要参考文献】

木下聡『室町幕府の外様衆と奉公衆』（同成社、二〇一八年）
木下昌規「足利将軍の「軍事・警察力」は、どの程度あったのか？」（山田康弘編・日本史史料研究会監修『戦国期足利将軍研究の最前線』山川出版社、二〇二〇年所収）
佐藤進一「室町幕府論」（同『日本中世史論集』岩波書店、一九九〇年所収、初出一九六三年）
西島太郎「室町幕府奉公方と将軍家」（『日本史研究』五八三、二〇一一年）
福田豊彦『室町幕府と国人一揆』（吉川弘文館、一九九五年）
吉田賢司『室町幕府軍制の構造と展開』（吉川弘文館、二〇一〇年）

近習

足利将軍の近習は、将軍と強い結びつきを有した有力武士の一群である。『建武式目《けんむしきもく》』にも近習の精選が謳われている。六代義教《よしのり》が討たれた嘉吉《かきつ》の乱《らん》では、管領《かんれい》らは逃亡したが、守護家庶流の山名煕《やまなひろ》貴《たか》・細川持春《ほそかわもちはる》、奉公衆《ほうこうしゅう》の遠山《とおやま》らは赤松《あかまつ》勢と戦い手負し討ち死にに至った。このように近習は、将軍に忠誠を誓い、手足となり将軍権力の自立性を保証する存在であった。

こうした近習を出す階層は多様で、時期による違いが大きい。近習とみなしうる職掌は、将軍御成《おなり》行列の「帯刀《たちはき》」「衛府《えふ》」の役・病気平癒祈禱の使者などである。尊氏《たかうじ》・義詮《よしあきら》期では、観応《かんのう》の擾乱《じょうらん》期に戦時一揆を結んだ東国武士、楢葉《ならは》氏など中小武士、伊勢《いせ》氏など足利氏根本被官、一部の奉行人《ぶぎょうにん》があげられる。義満《よしみつ》期には、義満室日野《ひの》家の被官（本庄《ほんじょう》氏）、大館《おおだち》氏や小早川《こばやかわ》氏など将軍の親衛隊である奉公衆、そして佐々木《ささき》・赤松・富樫《とがし》など外様守護家庶流、細川・畠山《はたけやま》・山名・一色《いっしき》など一門守護家庶流から近習が出た。室町中期にかけて根本被官、奉公衆の一部、守護庶流家などに拡大していった。一方、奉行人は外れていった。

では、近習の役割は何であろうか。①は、前述の将軍御成の供奉である。②は、義満期以降、御《ご》料所《りょうしょ》の代官を務めたことで、財政面でも将軍を支えた。③は、将軍と公武・寺社との間を取り持つ申次を務め、所領裁判や財政支出に関与したことである。①②は、一般の在京奉公衆の職掌と重なっているが、③はそうではない。例えば義満から義教《よしのり》期では、「内々」の訴訟を受理し、将軍の意を奉行人に伝え訴訟の進行や裁決に関与した。また、近習の中でも伊勢氏は申次だけでなく、将軍文書の「御内書《ごないしょ》」作成を担当し、将軍の命令を伝える役割を担った。赤松満政《みつまさ》・細川持賢《もちかた》、政所執事を兼ねる伊勢貞国《さだくに》・貞親《さだちか》は、遠国や在国する守護・有力国人との取次窓口ともなり、幕府の地域支配に貢献した。なお、近習の統制を管轄した幕府機関として小侍所《こさむらいどころ》がある。細川・一色・山名など有力守護の庶流家が頭人を務め、武芸の象徴として射芸を競う的始《まとはじめ》への出仕者の統率や軍事指揮にあたった。

近習の中でも個性的なのが、義持期《よしもち》の富樫満成《みつなり》である。満成は、加賀《かが》守護富樫氏の庶流の出であったが、義持生え抜きの近習として申次を務め頭角を現し、加賀半国守護職を与えられた。応永二十三年（一四一六）から二十五年にかけての足利義嗣《よしつぐ》失脚事件は、義持の後継者として義嗣と義持の実子義量《よしかず》をめぐる権力闘争であると指摘されているが、満成は義量派として暗躍した。そもそもこの事件は応永二十三年十月に起きた上杉禅秀の乱との関連が指摘されており、同十一月に義嗣は突如出奔、捕らえられて相国寺林光院に幽閉された。このとき、死罪を主張したのが、畠山満家・富樫満成で彼らは義量の生母である日野裏松栄子を介してつながっていた。翌二十四年、義量が元服し、後継に定められた。応永二十五年正月に鎌倉で上杉憲基が死去すると、義持は満成に密命をして、義嗣を暗殺させた。こうした強引なやり口に抗議して管領細川満元は政務を止めている。その後、山名も敵にまわした満成は最終的に諸大名の反感を買い処刑された。このように近習は、将軍だけでなく大名や後宮とも結び、権勢を誇る存在だった。

しかし、近年では、管領細川家の庶流家の出で将軍側近となり、地域権力との取り次ぎを務めた細川持賢や、貞清《さだきよ》流畠山氏など大名宗家と軍事的・経済的に緊密な関係を持った将軍近習の存在が注目されている。将軍権力の基盤としてのみ近習を捉える視角は相対化されつつある。

さて、義教期以降、近習が担った申次や御成の供奉は、次第に特定の家に固定化していき、伊勢庶流・畠山・大館などからなる申次衆や、奉公衆の中から走衆《はしりしゅう》が分出し、家格として編成されていった。応仁《おうにん》の乱《らん》後、九代義尚《よしひさ》に対し一条兼良《いちじょうかねよし》が『樵談治要《しょうだんちよう》』を著し『建武式目』をひいて近習の精選を訴えた。義尚は、六角氏征討の陣中にて、政務をゆずらない父義政に反発し、鎌倉幕府以来の法曹官僚二階堂政行《にかいどうまさゆき》、奉公衆番頭の大館尚氏《ひさうじ》（常興《じょうこう》）、一般奉公衆結城《ゆうき》氏を登用し権力基盤とした。彼らは訴訟の受理・評議を行い、専権を振るった。十代義材《よしき》は、義政《よしまさ》の弟義視《よしみ》を父とし、乱中は美濃《みの》に逃れていたため、幕府内に基盤を持たなかった。そこで、美濃時代からの側近種村《たねむら》氏に足利一門の名字「一色」を与え名乗らせ（これを入名字《いりみょうじ》という）、重用したのである。こうした「入名字」は少なくとも義政期にさかのぼり、側近にしたい人物に特定の名字を与え、さらに「御部屋衆」に任じて近侍させた。家格が固定化していくなかで、特定の人物を取り立てるための特別措置が編み出されたのである。

また、法体で芸能を職掌とする同朋衆《どうぼうしゅう》に畠山名字を与え、畠山宗家の尚順《ひさのぶ》から一字を与え、畠山順《のぶ》光《みつ》として取り立てた。彼らは訴訟や諸大名との取次として活躍した。

このように、戦国期の将軍は二流に分裂したため、全家臣に信頼を置けず、さまざまな出自を持つ側近集団を形成したのである。最後の将軍義昭《よしあき》が織田信長《おだのぶなが》によって京都を追放され、毛利《もうり》分国の備後《びんご》国鞆《くにとも》（広島県福山市）に動座すると、幕臣は織田方・足利方に分かれたが、なお義昭には多くの側近が付き従い、諸国の大名とも連絡を取り一定の存在感を示した。戦国期に大名が下国すると奉公衆や同朋衆など多様な階層を取り立て、権力の基盤としたのである。

（田中誠）

【主要参考文献】

川口成人「細川持賢と室町幕府」（『ヒストリア』二六六、二〇一八年）
桜井英治『室町人の精神』（講談社、二〇〇一年）
佐藤堅一・福田豊彦「室町幕府将軍権力に関する一考察―将軍近習を中心として（上）（下）」（『日本歴史』二二八、二二九、一九六七年）
設楽薫「室町幕府小侍所雑記」（『史路』創刊号、一九七八年）
設楽薫「将軍足利義材の政務決裁―「御前沙汰」における将軍側近の役割―」（『史学雑誌』九六（七）、一九八七年）
設楽薫「足利将軍が一門の「名字」を与えること―将軍側近職制の展開との関連において―」（『姓氏と家紋』五六、一九八九年）
吉田賢司『足利義持』（ミネルヴァ書房、二〇一七年）

将軍が愛した稚児

いわゆる男色《なんしょく》の起源は詳らかではないが、少なくとも、武士の世には、すでに男色の風俗は普遍化していた。

史実を追えば、初代足利尊氏《たかうじ》の寵童《ちょうどう》として名高い饗庭命鶴丸《あえばみょうづるまる》は、『新後拾遺和歌集《しんごしゅういわかしゅう》』にも詠歌《えいか》が所収されている歌人でもある。命鶴丸は、『太平記《たいへいき》』の記述では、南朝の新田《にった》勢を迎え討った武蔵《むさし》野《の》合戦にて尊氏方の武将として登場し、花一揆《はないっき》といわれた第三陣を率い「萌黄《もよぎ》、火威《ひおどし》、紫糸《むらさきいと》、卯《う》の花《はな》の妻取《つまどり》たる鎧《よろい》に、薄紅《うすくれない》の笠符《かさじるし》をつけ」た派手な格好で登場している。しばらく元服せずに成人の歳においても童形《どうぎょう》のまま尊氏の寵愛を受けた。

美少年への寵愛は、三代足利義満《よしみつ》の藤若丸《ふじわかまる》への振る舞いも有名である。藤若とは能楽を大成した世《ぜ》阿弥《あみ》の幼名である。十二歳で披露した藤若の演技の容色は、義満の男色心を大いに刺激し、その美色に溺れることとなる。義満は、能楽の絶大なるパトロンとなり、それまで公家たちに「乞食《こじき》の所行《しょぎょう》」と蔑《さげす》まれた芸能人の地位を大いにあげることになる。

僧侶から将軍に転身した六代足利義教《よしのり》。男色の風俗は、仏教界のほうが実は盛んである。僧侶時代の男色生活がそうさせたのか、義教は将軍就任後も男色に磨きをかけた。愛憎の起伏が激しい義教は、溺愛モードのときは寺院を訪れては夜な夜な少年喝食《かつじき》を愛でた。喝食とは寺院にいる稚児のことで、有髪の小童《こわっぱ》がつとめる。義教は美少年の喝食を選んでは侍らせ、将軍に見初められたい稚児たちも着飾り、それに応えた。

だが、義教の男色は身を滅ぼした。『嘉吉記《かきつき》』によると、「男色ノ寵《ちょう》比類《ひるい》ナシ」と称された義教は、播磨《はりま》国守護《しゅご》赤松《あかまつ》家の惣領《そうりょう》赤松満祐《みつすけ》を疎み、一族の容姿端麗な美少年赤松貞村《さだむら》を寵愛した。愛するあまり、満祐の意に反して所領を与えた。『嘉吉記』は誇張表現も混じる軍記物だけにどこまでが史実か疑念もある。義教の赤松一族への愛憎が、満祐の義教暗殺への一要因なのだろうか。（久水俊和）

【主要参考文献】
天野文雄『世阿弥がいた場所―能大成期の能と能役者をめぐる環境』（ぺりかん社、二〇〇七年）
岩田準一『本朝男色考』（岩田貞雄発行、一九七四年）
小林輝久彦「室町幕府奉行衆饗庭氏の基礎的研究」（『大倉山論集』六三、二〇一七年）

武家護持僧

武家護持僧《ぶけごじそう》という言葉は、一般にはなかなか聞き慣れないものかもしれない。単語から意味を取るならば、「武家」、すなわち足利将軍家を、「護持」、仏法《ぶっぽう》の力をもって守護する、「僧」のことである。例えるならば将軍家専属の祈禱師集団といったところか。このような専門家が将軍の周囲に置かれたということをみても、国家や個人を守るという目的において当時の仏法が担った役割が、現在と比べようもないほど大きかったと理解できよう。本項では、足利将軍を取り巻く武家護持僧の顔ぶれを確認しつつ、彼らが負った役割を見てみたい。

武家護持僧は室町幕府で初めて創出されたものではなく、鎌倉幕府にも類似の護持僧集団が存在した。室町幕府の武家護持僧も、その当初においては鎌倉幕府からの人的継承を特徴としていた。これを構成したのは実相院《じっそういん》の増基《ぞうき》や醍醐寺地蔵院《だいごじじぞういん》の覚雄《かくゆう》といった寺門《じもん》・山門《さんもん》・東寺《とうじ》に連なる天台・真言の高僧であり、五人前後が通例であったようだ。彼ら武家護持僧は、主に将軍の居所において、当番制を敷きつつ、将軍の健康や天下静謐《てんかせいひつ》の祈禱をおこなうことをその職務としていた。

鎌倉幕府の枠組みを受け継いだ武家護持僧の構成が大きく変容したのが義満《よしみつ》期であった。義満は、護持僧の統括者として醍醐寺三宝院《さんぼういん》流に連なる光助《こうじょ》を取り立てたのである。三宝院といえば、尊氏《たかうじ》期において幕府を宗教的によく支えた三宝院賢俊《けんしゅん》を輩出した院家《いんげ》である。護持僧の面々の中では若輩であった光助の地位を一気に引き上げたことで、三宝院が護持僧の上席にあるという序列が確立し、この序列は室町期を通して引き継がれたのであった。

護持僧の選任方法に目を向けると、原則としては寺門・山門・東寺に属する特定の院家から将軍によって選ばれるようだ。その人数は、義満・義持《よしもち》期においておおむね六人に定まるものの、義教《よしのり》期では一時的に十二人まで増員が図られるなど、一定しない。六、十二という数字は、武家護持僧の本務がひと月単位の輪番で祈禱を実施することにあったことにも由来するという。また、武家護持僧の身

上：賢俊画像　下：満済画像　ともに東京大学史料編纂所蔵模写

武家護持僧一覧　※細川武稔『京都の寺社と室町幕府』（吉川弘文館、二〇一〇年）所載の表を参照し作成した。

将軍	護持僧	門跡・院家
尊氏	賢俊	醍醐寺三宝院
	栄海	勧修寺慈尊院
	覚雄	醍醐寺地蔵院
	増基	実相院
	増仁	南瀧院
	光恵	心性院
	桓豪	岡崎実乗院
義満	光助↓定忠	醍醐寺三宝院
	聖快	醍醐寺地蔵院
	宗助	醍醐寺理性院
	隆源	醍醐寺報恩院
	実済	醍醐寺金剛輪院
	通賢	醍醐寺無量寿院
	道淵	仁和寺菩提院
	良瑜	常住院
	桓忠	岡崎実乗院
	慈昭	曼殊院
	尊玄	東南院
義持	満済	醍醐寺三宝院
	聖快↓持円	醍醐寺地蔵院
	義運	実相院
	尊経	常住院
	道意	聖護院
（義持）	定助	花頂
	桓教	岡崎実乗院
	良順↓良什	曼殊院
	持弁	浄土寺
義教	満済↓義賢	醍醐寺三宝院
	持円	醍醐寺地蔵院
	祐厳	随心院
	（義賢）	醍醐寺宝池院
	尊聖	勧修寺
	義運	実相院
	尊経	常住院
	道意↓満意	聖護院
	定助↓教助	花頂
	（満意）	如意寺
	尊雅	円満院
	実意	住心院
	桓昭	岡崎実乗院
	良什	曼殊院
	持弁	浄土寺
義政	義賢↓政深	醍醐寺三宝院
	？	南瀧院
（義政）	満意	聖護院
	教助	花頂
	桓昭	岡崎実乗院
	良什	曼殊院
	良証？	檀那院
義尚	厳宝	随心院
	性深	大覚寺
	増運	実相院
	道興	聖護院
	教助	花頂
義澄	持厳	醍醐寺三宝院
	通快？	醍醐寺地蔵院
	性深	大覚寺
	道興↓道応	聖護院
	実瑜	住心院
	桓興？	岡崎実乗院
	良鎮	曼殊院
	光什	尊勝院
義稙	持厳↓義堯	醍醐寺三宝院
	？	醍醐寺地蔵院
	宗永	醍醐寺理性院
	澄恵↓源雅	醍醐寺報恩院
	忠厳	随心院
（義稙）	覚円	勧修寺
	光意	安祥寺
	道応↓道増	聖護院
	仁悟	円満院
	興淳	若王子
	顕瑜	上乗院
	桓興	岡崎実乗院
	証厳	檀那院
	光什	尊勝院
	忠承	毘沙門堂
義晴	義堯	醍醐寺三宝院
	宗永	醍醐寺理性院
	源雅	醍醐寺報恩院
	忠厳	随心院
	道増	聖護院
	興淳？	若王子
	光什？	尊勝院
	忠承	毘沙門堂
義輝	義堯	醍醐寺三宝院
	厳助	醍醐寺理性院
	源雅	醍醐寺報恩院
	道増	聖護院
	増鎮？	若王子
	慈承？	尊勝院

分は仏教界でも一つの昇進ルートと認識されていたようで、積極的にこれを望む僧もみられた。

以上で述べたような武家護持僧の役割は、応仁《おうにん》・文明《ぶんめい》の乱《らん》を経ても大きくは変わらずに維持された。中心的な立場を与えられていた三宝院も、戦国期を迎えてなおその役目を果たしている様子が確認できる。足利将軍の傍らにあって祈りを以て仕える武家護持僧は、幕府の末期に至るまでその職務を全うしたのであった。

（佐藤稜介）

【主要参考文献】
大田壮一郎『室町幕府の政治と宗教』（塙書房、二〇一四年）
片山伸「室町幕府の祈禱と醍醐寺三宝院」（『仏教史学研究』三一―二、一九八八年）
永村眞編『中世の門跡と公武権力』（戎光祥出版、二〇一七年）
西弥生編『醍醐寺（中世の寺社と武士1）』（戎光祥出版、二〇一八年）
細川武稔『京都の寺社と室町幕府』（吉川弘文館、二〇一〇年）
森茂暁『満済』（ミネルヴァ書房、二〇〇四年）

女房

朝廷には天皇に仕える女房衆《にょうぼうしゅう》がいたが、将軍家にも天皇などと同様に女房衆が置かれた（「女《じょ》中《ちゅう》」ともいう）。ただし、女房衆は幕府だけではなく、摂関家《せっかん》をはじめとする公家衆、武家では大名や守護などにもそれぞれ編成されていた。

女房衆には上臈《じょうろう》（大上臈《おおじょうろう》、小上臈《こじょうろう》）、中臈《ちゅうろう》、下臈《げろう》といった臈次《ろうじ》という階級があり、これは普通は出自によって決まっていた。さらに女房は通常「官名や幼名＋局」で「○○局《つぼね》」と呼称されるが、局とは部屋を意味する言葉で、殿中で一室（局）を宛がわれたことからこのように呼ばれることとなったのである。女房衆の局名は出仕の途中で変更する場合もあり、たとえば摂津《つ》氏出身の女房衆は「左《さ》京大夫局《きょうのだいぶのつぼね》→左衛門督局《さえもんかみのつぼね》→春日局《かすがのつぼね》」と呼称が変化していった。

女房衆は奥向きに仕える女性であり、初代尊氏《たかうじ》の時代にはすでに存在していた。奥向きに仕える女性という点では幕府成立以前より足利家には存在していたであろう。

女房たちの職務は、政治的には大名などの外部との取次《とりつぎ》、上意《じょうい》の下達、奉書《ほうしょ》の発給、将軍の使者などもある。日常的には陪膳《ばいぜん》や御所にある常御所《つねのごしょ》の掃除、同所の御簾《みす》や格子《こうし》の明け下げ、湯殿《ゆどの》の掃除があった。掃除の場所も臈次によっても異なっていた。御成の際には御供をつとめることもあった

（大上臈二人、小上臈一人、中臈三人）。さらに大上臈は特別に御所内の対の間（対屋《たいのや》）を居所としていた。特に外部との取次を行い側近として活動するものは、多年殿中に奉公する「器用」のものであった。その多くは中臈以上である。

このほかにも将軍個人に奉公する女房衆のほか、御台付きの女房衆も同時に存在しており、幕府の女房衆といっても単純にひとまとめにはできない。御台付きの女房衆は、原則的には将軍のもとには仕えないことになっていた。例えば、足利義政《よしまさ》の時代には、小川《こかわ》御所に義政と御台所日野富子《ひのとみこ》が同居していたものの、義政には春日局や新兵衛督局《しんびょうえのかみのつぼね》などが、御台所の日野富子には民部卿局《みんぶきょうのつぼね》や右京大夫局などがそれぞれついており、奥向きでそれぞれが外部との申次などを行っていた。これは別に両者が不仲であったための対応ではない。

また、将軍の後継者がいる場合、その後継者にも乳母にくわえて独自の女房衆が編成されていた。さらに、将軍や御台に近侍していれば当然であろうが、女房のなかから側室になるものも多い。たとえば足利義視《よしみ》の生母は六代義教《よしのり》の御台正親町三条尹子《おおぎまちさんじょうただこ》の女房小宰相局《こさいしょうのつぼね》であった。

室町時代の幕府女房衆に関する史料に、十代義稙《よしたね》・十一代義澄《よしずみ》期の政所《まんどころ》伊勢《いせ》氏の当主伊勢貞陸《さだみち》による「簾中旧記《れんちゅうきゅうき》」というものがある。これは八代義政・富子の時代の女房衆について記されたもので、女房衆の出自や局名、殿中での役割、幕府よりの扶持《ふち》が判明する。

特に注目されるのは、女房衆の収入に関する部分である。内訳をみると、大上臈は「夏に一一〇〇

臈次ごとの女房衆の呼称の種類　※「大上臈御名之事」をもとに作成

上臈		中臈（上位）		中臈（中位）		中臈（中位？）		中臈（下位）		下臈	
上臈		一条	小路名	民部卿	官名	小侍従	官名	大夫	官名	伊予	国名
ちゃちゃ	幼名	二条	小路名	按察使	官名	小督	官名	小大夫	官名	播磨	国名
あちゃ	幼名	三条	小路名	帥	官名	小兵衛督	官名	新大夫	官名	讃岐	国名
かか	幼名	冷泉	小路名	中納言	官名	新兵衛督	官名	弁	官名	美濃	国名
とと	幼名	春日	小路名	新中納言	官名	※小兵衛督←左右兵衛督局←新兵衛督局		少将	官名	尾張	国名
あこ	幼名	堀河	小路名	別当	官名			侍従	官名	三河	国名
あか	幼名	高倉	小路名	左衛門督	官名					備中	国名
あと	幼名	坊門	小路名	右衛門督	官名					丹後	国名
ここ	幼名	大納言	官名	宰相	官名			左衛門佐	官名	土佐	国名
ちゃち	幼名	権大納言	官名	兵衛督	官名			右衛門佐	官名	伯耆	国名
つま	幼名	京極	小路名	大蔵卿	官名			少納言	官名	美作	国名
あや	幼名	大宮	小路名	治部卿	官名			せう（少輔？）	官名	※国名は下臈	
よよ	幼名	新大納言	官名	左京大夫	官名			大進	官名	上臈と同じく幼名もあり	
ごい				右京大夫	官名			すけ			
佐子				大江	官名			上臈と同じく幼名もあり			
一対				中将	官名						
今参				縫殿	官名						
近衛											

呼称の変化例	
右衛門佐→兵衛督→冷泉	左京大夫→左衛門督→春日局
阿茶子→別当	卜部→宮内卿
少将→大蔵卿	権大納言→近衛
新大夫→右京大夫	新少将→堀河

疋《ひき》、秋に六〇〇疋、冬二一貫文《かんもん》、御行器料《ほかい》（本来は食物を運搬する容器だが、ここでは食事料のこと）は月ごとに三〇〇疋となっていた。単純計算をすると二六貫三〇〇文で、現在の金額で二六三万円くらいである。小上臈は「夏に一〇〇〇疋、秋に五〇〇疋、冬に二〇〇〇疋、御行器料は月ごと一五疋」であった。中臈と下臈は「夏九〇〇疋、秋四〇〇疋、一九貫文、御行器料は月ごとに一〇〇疋ずつ」であった。思いのほか少ないように見えるが、女房衆の収入はこれだけではなかった。女房衆のなかには御料所《ごりょうしょ》の代官職を得たり、実家の所領を分割されることもあった。幕府への進物が配当されることもあった。また、将軍に取り次いだことに対しての礼銭《れいせん》もあるし、そのような行為などを期待して、各位より所領が寄進されることさえあったのである。女房衆にも侍女《じじょ》が付けられたり、独自の被官がいることもあり、経済力は一定度あった。ただ、このような副次的な収入が見込めるのは、外部と将軍とを取り次ぐような側近の女房衆であり、一律ではなかった。一言で女房衆とはいっても、その役割は一様ではなかったのである。

そして、女房衆は基本的には各将軍ごとに奉公する存在であり、代替《だいがわ》りごとに編成されていた。そのため、前代の将軍の女房は、代替りをすると殿中を退出することが多かった。もちろん、その後も殿中で引き続いて奉公するものもあった。女房衆は将軍家の奥向きに仕える存在であるが、奥向きにありながらも彼女らは将軍の側近として将軍権力を支える存在であり、基本的にほかの幕臣と大差はなかったのである。

（木下昌規）

【主要参考文献】

木下昌規「足利義輝期幕府女房衆と永禄の変—春日局と小侍従局を中心に—」（『国史学』二三〇、二〇二〇年）
木下昌規「戦国期の室町幕府女房衆」（『歴史評論』八五〇、二〇二一年）
設楽薫「将軍足利義晴の嗣立と大館常興の登場—常興と清光院（佐子局）の関係をめぐって—」（拙編著『足利義晴』戎光祥出版、二〇一七年所収、初出二〇〇〇年）
鈴木智子「室町将軍家の女房について—義政期を中心に—」（『年報中世史研究』二五、二〇〇〇年）
田端泰子『日本中世の社会と女性』（吉川弘文館、一九九八年）
羽田聡「室町幕府女房の基礎的研究—足利義晴期を中心として—」（拙編著『足利義晴』所収、初出二〇〇四年）

御成

歴代の足利将軍は、武家・公家の邸宅や寺社を訪問して饗応を受ける御成《おなり》を頻繁におこなったことで知られる。本項では主に武家と寺院への御成について述べる。

まず武家への御成について。室町幕府において、将軍は毎年歳首に特定の大名家へ御成することが恒例となっていた。応永年間の初めには管領《かんれい》邸御成が正月二日におこなわれ、足利義満《よしみつ》の死後には五日に畠山《はたけやま》邸、十二日に斯波《しば》邸、二十日に赤松《あかまつ》邸、二十二日に山名《やまな》邸へ御成する慣例が生まれた。言うまでもないが、御成をおこなうことは将軍にとっては御成先の武家との関係の維持・強化につながり、また大名家にとっては自家のステータスを内外に示す意義があった。例えば戦国期に成立した故実書『諸大名衆御成被申入記』には、足利将軍を迎える武家の心構えや饗応の次第、献上品の贈答に関するしきたりが事細かく記されており、幕府儀礼として確立した大名邸御成の様子がうかがえる。また、事例は少ないが幕府奉行人《ぶぎょうにん》宅へ御成がおこなわれることもあった。寛正七年（一四六六）に、当時富裕で知られた奉行人飯尾之種《いのおゆきたね》邸で実施された御成については、当日の様子を詳しく記した『飯尾宅御成記』が伝来している。

続いて寺院への御成について。将軍は東寺《とうじ》や興福寺《こうふくじ》をはじめ多くの寺院へ御成をおこなったが、特

「年中定例記」にみる御成一覧

故実書によって日付・行き先が異なっており、確定させるのは難しい

日付	御成先
正月2日	管領邸
12日	斯波邸
19日	赤松邸
21日	勝定院
23日	細川邸
24日	普広院
25日	青蓮院
26日	安寿寺
29日	伊勢邸、聖護院
2月6日	雲頂院
7日	大智院、日野邸
8日	鹿苑院
9日	龍雲寺、善法寺
12日	永観堂、真如堂、清和院
16日	等持寺
18日	一色邸
20日	等持院
27日	西芳寺
29日	伊勢邸
3月2日	梶井殿
17日	妙法院
27日	畠山邸
晦日	伊勢邸
4月25日	土岐邸
晦日	伊勢邸
5月5日	伊勢邸
晦日	伊勢邸
6月7日	京極邸
15日	等持院
24日	普広院
晦日	伊勢邸
7月7日	伊勢邸
13日	鹿苑院
14日	等持寺、鹿苑院、普広院
15日	鹿苑院、等持院、相国寺
21日	勝定院
24日	普広院
8月晦日	伊勢邸
9月晦日	伊勢邸
10月晦日	伊勢邸
11月晦日	伊勢邸

山名宗全邸跡　京都市上京区

に注目されるのは足利義教《よしのり》・義政《よしまさ》による五山禅院《ござんぜんいん》への御成である。両将軍は祖塔への参詣などを名目に月に数回という相当な頻度で日常的に相国寺《しょうこくじ》や等持寺《とうじじ》へ御成をおこなったが、禅院側はその都度、返礼品として小袖《こそで》や盆《ぼん》・

檀紙《だんし》といった「献物」を贈ることが慣例となっていた。これを銭貨に代替すると一回あたり数十貫程度となるが、年によっては御成の回数は約六十回にも及んだため、御成による将軍家の年間収入は優に一千貫を超えることもあったことになる。当時、幕府は徳政令《とくせいれい》の発布にともなう土倉酒屋役《どそうさかややく》の退転などに起因して慢性的な財政危機に直面しており、このような収益は将軍家にとって無視しえないウエイトを占めた。なかには御成の際に献上された物品を、幕府がそのまま別の寺院に寄進《きしん》するようなケースすらみられ、幕府は御成を実施することで身銭を切ることなく寺院修繕費を調達できたことがわかる。これらの点から、五山禅院への御成は献物を収受することそれ自体を目的としていたとする見方が有力である（なお、寺院側の原資は主として荘園からの収益によったとみられ、五山領を幕府の「疑似直轄料所」とする論者もいる）。

このように、御成は単なる将軍と御成先との関係強化に留まらない経済的な意義を帯びており、ルーティン化した贈与に依存する当該期室町幕府の特質が見て取れる。

（松井直人）

【主要参考文献】

今谷明「室町幕府の財政と荘園政策」（『室町幕府解体過程の研究』岩波書店、一九八五年、初出一九七五年）
桜井英治『贈与の歴史学』（中央公論新社、二〇一一年）
二木謙一「室町幕府歳首の御成と垸飯」（『中世武家儀礼の研究』吉川弘文館、一九八三年、初出一九七二年）
森幸夫「『飯尾宅御成記』にみる奉行人家の様相」（『中世の武家官僚と奉行人』同成社、二〇一六年）

旅

　京都を本拠地として列島を統治した足利将軍だが、各地へ旅に出かけることもあった。特に、幕府安定期の将軍である義満《よしみつ》・義持《よしもち》・義教《よしのり》の三人は、多くの旅に出かけている。三人とも、伊勢神宮《いせじんぐう》・春日大社《かすがたいしゃ》・高野山《こうやさん》に参詣しているのは、足利将軍家の信仰を示している。なかでも義持は年二回のペースで伊勢神宮に参詣しており、京都近隣の北野天満宮《きたのてんまんぐう》・石清水八幡宮《いわしみずはちまんぐう》・清水寺《きよみずでら》などへの参籠《さんろう》とあわせて、神仏への傾倒をうかがわせる。

　寺社をはじめとする名所への旅は、当然、遊覧としての性格も持ち合わせていたと考えられる。一方で、将軍の旅は多く政治的な性格も持ち合わせていた。例えば、嘉暦二年（一三八八）五月に左大臣《さだいじん》を辞した義満は、同年九月には富士《ふじ》見物として東国へ、康応元年（一三八九）三月には厳島《いつくしま》参詣として西国へ下向している。これらは、東国では土岐《とき》氏や鎌倉府《かまくらふ》配下、西国では細川《ほそかわ》氏・大内《おおうち》氏・山名《やまな》氏といった在国の諸勢力との接触を目的とした、極めて政治的な色の濃い旅であった。永享四年（一四三二）九月の義教富士見物も、幕府と緊張関係にあった鎌倉公方《かまくらくぼう》足利持氏《もちうじ》への示威的な意味を持っていた。

　将軍の旅には、大名・近習をはじめとする多くの武家、側近の公家衆らが随行した。応永二十五年

（一四一八）の義持伊勢神宮参詣の際には、「大名・近習已下数千人」が付き従ったという記述がある。また将軍の旅ではないが、文明十一年（一四七九）の義政《よしまさ》正室日野富子《ひのとみこ》の旅にも「人夫《にんぷ》数万人」が動員されたという。また、義満の厳島参詣では、義満の二階建ての屋形船をはじめとする「百余艘」が瀬戸内海を旅したとされる。これらの人数や船数には誇張もあると思われるが、総じて将軍の旅が盛大な規模であったことは疑いない。

旅にあたっては、経由地・宿泊地の守護《しゅご》や奉公衆《ほうこうしゅう》が旅を迎え入れるための準備をおこなった。例えば、義満の厳島参詣では讃岐国《さぬきのくに》にいた細川頼之《よりゆき》が船団を準備し、同国宇多津《うたづ》（香川県宇多津町）で往路・復路ともに義満一行を饗応した。義教の富士見物では尾張《おわり》守護斯波義淳《しばよしあつ》や駿河《するが》守護今川範政《いまがわのりまさ》が事前準備のために下向している。室町期には将軍と同じく、多くの守護・奉公衆も在京《ざいきょう》を主としており、将軍の旅は直臣が地方へ下向する数少ない機会となった。なお、準備を滞りなくおこなうために、諸国の荘園には人夫をはじめとする役が課されている。

将軍・直臣・荘園領主・現地の人々の安定的な関係によって、将軍の旅という一大イベントは実現していた。その安定が崩れていくなかで、旅の回数も減少していくこととなる。

（川口成人）

【主要参考文献】

榎原雅治「室町将軍の旅」（『地図で考える中世』吉川弘文館、二〇二一年、初出二〇一七年）
山田徹「南北朝後期における室町幕府政治史の再検討（下）」（『文化学年報』六八、二〇一九年）

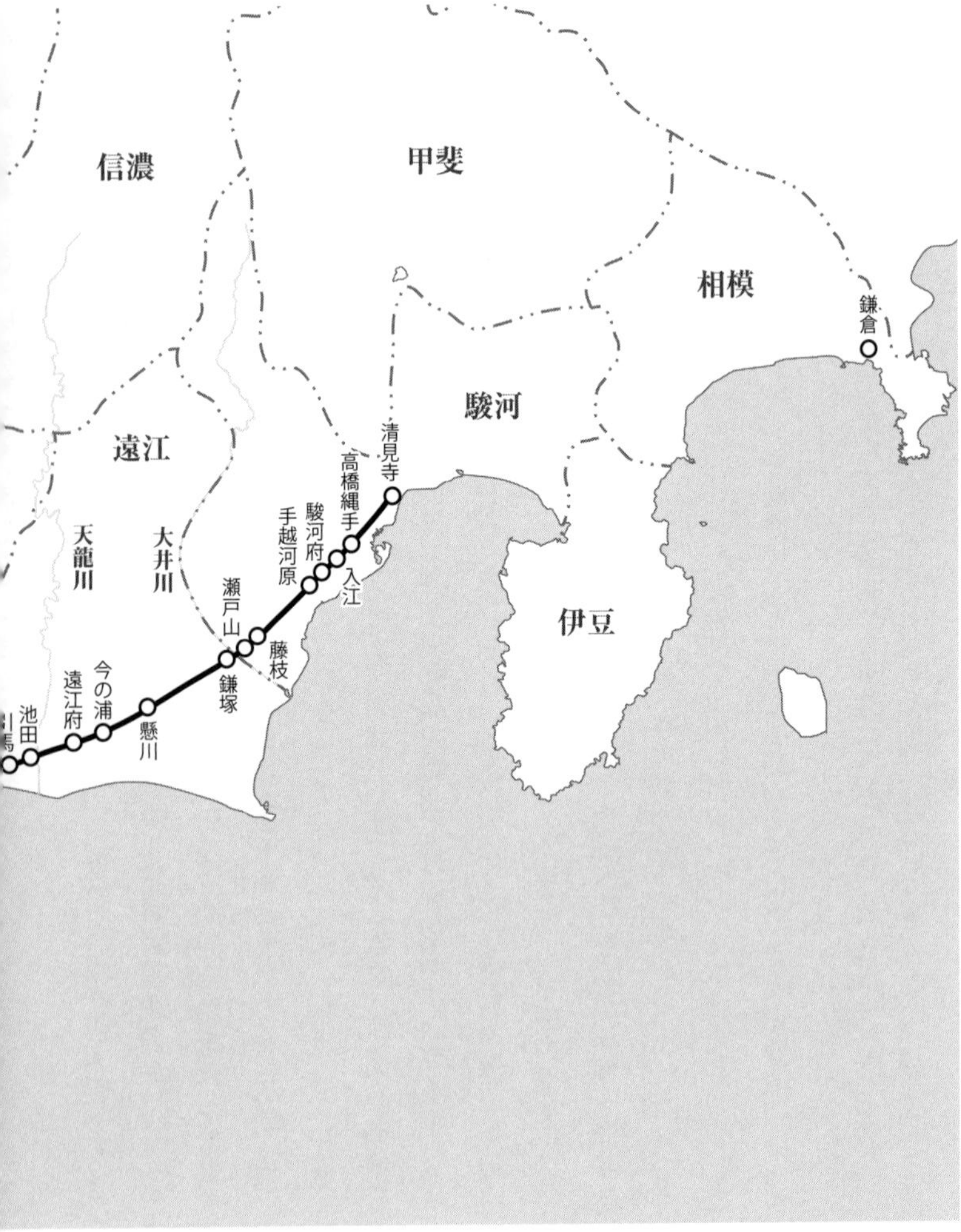
信濃
甲斐
相模
鎌倉
駿河
遠江
清見寺
高橋縄手
駿河府
手越河原
入江
天龍川
大井川
瀬戸山
藤枝
伊豆
鎌塚
今の浦
遠江府
懸川
池田

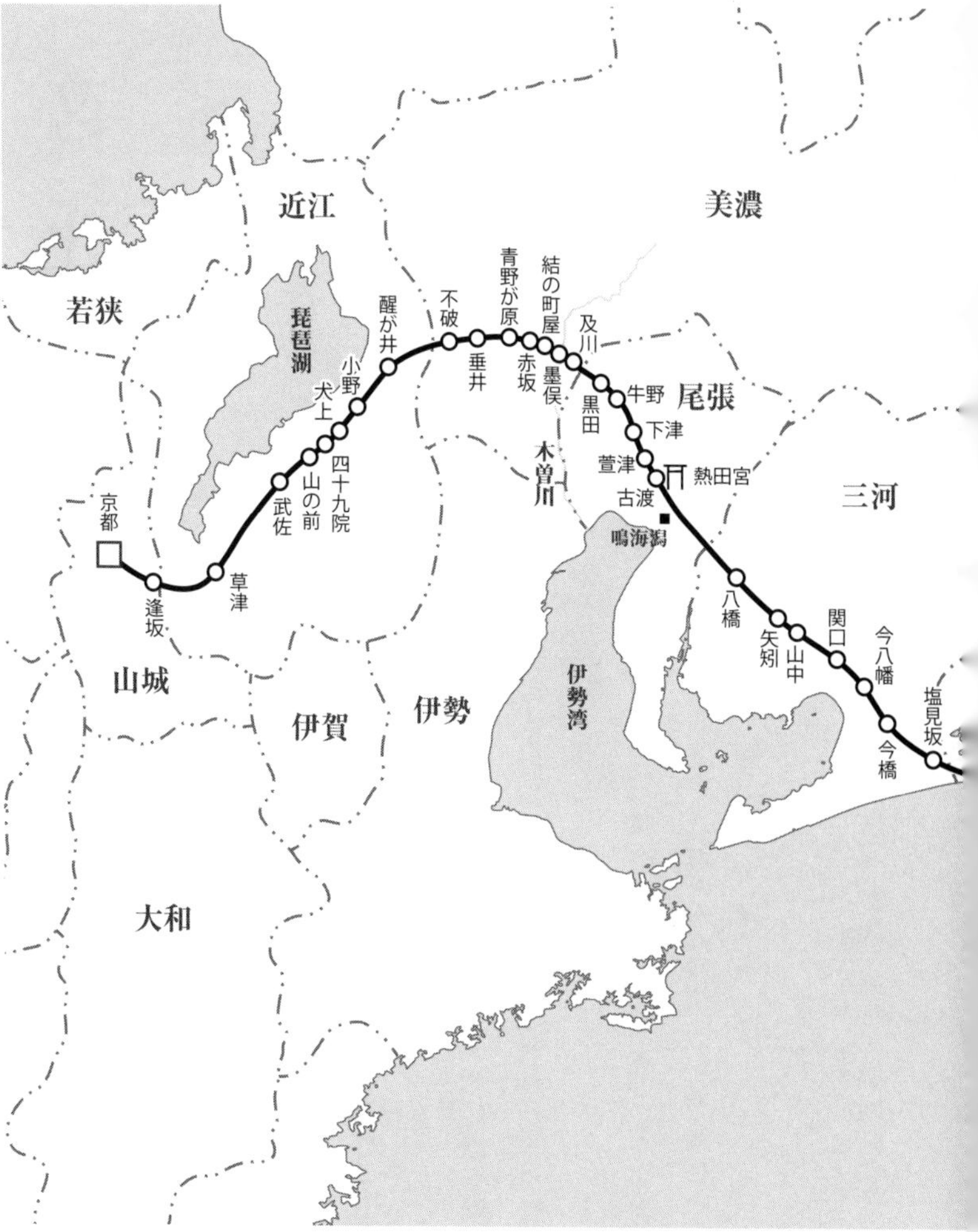

永享４年義教富士見物の行程　稲田利徳「覧富士記」（『新編日本古典文学全集四八』小学館、1994年）掲載図をもとに作成

文化

足利将軍と文化を考えるとき、まず浮かんでくるのは、足利義満《よしみつ》によって建てられた金閣《きんかく》に代表される北山《きたやま》文化と、足利義政《よしまさ》が建立した銀閣《ぎんかく》に象徴される東山《ひがしやま》文化の存在であろう。これら足利将軍を取り巻く〝文化〟はどこからやってきたのか。これを考えるうえで鍵となるのが、大陸からもたらされた禅宗文化の受容と、同朋衆《どうぼうしゅう》らに代表される芸能者の活躍という二つの事象である。

足利将軍家における禅宗文化の受容を考えるとき、尊氏《たかうじ》以来の禅宗信仰を忘れることはできない。尊氏は、自身が深く帰依した夢窓疎石《むそうそせき》の勧めにより天龍寺《てんりゅうじ》を建立し、夢窓門派発展の礎を築いた。これに続く義満《よしみつ》も、禅の師である義堂周信《ぎどうしゅうしん》の言を容れて大伽藍を擁する相国寺《しょうこくじ》を建てた。ここに、いわゆる五山禅林《ござんぜんりん》は絶頂期を迎え、禅宗文化受容の重要な素地となる。そしてこの土壌に適合したのが、大陸より禅の教義とともにもたらされた絵画や墨跡、陶磁器などのさまざまな文物（唐物《からもの》）であった。宗教性を切り離しつつ発展を遂げたこれらの唐物を賞翫する文化が、有力者たちの物質的要求とも重なり合って、将軍の周辺をひとつの核として花開いたのである。

一方の芸能者の活躍に目を向けると、「道々《みちみち》の者《もの》」などと呼ばれた諸芸に秀でた人物がそれぞれの専門分野で将軍に奉仕していたことが知られる。猿楽《さるがく》を大成した観阿弥《かんあみ》・世阿弥《ぜあみ》父子など、歴代将軍の厚い保護を受けつつ芸能を大成させた一団の存在がこの時代の文化を特徴づけている。また、義満期より本格的に姿の見える同朋衆は、将軍家に仕えて芸能事ほかさまざまな雑事を職務とした集団であるが、能阿弥《のうあみ》・芸阿弥《げいあみ》・相阿弥《そうあみ》の三阿弥などは前述の唐物の管理や鑑定、飾り付けなども担っており、将軍による文化活動の最先端にあったと評価できる。

これに加えて、義政の隠棲前後をひとつの画期として、唐物の美を咀嚼したうえで和物の中に精神的な美しさを見出す価値観が成長を遂げる。幽玄《ゆうげん》などとも表現される枯淡《こたん》の美《び》が富裕層の間に立ち現れてくるのである。このような美意識が戦乱の世の中で磨き上げられ、再び桃山時代に花開くことを考えると、文化の持つ連続面を意識せずにはいられない。

最後に、近年研究が進んでいる絵巻を取り巻く様相も確認したい。歴代の足利将軍は相当の熱量を以て絵巻を愛好したが、なかでも義尚《よしひさ》は、尋常でない情熱を注いで絵巻の収集を進めたことが指摘される。また、義晴《よしはる》は流寓の時を過ごした近江国《おうみのくに》桑実寺《くわのみでら》（滋賀県近江八幡市）を舞台とした縁起絵巻の作成を主導したこともよく知られる。本項では触れられなかった文芸や学問に対する関心も含め、将軍を取り巻く文化空間の多様性に注目することが重要である。

（佐藤稜介）

【主要参考文献】
桜井英治『室町人の精神（日本の歴史12）』（講談社、二〇〇一年）
髙岸輝『室町絵巻の魔力』（吉川弘文館、二〇〇八年）
村井康彦編『乱　伸びゆく町衆（京都の歴史と文化3）』（講談社、一九九四年）

御物と公方御倉

足利将軍家は、東山御物《ひがしやまごもつ》と呼ばれる美術工芸品のコレクションを形成していた。その名称は東山殿《ひがしやまどの》と呼ばれた八代将軍義政《よしまさ》に由来するが、三代義満《よしみつ》の「天山」「道有」印、六代義教《よしのり》の「雑華室印」などの鑑蔵印が捺された作品があることから、主に義満以降の将軍家が収集した品々から構成されたことが知られる。

内容は、唐絵《からえ》を中心に茶器《ちゃき》・香炉《こうろ》・盆《ぼん》・漆器《しっき》・墨跡《ぼくせき》など多岐にわたり、多くは義満によって始められた明国《みんこく》との勘合貿易《かんごうぼうえき》によってもたらされたものと考えられる。作品の維持管理・出納には、目利きに優れた法体の専門家集団である同朋衆《どうぼうしゅう》があたった。なお、御物が将軍家の所有物であったことは確かだが、一方で金策を必要とする公家などに貸与され、当座の金銭を調達する「質物」として機能するなど、貴族社会における〝共有財産〟としての側面を併せ持ったことが指摘されている。

しかし、幕府はそれら御物や幕府に納められた銭貨・献物を一元的に管理する倉を持たず、公方御倉《くぼうおくら》と呼ばれる機関にその管理業務を委託していた。公方御倉は山門比叡山《さんもんひえいざん》の衆徒《しゅと》によって経営された民間土倉の一群と、籾井《もみい》姓の一族や同朋衆によって管理される将軍家直属の倉から構成され、前者は土倉酒屋役《どそうさかややく》や段銭《たんせん》など全国から徴収される役銭の管理を担当し、後者は前述した御物の管理や出納を

代表的な東山御物

種別	名称	年代	所蔵
唐絵	伝徽宗筆　秋景山水・冬景山水図（国宝）	南宋時代	京都・金地院
	李迪筆　雪中帰牧図（国宝）	南宋時代	大和文華館
	梁楷筆　出山釈迦・雪景山水図（国宝）	南宋時代	東京国立博物館
	牧谿筆　遠浦帰帆図（重要文化財）	南宋時代	京都国立博物館
	牧谿筆　老子図（重要文化財）	南宋時代	岡山県立美術館
茶器	油滴天目（国宝）	南宋時代	大阪市立陶磁美術館
	唐物肩衝茶入　北野肩衝（重要文化財）	南宋時代	三井記念美術館
盆	屈輪文犀皮長方盆	南宋時代	徳川美術館
香炉	古銅鴨香炉	南宋時代	―
硯箱	春日山蒔絵硯箱（重要文化財）	室町時代	根津美術館

公益財団法人三井文庫三井記念美術館編『東山御物の美』（2014年）より抜粋

メインに担当した。

このような室町幕府特有の財源管理体制は、おおよそ四代義持《よしもち》期の応永二十年頃に定まったと考えられているが、それ以前の実態には不明な点が多い。ただし、例えば山門系公方御倉の上首であった正実坊《しょうじつぼう》は義満期から将軍家へ奉公し始めたとされ、また至徳年間には、日吉小五月会《ひえこさつきえ》にかかる馬上役《ばじょうやく》徴収のための組織として幕府主導で創設された「馬上方一衆《ばじょうかたいっしゅう》」の構成員ともなっている。これらの点から、彼ら山徒《さんと》の土倉と将軍家とが結びつく契機は十四世紀後半にあったとみられる。また、これと同時期には善阿弥陀仏《ぜんあみだぶつ》ら阿《あ》

出山釈迦図軸（梁楷筆）　東京国立博物館蔵　出典：ColBase（https://colbase.nich.go.jp/）

弥号《みごう》を持つ人物が将軍家への進物の管理に当たっており、彼らによって運営された倉の機能が、やがて同朋衆や籾井氏へ引き継がれたと考えられる。
しかし、十五世紀中葉以降には、徳政令《とくせいれい》の発布による土倉・酒屋の退転や政治体制の混乱をきっかけに幕府財政は慢性的な逼迫状況に陥り、将軍家は御物の売却や特定の有力土倉を介した役銭徴収の強化によって財政基盤の再構築を迫られた。

（松井直人）

【主要参考文献】

桑山浩然「納銭方・公方御倉の機能と成立」（『室町幕府の政治と経済』吉川弘文館、二〇〇六年、初出一九六四年）
桜井英治「「御物」の経済」（『交換・権力・文化』みすず書房、二〇一七年、初出二〇〇二年）
下坂守「中世土倉論」（『中世寺院社会の研究』思文閣出版、二〇〇一年、初出一九七八年）
田中淳子「室町幕府の御料所「納銭方」支配」（『史林』八四巻五号、二〇〇一年）
永井俊道「室町幕府の公方御倉「正実坊」について」（『佛教経済研究』四九号、二〇二〇年）

第四部　足利将軍子弟辞典

足利高義《たかよし》

生没年：永仁五年（一二九七）
　　　～文保元年（一三一七）
父：足利貞氏　母：金沢顕時女
官歴：左馬助。寺殿号：延福寺殿（円福寺殿）。

永仁五年（一二九七）生まれとされる。母は上《うえ》杉清子《すぎきよこ》であるとする史料や、上杉経高《つねたか》女であるとする史料もあるが、主に金沢顕時《かねさわあきとき》女であると考えられている。父貞氏《さだうじ》から足利氏の家督を継承したものと考えられ、正和四年（一三一五）十一月十四日に、大夫阿闍梨円重《たいふあじゃりえんじゅう》に鶴岡八幡宮寺両《つるがおかはちまんぐうじりょう》界壇所供僧職《かいだんしょぐそうしき》の安堵状を発給している。文保元年（一三一七）六月二十四日、二十一歳で没した。

足利直義《ただよし》

生没年：徳治元年（一三〇六）、または徳治二年（一三〇七）～正平七年（一三五二）
父：足利貞氏　母：上杉清子
官歴：嘉暦元年（一三二六）、兵部大輔、従五位下。元弘三年（一三三三）六月十二日、左馬頭。同年十月十日、正五位下。同年十一月八日、相模守。建武元年（一三三四）七月九日、従四位下。暦応元年（一三三八）八月十一日、左兵衛督、従四位上。康永三年（一三四四）九月二十三日、従三位。貞和五年（一三四九）九月日、辞督。死後贈従二位、正二位。寺殿号：大院寺殿。

三条殿《さんじょうどの》、錦小路殿《にしきこうじどの》。徳治元年（一三〇六）、または徳治二年（一三〇七）生まれとされる。元弘三年（一三三三）十二月に成良親王《なりよししんのう》を奉じて鎌倉へ入るが、建武二年（一三三五）に中先代《なかせんだい》の乱《らん》が勃発し鎌倉を撤退。救援のため八月に京を発した尊氏《たかうじ》と合流し、鎌倉を奪回した。

尊氏と後醍醐天皇《ごだいごてんのう》との対立が表面化すると、直義は十一月ころから尊氏に代わり軍勢催促状や恩賞充行の下文を発給した。直義自身はその後新田《にった》義貞《よしさだ》に敗れるも、尊氏の出陣により義貞を破り、建武三年（一三三六）正月に足利軍は入京を果たす。まもなく北畠顕家《きたばたけあきいえ》らの軍勢に敗れ、九州へ撤退するが、三月の多々良浜《たたらはま》の戦いで勝利。直義はこの合戦で奮戦し、その後の京を奪回するまでの戦線でも活躍した。

同年十一月の建武式目《けんむしきもく》制定後、尊氏が保持した恩賞充行や所領寄進及び守護職補任以外のすべての権限を直義がつかさどるようになる。暦応元年（一三三八）の尊氏の将軍宣下後からは、直義は三条坊門殿《さんじょうぼうもんどの》で式日の評定をおこない、引付《ひきつけ》の運営を開始。自身は裁許下知状を発給した。

貞和五年（一三四九）には高師直《こうのもろなお》との対立が表面化し、八月には師直のクーデターにより直義の腹心が排除され、直義は政務を退き十二月八日には出家した。しかし、足利直冬《ただふゆ》の追討のため観応元年（一三五〇）十月に尊氏が出陣する隙をつき、直義は師直討伐のため京を出奔、観応《かんのう》の擾《じょう》乱《らん》が勃発する。十一月に直義は南朝へ降伏して翌二年正月八幡に入り、二月に摂津国打出浜《うちではま》の戦いで尊氏軍に勝利する。同月二十日に尊氏方と講和し、二十八日に入京した。

しかし、義詮《よしあきら》の反発もあって七月に政務の引退を表明し、再び京を落ちて北陸へ向かう。九月の近江国での合戦で敗れ、十一月には鎌倉へ向かうも十二月に尊氏軍に敗れ、翌年正月には尊氏に降伏した。同年二月二十六日、鎌倉浄妙寺《じょうみょうじ》にて四十六歳で死去。死因については、『太平記《たいへいき》』の記述により、毒殺説も古くから考えられている。延文三年（一三五八）二月十二日、従二位《じゅにい》を、その後正二位《しょうにい》を追贈された。

源淋《げんりん》

生没年：不明

父：足利貞氏　母：不明

生没年は不明。また母についても不明である。「清和源氏系図」には「田戸御房」とあり、足利貞氏《さだうじ》の長男として記されている。一方で「足利系図」には「田摩御房」とあり、足利高義《たかよし》の息子として記されている。「足利系図」にある説をとって、「高義には田摩御房源淋という息子がいた」とする見解もあるが、詳しいことは明らかでない。

竹若丸《たけわかまる》

生没年：不明～元弘三年（一三三三）

父：足利尊氏　母：加子基氏女

院殿号：雲光院殿。

出生年は不明。伊豆走湯山《そうとうさん》の伊豆山神社に住していたが、元弘三年（一三三三）、父尊氏《たかうじ》が京で鎌倉幕府へ反旗を翻し六波羅探題《ろくはらたんだい》を攻撃したことを受けて、母の兄で走湯山密厳院別当《みつごんいんべっとう》の覚遍《かくへん》とともに山伏《やまぶし》に身をやつし上洛を試みる。しかし、駿河国浮嶋が原（静岡県沼津市）にて幕府方の使者長崎勘解由左衛門尉《ながさきかげゆさえもんのじょう》の手にかかり、命を落とした。

足利直冬《ただふゆ》

生没年：嘉暦二年（一三二七）

～応永七年（一四〇〇）

父：足利尊氏　母：越前局

官歴：貞和四年（一三四八）四月十六日、左兵衛佐、従四位下。

嘉暦二年（一三二七）生まれとされる。当初は鎌倉東勝寺《とうしょうじ》の喝食となるも、貞和年間のはじめに還俗し上洛。父尊氏《たかうじ》に父子としての面会を求めるも認められず、直義《ただよし》の養子となる。

貞和四年（一三四八）に直義の命を受け、初陣として紀伊国に発向し、戦果を挙げる。翌年に長《なが》門探題《とたんだい》に着任するも九月に高師直《こうのもろなお》方の急襲を受け九州に没落。肥後国河尻津《かわじりのつ》（熊本市南区）に着す。九州の国人に軍勢催促状を発給し、馳せ参じたものへは所領安堵等をおこなって勢力基盤を固める。尊氏からは出家を命じられるが、観応改元後も貞和年号の使用を継続して、九州における第三の勢力として幕府への対抗姿勢を明らかにした。直冬は少弐頼尚《しょうによりひさ》の与同も得て勢力を強め、尊氏方の九州探題一色道猷《いっしきどうゆう》は本拠の博多を放棄するに至った。

尊氏は直冬の討伐を計画するが、直義方の蜂起を受けてこれを断念。観応《かんのう》の擾乱《じょうらん》が勃発し、直義方が勝利すると直冬は鎮西探題《ちんぜいたんだい》となり、年号も観応年号を使用するようになるが、次いで直義と義詮《よしあきら》との対立が表面化。直義の北陸没落を受け尊氏は直冬誅伐へ乗り出す。正平一統《しょうへいいっとう》、直義の死を経て直冬方の状況は悪化してゆき、文和元年（一三五二）には長門へ逃れる。その後、文和二年（一三五三）には南朝方に帰順し、山名時氏《やまなときうじ》や大内弘世《おおうちひろよ》らの合力《ごうりき》を得て、文和三年（一三五四）五月より上洛を開始。翌年正月に入京を果たす。しかし尊氏軍の反撃にあい、三月になると敗走した。

　さらに貞治二年（一三五七）になると、大内弘世、山名時氏が相次いで幕府へ帰順したため、直冬の勢いはさらに衰えてゆく。正平二十一年（一三六七）十二月八日付の吉川致世宛充行状を最後に発給文書は見られなくなり、応永七年（一四〇〇）三月十一日に没した。

足利基氏《もとうじ》

生没年：暦応三年（一三四〇）～貞治六年（一三六七）

父：足利尊氏　母：赤橋登子

官歴：観応三年（一三五二）、八月二十九日、左馬頭、従五位下。延文四年（一三五八）、正月二十六日、左兵衛督。貞治三年（一三六四）四月十四日、従三位。

入間川殿《いるまがわどの》。暦応三年（一三四〇）三月五日に生まれる。貞和五年（一三四九）に義詮《よしあきら》と入れ替わるように鎌倉へ向け出京した。

観応《かんのう》の擾乱《じょうらん》が勃発すると、観応元年（一三五〇）十二月に尊氏《たかうじ》派である関東執事《かんとうしつじ》の高師冬《こうのもろふゆ》に連れられ鎌倉を出るが、直義《ただよし》派の近習に身柄を抑えられて、鎌倉に還御する。翌年正月に判始《はんはじめ》をおこなう。観応三年（一三五二）二月に元服。閏二月には南朝方が挙兵すると、尊氏軍に合流し南朝方を没落させた。

文和二年（一三五三）七月に尊氏は鎌倉を離れ、

基氏は関東執事畠山国清《はたけやまくにきよ》らとともに武蔵国入間川（埼玉県狭山市）に移る。その居宅にちなみ「入間川殿」と呼ばれるようになった。このころから所領の充行や所務《しょむ》の遵行《じゅんぎょう》、棟別銭《むなべつせん》徴収等の諸権限を行使するようになる。

康安元年（一三六一）十一月に畠山国清が離反すると、国清の討伐に乗り出し、貞治元年（一三六二）には基氏自ら国清討伐のため伊豆へ発向。国清らは降伏ののち逐電《ちくでん》した。基氏は鎌倉へ移り、翌年に上杉憲顕《うえすぎのりあき》を関東管領に任ずる。これに不満を抱いた宇都宮氏綱《うつのみやうじつな》の討伐へ動き、同年八月には鎌倉を進発。宇都宮勢に勝利する。九月に降伏した氏綱を赦免し、鎌倉へ帰還した。貞治三年（一三六四）には世良田義政《せらだよしまさ》らを討伐し、翌年には信濃国凶徒《きょうと》退治のため出兵する。

貞治六年（一三六七）になると三月ごろから体調を崩し、四月二十六日、二十八歳で死去。

鶴王《たずおう》

生没年：不明〜文和二年（一三五三）
父：足利尊氏　母：赤橋登子
官歴：文和二年（一三五三）十一月六日、従一位。

生年は不明。尊氏《たかうじ》と赤橋登子の娘。文和二年（一三五三）十月ごろから体調がすぐれず、医者の治療のみならず陰陽道の呪術もおこなわれたが回復せず、三宝院賢俊《さんぼういんけんしゅん》や実相院増仁《じっそういんぞうじん》らが平癒のための祈禱をおこなうがこれも効果はなかった。ついに十一月六日から、十楽院熾盛光堂《じゅうらくいんしじょうこうどう》にて前天台座主《てんだいざす》尊円法親王《そんえんほっしんのう》により平癒祈禱の冥道供《みょうどうく》が修せられたが、結局同月九日に没する。無位であったが、死の直前の十一月六日には従一位が贈られた。

千寿王《せんじゅおう》

生没年：観応二年（一三五一）～文和四年（一三五五）
父：足利義詮　母：渋川幸子

観応二年（一三五一）七月二十七日生まれ。しかし、文和四年（一三五五）に体調を崩したようで、七月十八日には、足利尊氏《たかうじ》が東寺《とうじ》・清水寺《きよみずでら》・西大《さいだい》寺《じ》等へ千寿王の病気平癒のための祈禱を命じている。また三宝院賢俊《さんぼういんけんしゅん》は、中御門《なかみかど》第にて仏眼法《ぶつげんほう》を修している。だが、これらの甲斐なく二十二日に六歳で夭折した。

柏庭清祖《はくていせいそ》

生没年：不明～応永五年（一三九八）
父：足利義詮　母：不明

出生年は不明。等持寺《とうじじ》にて尊氏《たかうじ》・義詮《よしあきら》臨席のもと春屋妙葩《しゅんおくみょうは》を戒師として剃髪した。のちに青《せい》山《ざん》慈永《じえい》の法を嗣ぎ、渋川幸子の塔所香厳院《きょうごんいん》に住した。慈永の塔所建仁寺大統庵《けんにんじだいとうあん》にも住したが、やがてその中に嘉陰軒《かいんけん》を創建して隠棲した。応永五年（一三九八）六月二十八日、建仁寺嘉陰軒にて示寂。のちに仏運禅師《ぶつうんぜんじ》と諡された。

足利満詮《あしかがみつあきら》

生没年：貞治三年（一三六四）～応永二十五年（一四一八）
父：足利義詮　母：紀良子
官歴：永和二年（一三七六）正月八日、従五位下。

康暦二年（一三八〇）二月十八日、左馬頭。嘉慶二年（一三八八）十二月七日、左兵衛督。従四位下。応永九年（一四〇二）八月二十一日、参議、従三位。応永十年（一四〇三）六月十四日、権中納言。同年十二月三日、権大納言、従二位。死後贈従一位左大臣。院殿号：養徳院殿。

小川殿《こかわどの》。貞治三年（一三六四）五月二十九日、四条坊門朱雀《しじょうぼうもんすざく》の中条兵庫《なかじょうひょうご》入道《にゅうどう》の宿所で生まれる。幼名は乙若《おとわか》。永和元年（一三七五）十一月十九日に元服。

永和二年正月時点では、満詮が九州へ下向する計画があったようである。母の良子とともに武《む》者小路《しゃのこうじ》小川《こかわ》第に居住し、その居宅にちなんで「小川殿」と呼ばれた。永和四年（一三七八）十二月の義満《よしみつ》の東寺《とうじ》出陣の際には満詮も数百の兵を率いて参陣している。応永十年（一四〇三）十二月三日には従二位《じゅにい》権大納言《ごんのだいなごん》となり、七日に出家したが、叙位は出家後に沙汰されたものであった。出家の際は足利義満が剃髪の役を務めた。

応永二十五年（一四一八）になると体調を崩しがちになり、正月二十四日や二月二十一日には平癒祈願の護摩が修された。しかし五月十四日、五十五歳で没する。子息はみな僧籍に入っており、彼らとはよく対面したり、彼らに対して所領を給付したりと交流が多々みられる。目立った政治的活動はなかったが、死去の際は「諸人惜之如父」との声が上がった。

廷用宗器《ていようそうき》

生没年：不明～不明
父：足利義詮　母：不明

生没年は不明。一山派《いちざんは》の禅僧。応永の乱の勃発後、妙心寺《みょうしんじ》住持の拙堂宗朴《せつどうそうぼく》が大内義弘《おおうちよしひろ》に加担したために壊滅した妙心寺領の一部を与えられている。応永十五年（一四〇八）、義満が死去すると、その位牌の奉持者を務めた。応永二十二年（一四一五）三月四日、南禅寺《なんぜんじ》住持となる。入院の式には足利義持《よしもち》も諸大名を引き連れて臨んだ。天龍寺《てんりゅうじ》住持にもなっている。

恵照《えしょう》

生没年：不明～応永二十九年（一四二二）
父：足利義詮　母：不明

出生年は不明。義満《よしみつ》の妹に当たる。光厳《こうごん》天皇の皇女恵厳《えごん》を開祖とするといわれる宝鏡寺《ほうきょうじ》に入室していたことにより、「宝鏡寺殿」と呼ばれた。足利氏の女子の中で尼寺に入室していたことが確認できる最初の人物であり、景愛寺《けいあいじ》最初の住持にもなっている。応永二十九年（一四二二）の春ごろより体調を崩し、四月二十七日に示寂。

足利義嗣《よしつぐ》

生没年：応永元年（一三九四）～応永二十五年（一四一八）
父：足利義満　母：春日局
官歴：応永十五年三月四日、従五位下。同二十四日、左馬頭、正五位下。同二十八日、従四位下。同二十九日。左近衛中将。同四月二十五日、参議、従三位。応永十六年閏三月二十三日、加賀権守。同年七月二十三日、権中納言。応永十七年正月五日、正三位。応永十八年五月二十二日、従二位。

同年十一月二十五日、権大納言。応永十九年九月十四日、院司。応永二十一年正月五日、正二位。
院殿号：円修院殿。

新御所《しんごしょ》、押小路大納言《おしのこうじだいなごん》とも称される。父義満《よしみつ》に寵愛され、北山殿《きたやまどの》にてともに居住した。応永十五年（一四〇八）二月、父とともに初めて参内《さんだい》したが、このときまだ元服前であった。このとき義嗣と名付けられる。同年中に叙爵《じょしゃく》、任官し、四月二十五日に、禁裏《きんり》にて親王《しんのう》に準じる形式で元服した。これは義嗣に今後朝廷関係を掌握させるための布石であったとみられている。同年五月に義満が没すると、六月に生母の実家（摂津氏）に移った。

その後、兄である義持《よしもち》とともに行動することが多くなり、このころより「新御所」と呼称された。応永十六年十二月には三条坊門殿《さんじょうぼうもんどの》に移った。官位も兄に次いで順調に昇進をし、応永十八年には権大納言《ごんのだいなごん》に昇っている。さらに、同十九年九月には兄義持とともに後小松上皇《ごこまつじょうこう》の院司《いんし》となっている。

表面上、兄弟関係は良好であったが、応永二十三年十月、突如京都より高雄《たかお》に出奔した。義嗣は髻《もとどり》を切って出家した。所領が困窮したことを義持に訴えたが、それを無視されたことの不満が理由とされた。また、関東での上杉禅秀《うえすぎぜんしゅう》の乱《らん》との関係も疑われるなか、義持らの説得にも応じず、結局、義嗣は謀叛を企てたとして侍所《さむらいどころ》によって捕らえられた。斯波義教《しばよしのり》ら複数の大名も義嗣に応じていたとして、幕府内は騒然となり、関係したとされた大名らには守護職解任などの処分が下された。

義嗣は林光院《りんこういん》にて幽閉生活を送るが、応永二十五年正月二十五日、林光院が炎上したことをきっかけに、義嗣が逃亡を企てたとして富樫満成《とがしみつなり》によって討ち取られた。義嗣殺害は義持による命であったという。このとき、六歳と二歳の男子（清欽《せいきん》・梵修《ぼんしゅう》か）は伊勢貞経《いせさだつね》邸に移され、次いで寺に入れられた。

尊満《そんまん》

康暦三年（永徳元年、一三八一）～不明（嘉吉元年以降）

父：足利義満　母：加賀局

大僧都《だいそうず》。僧正《そうじょう》。法性寺座主《ほっしょうじざす》。香厳院《きょうごんいん》院主。康暦三年（一三八一）正月十一日誕生。義満《よしみつ》の長子で義持《よしもち》の異母兄。生母の加賀局《かがのつぼね》（下臈《げろう》）は実相院《じっそういん》の坊官《ぼうかん》の娘。明徳三年（一三九二）八月二十六日に青蓮院《しょうれんいん》の尊道入道親王《そんどうにゅうどうしんのう》の附弟となり、翌年十月二十八日に出家して「尊満」を名乗る。応永二年（一三九五）四月十五日に受戒《じゅかい》。同十年に青蓮院より離れ、香厳院院主。義持の死に際した後継者候補より外れるが、これは実父が実は義満ではないと血統に疑問にもたれていたためらしい。のち「仏興禅師《ぶっこうぜんじ》」と贈られる。

法尊《ほうそん》

応永三年（一三九六）～応永二十五年（一四一八）

父：足利義満　母：不明

梵光院《ぼんこういん》。准三后《じゅさんごう》（御室准后《おむろじゅごう》）。応永三年（一三九六）十二月晦日生まれ。応永四年生まれとして年齢は数えられているという。幼少のときは祖母紀良子《きのよしこ》のもとで養育され、のちその所領を譲られる。応永十六年十一月七日、仁和寺《にんなじ》永助《えいじょ》法親王《ほっしんのう》のもとに入室して得度し「法高《ほうこう》」、のち「法尊」。このとき大僧正《だいそうじょう》か。同十九年四月に准三后。同二十年四月二十二日には尊道《そんどう》より伝法灌頂《でんぽうかんじょう》を受ける。同二十五年二月十五日入滅。法金剛院《ほうこんごういん》に葬られる。

永隆《えいりゅう》

生没年：応永十年（一四〇三）～嘉吉二年（一四四二）
父：足利義満　母：池尻殿

等持寺《とうじじ》ら住持、相国寺聯輝軒開基《しょうこくじれんきけんかいき》。道号は虎山《こざん》。応永十年（一四〇三）十一月十八日生まれ。幼少期には日野重光《ひのしげみつ》が養父となっている。時期は不明だが、幼少期に父義満《よしみつ》が帰依していた相国寺住持・鹿苑院主《ろくおんいんしゅ》を歴任した空谷明応《くうこくみょうおう》（常光国師《じょうこうこくし》）の附弟となる。はじめ伏見の退蔵庵《たいぞうあん》に居住す。のち相国寺に聯輝軒を開基。兄義持《よしもち》の死に際して、義教《よしのり》や義承《ぎしょう》らとともに次期将軍候補者となった。永享十年に景徳寺《けいとくじ》住持。嘉吉元年八月に等持寺住持、嘉吉二年（一四四二）正月十九日には鹿苑院院主。二月十八日に四十歳にて入滅した。

義昭《ぎしょう》

生没年：応永十一年（一四〇四）～嘉吉元年（一四四一）
父：足利義満　母：不明

大覚寺門跡《だいかくじもんぜき》。大僧正《だいそうじょう》。出生の様子については不明。応永二十一年（一四一四）、十一歳のときに得度しているが、このときには「大覚寺門主《もんす》」

とみえるので、これより以前には入室していたようである。同年に准三后《じゅさんごう》。時期は不明だが権僧正《ごんのそうじょう》となり、同二十六年に灌頂《かんじょう》をうけ、同二十九年、同三十二年と東寺長者《とうじちょうじゃ》に二度就任している。

義持《よしもち》の死後には、兄義教《よしのり》らとともに次期将軍候補となった。しかし、籤《くじ》の結果により将軍となったのは義教であった。その後、特に義昭の動向は知られないが、永享九年（一四三七）に突如出奔して大和に下向した。これは南朝と連携したものと見なされた。そこで、義教から討伐対象とされ、義昭は四国を経て九州の日向まで逃れたが、嘉吉元年三月に自害して果てた。

義承《ぎしょう》

生没年：応永十三年（一四〇六）～応仁元年（一四六七）

父：足利義満　母：藤原誠子

梶井門跡《かじいもんぜき》。大僧正《だいそうじょう》。応永十九年（一四一二）、七歳にて梶井門跡明承親王《めいしょうしんのう》のもとに入室得度した。同三十五年、兄義持《よしもち》の死後、義教《よしのり》らとともに将軍候補となる。同年には兄義教もつとめた天台座主《てんだいざす》となった。嘉吉元年（一四四一）、嘉吉の乱により義教が死去すると、一時、次期将軍義勝《よしかつ》の後見役に目された。同年に准三后《じゅさんごう》の宣下をうける（応永二十五年に准三后となったともされるがこちらが正しい）。応仁元年（一四六七）十月、戦乱を避けて移った大原《おおはら》にて寂す。

義永《ぎえい》

生没年：永享六年（一四三四）～不明

父：足利義教　母：宮内卿局

小松谷殿《こまつだにどの》。永享六年（一四三四）七月二十五日生まれ。左馬頭《さまのかみ》に任官していたことから、父義教《よしのり》によって足利持氏《あしかがもちうじ》没後の鎌倉公方《かまくらくぼう》候補者とされたらしい。しかし、計画が頓挫したため出家し、小松谷本願寺《ほんがんじ》の長老となる。ところが、長禄二年（一四五八）四月十九日、悪事を企てたうえ、泉涌寺雲龍院《せんにゅうじうんりゅういん》の長老を競望したところ、妻帯し子供もあったことを訴えられる。これに義政《よしまさ》が激怒したため捕らえられ、隠岐に配流された。その後の動向は不明。

足利政知《まさとも》

生没年：永享七年（一四三五）～延徳三年（一四九一）

父：足利義教　母：斎藤朝日妹

官歴：長禄元年十二月十九日（一四五七）、左馬頭、従五位下。文明二年十一月二十六日、従四位下。文明三年六月以前に左兵衛督。文明七年九月九日、従三位。院殿号は勝幡院殿。

堀越公方《ほりごえくぼう》。永享七年（一四三五）七月十二日生まれ。天龍寺香厳院《てんりゅうじきょうごんいん》に入室し、法諱は清久《せいきゅう》。長禄元年十二月、弟の将軍義政《よしまさ》によって、享徳の乱を引き起こした鎌倉公方《かまくらくぼう》足利成氏《しげうじ》に代わる新たな鎌倉公方となるために還俗した。還俗後「政知」と名乗り、左馬頭《さまのかみ》に任官した。

政知には養父である外戚の朝日教貞《あさひのりさだ》をはじめ、執事《しつじ》として上杉教朝《かみすぎのりとも》、後見の渋川義鏡《しぶかわよしかね》がつけられた。しかし、早速京都を出発し近江に入ったものの、同地に留まった。政知らが関東に下ったのは翌年五月ころであった。八月には伊豆に入り、国《こく》清寺《せいじ》（静岡県伊豆市）を御座所とした。さらに同国の堀越（同伊豆の国市）に御所を構えたことから、政知は一般的に「堀越公方」と呼ばれることとなる。なお、当時は「鎌倉殿《かまくらどの》」・「関東主君」・「豆州《ずしゅう》主君」などとも呼称された。

政知は義政より関東での御料所《ごりょうしょ》などの管理権を得て、もともと独自の軍事力のない政知幕府方の武将を配下として勢力とした。そして、義政の指示を得ながら関東での政略を進めたが、味方であるはずの両上杉氏（山内《やまのうち》・扇谷《おうぎがやつ》）とは必ずしも良好な関係ではなかっただけでなく、公方家内部での確執によって側近渋川義鏡が失脚しているように、その権力は堅固ではなかった。その影響もあってか政知自身は伊豆に留まり続けた。

長尾景春《ながおかげはる》の反乱など関東での勢力図が激動するなか、文明十二年に成氏が幕府に対して赦免を求める運動を開始する。成氏の赦免は受け入れられたため、幕府と成氏の対立関係は終焉し（都鄙御合体《とひごがったい》）、享徳の乱は終結した。これにより、政知の鎌倉公方としての役割も終焉した。

結局、政知は一度も鎌倉はおろか関東に入ることはなかったが、京都に戻ることもなく、公方家は伊豆一国の領主として存続することとなった。政知はこの間、息子を上洛させ、香厳院に入室させた。これが後の第十一代将軍足利義澄《よしずみ》である。

政知は延徳三年（一四九一）四月三日、伊豆にて死去した。享年五十七歳。その死後、堀越公方家は家督をめぐる内紛をきっかけに、滅亡へと進んでいった。

足利義視《よしみ》

生没年：永享十一年（一四三九）

〜延徳三年（一四九一）

父：足利義教　母：小宰相局

官歴：寛正五年（一四六四）十二月二日、左馬頭、従五位下。同六年正月五日、従四位下。同年十一月二十五日、参議兼左近衛中将。同年十二月十七日、権大納言、従三位。同七年正月六日従二位。文正二年（一四六七）正月五日、正二位。応仁二年十二月五日、解官。延徳二年（一四九〇）七月五日、准三后。死後贈太政大臣。院殿号：大智院殿。

今出川殿《いまでがわどの》。永享十一年（一四三九）閏《うるう》正月十八日生まれ。幼少で出家し浄土寺門跡《じょうどじもんぜき》となる。僧として「義尋《ぎじん》」と名乗る。寛正五年（一四六四）十一月、当時後継者のいなかった兄足利義政《よしまさ》により後継者指名をされて還俗。次いで「義視」と名乗り、従五位下《じゅごいのげ》左馬頭《さまのかみ》に叙任された。義視は養父正親町三条《おおぎまちさんじょう》家の邸宅にちなみ、「今出川殿」と呼ばれた。翌年に御判始《ごはんはじめ》、御弓始《おゆみはじめ》、御乗馬始《ごじょうばはじめ》をおこない、次いで日野富子《ひのとみこ》の妹良子《よしこ》を正室とした。同年十一月二十日に元服するが、その直後に義政・富子夫妻の間に男子（義尚《よしひさ》）が誕生している。その翌年には嫡男である義稙《よしたね》が誕生した。

文正元年（一四六六）、義視の失脚をはかる義政側近伊勢貞親《いせさだちか》の陰謀により、その立場が危うくなったが、細川勝元《ほそかわかつもと》邸に逃れて無実を訴え、それに賛同した大名らによって、反対に貞親とその一党が失脚した（文正の政変）。

翌年、応仁・文明の乱の勃発したが、当初は義政との関係も悪くなく、ともに東軍にあった。ところが、義政が貞親を呼び戻しことで関係が悪化し、その後西軍に奔った。義視は、西軍の大名によって「将軍」に立てられ、積極的に「将軍」として活動した。

文明九年（一四七七）に乱が終結したことで、義視は義政に赦罪し、西軍の大名であった土岐《とき》成《しげ》頼《より》の領国美濃へ下向した。義視家族は美濃の承《しょう》隆寺《りゅうじ》（岐阜市）で数年を過ごしたという。

将軍義尚が長享《ちょうきょう》三年（一四八九）に近江で陣没したことで、息子義稙が将軍家の後継者候補となった。同年、義視父子は義稙の将軍就任を意識して上洛する。良子の姉である富子の支持もあり、義稙が将軍後継者と内定した。義政死後には富子の居所小川殿《こかわどの》をめぐって義視は富子と対立したものの、延徳二年（一四九〇）に義稙は将軍に就任した。義視は「大御所」と呼ばれて義稙を後見したが、翌年正月八日、兄義政と同日に没した。

義観《ぎかん》

生没年：永享十一年（一四三九）～寛正五年（一四六四）

父：足利義教　母：遠州某娘

聖護院門跡《しょうごいんもんぜき》。永享十一年（一四三九）閏正月十七日生まれ。御産所は赤松満政《あかまつみつまさ》邸。誕生後、烏丸資任《からすますけとう》が養父としてあったが、嘉吉三年三月（一四四三）、五歳で聖護院満意《まんい》のもとに入室する。その後、僧正《そうじょう》に任じられる。しかし、寛正三年（一四六二）十二月に異母兄である将軍義政《よしまさ》の命により隠居させられる。その二年後の寛正五年四月十七日、二十六歳で寂した。

同山《どうさん》

生没年：寛正六年（一四六五）～文明十五年（一四八三）

父：足利義政　母：阿茶局

香厳院《きょうごんいん》院主。喝食《かつじき》。道号は等賢《とうけん》。寛正六年（一四六五）七月二十日、御産所である小串政行《おぐしまさゆき》邸にて誕生。義尚《よしひさ》の異母兄であるが、同年に義尚が誕生したこともあり、時期は不明だが、足利義《よし》詮《あきら》室渋川幸子《しぶかわこうし》の香火所であった天龍寺《てんりゅうじ》香厳院に入院する。しかし、文明十五年（一四八三）三月二十四日に十九歳で寂した。

義覚《ぎかく》

生没年：応仁二年（一四六八）
～文明十五年（一四八三）

父：足利義政　母：日野富子

三宝院門跡《さんぼういんもんぜき》。応仁二年（一四六八）三月二十一日、細川持賢《ほそかわもちかた》邸を御産所として誕生。文明元年（一四六九）六月、わずか二歳で醍醐寺《だいごじ》の座主となる。童形《どうぎょう》にて寺務《じむ》をおこなう。文明十四年二月に得度《とくど》。このとき「義覚」と名乗り、権大僧都《ごんのだいそうず》に任じられる。しかし、翌年九月十六日に十六歳にて寂する。異母兄等賢同山《とうけんどうさん》も同年に没している。死後、権僧正《ごんのそうじょう》を贈られる。院号は後法身院《のちのほうしんいん》。

周舜《しゅうしゅん》

生没年：享徳四年（一四五五）
～享禄五年（一五三二）

父：足利義政　母：佐子局

道号は堯山《ぎょうざん》。諱が周舜。舜長老《しゅんちょうろう》とも。生母の佐子局《さこのつぼね》と義政乳母今参局《いままいりのつぼね》は同族の大館《おおだち》氏。周舜の産所として六角久頼《ろっかくひさより》邸が決定していたが、にわかに産気付いたため生母の実家大館邸にて享徳四年（一四五五）正月九日に誕生する。時期は不明だが、総持院《そうじいん》に入室。享禄五年（一五三二）二月十八日に入滅する。七十八歳。義政の子ではもっとも長命であった。

聖俊《せいしゅん》

生没年：寛正三年（一四六二）～永正二年（一五〇五）
父：足利義政　母：日野富子

大慈院《だいじいん》（南御所《みなみのごしょ》）住持。道号は光山《こうざん》。諱は聖俊。一色義直《いっしきよしなお》邸にて寛正三年（一四六二）七月十四日に誕生する。富子にとっては初めての女子であり、「嫡女《ちゃくじょ》」とされた。時期は不明だが、比丘尼御所《びくにごしょ》である大慈院（南御所）に入院する。次いで住持。永正二年（一五〇五）八月二十六日に寂す。

周嘉《しゅうか》

生没年：文明七年（一四七四）～不明
父：足利義視　母：不明

維山周嘉《いざんしゅうか》。足利義視《よしみ》の子として生まれる。義稙《よしたね》の異母弟と伝えられているが、母親の出自は不明である（『後法興院記』）。延徳二年（一四九〇）正月に死去した第八代将軍足利義政《よしまさ》が、自分が死去した後は東山山荘《ひがしやまさんそう》を寺とし、義視の子息を入寺させると遺言していたことから、同年七月に慈照院《じしょういん》に入院した（『蔭凉軒日録』）。明応二年（一四九三）四月二十日、十九歳のときに相国寺《しょうこくじ》において得度した。

明応二年四月二十三日に起きた、細川政元《ほそかわまさもと》が将軍足利義稙を廃して足利義澄《よしずみ》を擁立したいわゆる明応の政変後も生存が確認できる。しかし、以後の活動を示す一次史料がみられなくなることから、その動向は不明な点が多い。『慈照寺諸記』（東京大学史料編纂所所蔵）によると、明応八年（一四九九）十一月に上洛を企図した義稙が、近江国坂本（大津市）で大敗した際、義稙に従って共に京都を離れたとある。

了玄《りょうげん》

生没年：文明十年（一四七七）
　～永正十五年（一五一八）正月二十六日
父：足利義視　母：不明

足利義視《よしみ》の子として生まれる。母の出自は不明である。了玄が生まれた文明十年は、父義視は美濃国に在国していたことから、了玄は美濃国で生まれた可能性がある。

当初は禅宗の僧侶となり、耀山周台と名乗った。延徳三年（一四九一）四月、十四歳のときに相国《しょうこく》寺大智院《じだいちいん》に入寺した。その後、明応元年（一四九二）六月に義稙《よしたね》の指示により真言宗に宗旨替えをし、三宝院門跡《さんぼういんもんぜき》となった（『蔭凉軒日録』『五八代記』）。

明応の政変で失脚して周防国に下った義稙に従って周防国に下る。周防在国中に三宝院門跡を辞して勝禅院《しょうぜんいん》了玄と改称した。永正五年（一五〇八）、義稙が京都を奪還すると了玄も京都に戻る。しかし、義稙との関係は良好だったとは言い難く、翌六年十月には京都を出奔している。永正十五年正月二十七日に四十一歳で死去する（『貞敦親王御日記』、『厳助往年記』、『東寺過去帳』）。彼の死によって義稙の兄弟は断絶することとなった。

義忠《ぎちゅう》

生没年：文明十一年（一四七九）
　～文亀二年（一五〇二）八月五日
父：足利義視　母：不明

足利義視《よしみ》の子として生まれる。母は不明だが、近衛政家《このえまさいえ》が著した日記である『後法興院記』によると、足利義稙《よしたね》の異母弟とされる。父義視が文明十一年段階においても美濃国に在国していたため、義忠も義視とともに美濃国にいたものと思われる。また、正確な時期は不明だが、幼少期に出家して天台宗の実相院《じっそういん》に入寺した。

明応二年（一四九三）四月の明応の政変において、兄弟たちが追放されたり殺害されるなかで、政変後も京都に留まることを許されている。同三年（一四九四）四月二十一日には、近衛政家の猶《ゆう》子《し》となり、将軍足利義澄《よしずみ》の許に出仕している。

文亀二年（一五〇二）八月五日、管領細川政元《ほそかわまさもと》との対立から金龍寺《きんりゅうじ》に隠居した足利義澄を見舞うが、政元の軍勢によって捕らえられ、近くの阿弥陀堂で殺害された。これは、政元が義忠を新将軍に擁立して義稙と和睦することを危惧した義澄が、将軍復帰のための条件として義忠殺害を政元に指示したためである（『後法興院記』）。

聖寿《しょうじゅ》

生没年：文明八年（一四七六）
　～享禄四年（一五三一）二月二十六日カ
父：足利義視　母：阿野氏女

祝渓聖寿《しゅくけいしょうじゅ》。文明八年、足利義視《よしみ》の子として生まれる。文明九年、八代将軍足利義政《よしまさ》・日野富子《ひのとみこ》夫妻の猶子《ゆうし》となる。その後、足利将軍家と関係の深い尼寺の通玄寺《つうげんじ》曇華院《どんげいん》に入寺した（『蔭涼軒日録』）。

応仁・文明の乱後、足利義視・義稙《よしたね》父子は京都から美濃国に下向しているが、聖寿は京都に留まっている。また、延徳元年（一四八九）に、義視・義稙父子が美濃国から上洛してきた際は、曇華院を住居として彼らに提供した。

明応の政変で失脚して幽閉されていた足利義稙が越中国に脱出した際、その手引きをしたと疑いをかけられたため、日野富子の下に逃げて保護を受けた（『晴富宿禰記』）。明応七年（一四九八）七月に越中国、同九年には周防国と、京都を離れて各地を流転していた義稙の許を訪れている。

永正五年に義稙が将軍に復位すると、聖寿も帰京している。同十七年五月に、細川高国《ほそかわたかくに》の軍勢に敗れた三好之長《みよしゆきなが》を匿っている。寺を包囲している高国の軍勢が之長の身柄引き渡しを聖寿に要求しているが、彼女はこれを拒否する姿勢をとり続けたとされる（『二水記』）。また、この時期に聖寿は、義稙との関係が悪化していたようであるが、後に和解している（『実隆公記』『後法成寺尚通公記』）。

足利茶々丸《ちゃちゃまる》

生没年：文明年間～明応七年（一四九八）
父：足利政知　母：不明

堀越公方《ほりごえくぼう》足利政知《まさとも》の子として生まれる。母親は不明だが、足利義澄《よしずみ》・潤童子《じゅんどうじ》の異母兄とされる。政知の嫡男であったが、素行不良により廃嫡となり、軟禁されたと伝えられるが詳細は不明な点が多い。茶々丸が廃嫡された理由として、継母円満《えんまん》院《いん》（潤童子実母／武者小路《むしゃのこうじ》氏）が讒言をしたためという説が伝えられているが、事実であることを示す一次史料が確認できないことから、実否は不明である。

延徳三年（一四九一）四月三日に父政知が死去すると、同年七月に潤童子と彼の実母である円満院をはじめ、堀越公方の重臣である外山豊前守《とやまぶぜんのかみ》や秋山新蔵人《あきやましんくろうど》を殺害する。この一連の行動によって、茶々丸は政知旧臣らの反発を招き、結果として、堀越公方家の対立が伊豆国中に波及することとなった。

明応二年（一四九三）四月二十二日、伊豆国堀越（静岡県伊豆の国市）に攻め込んだ伊勢宗瑞《いせそうずい》に敗れると、伊豆守護を兼ねる山内上杉《やまのうちうえすぎ》氏の所領である伊豆七島に退避した。その後も、茶々丸は宗瑞への抵抗を継続していたことが確認でき、同五年（一四九六）には富士山に登り自身の戦勝を祈願している。しかし、同七年（一四九八）八月、宗瑞に捕らえられ、切腹させられた。

潤童子《じゅんどうじ》

生没年：不明～延徳三年（一四九一）七月一日
父：足利政知　母：円満院（武者小路隆光女）

堀越公方《ほりごえくぼう》足利政知《まさとも》の子として生まれる。京都天《てん》龍《りゅう》寺《じ》香厳院《きょうごんいん》主《しゅ》清晃《せいこう》（のちの足利義澄《よしずみ》）は実兄にあたり、茶々丸《ちゃちゃまる》は異母兄にあたる。潤童子は幼名とされるが、元服前に死去したため諱は不明である。清晃が出家し、茶々丸が廃嫡となったことで、政知から後継者として位置付けられた。しかし、政知死後の延徳三年（一四九一）七月に、茶々丸によって母円満院とともに殺害される。

足利義維《よしつな》

生没年：永正六年（一五〇九）／永正八年（一五一一）～天正元年（一五七三）十月八日

父：足利義澄　母：斯波氏／細川氏

官歴：大永七年（一五二七）七月十三日、従五位下、左馬頭。

永正六年（一五〇九）に室町幕府第十一代将軍足利義澄《よしずみ》の子として生まれる。母は斯波《しば》氏女とする説と阿波《あわ》細川《ほそかわ》氏女とする説があり判然としない。十二代将軍となる足利義晴《よしはる》の弟とされるが、①永正四年（一五〇七）に京都で生まれたとする説（『系図纂要』）、②永正六年（一五〇九）に義澄が播磨国に下向した際に生まれたとする説（『阿波平島家記録』）、③永正八年（一五一一）に生まれたとする説（『細川両家記』『足利季世記』）があることから正確な生年は判然としない。

阿波国那賀《なか》郡《ぐん》平島《ひらじま》荘（徳島県阿南市）を本拠とする平島《ひらじま》公方《くぼう》の祖であり、阿波公方とも呼ばれる。幼名は亀王丸、大永元年（一五二一）頃に義賢《よしかた》、同七年七月十三日に元服した際に義維、その後天文三年（一五三四）に淡路国志筑浦《しづきのうら》（兵庫県淡路市）に渡った頃に義冬《よしふゆ》へと改名したとされる。

幼少から阿波国守護である細川之持《ゆきもち》の元で育てられ、大永元年（一五二一）には足利義稙の猶子となった。その後は、細川高国に擁立された義晴と対抗した。

大永七年（一五二七）の桂川の戦いで、細川晴《はる》元《もと》・三好元長《みよしもとなが》とともに足利義晴を擁する細川高国《たかくに》を破ると、同年七月十三日に朝廷から従五位下《じゅごいのげ》・

左馬頭《さまのかみ》に任じられる。和泉国堺《さかい》（大阪府堺市）を本拠としていたことから、「堺公方《さかいくぼう》」「堺大樹《さかいたいじゅ》」と呼ばれた。その後も堺にて幕府経営を掌るも、天文元年（一五三二）に、三好元長が本願寺光教《ほんがんじこうきょう》らに攻められて自害に追い込まれたことから細川之持《ゆきもち》を頼って同三年に阿波国平島に退く。義維は、その後も義晴と対立して、同十六年、二十年に上洛を企てたものの、実現しなかった。また、阿波国在国中の天文七年には後に室町将軍第十四代となる義栄《よしひで》が、同十年には義助《よしすけ》がそれぞれ誕生している。天文二十二年（一五五三）に、三好実休《じっきゅう》による細川之持の子氏之《うじゆき》殺害を受けて、同二十四年（一五五五）四月に阿波国を退いて大内《おおうち》氏を頼って周防国に赴く。永禄六年（一五六三）頃に、三好長逸《ながやす》の斡旋によって再び阿波国平島に帰国した。同九年（一五六六）、子息義栄とともに上洛を志向して摂津国富田（大阪府高槻市）に赴く。しかし、同十一年（一五六八）九月に義栄が死去すると平島に帰国した。天正元年（一五七三）十月八日、六十五歳で没した。法号は慶林院実山道《けいりんいんじっさんどう》詮《せん》。

足利義助《よしすけ》

生没年：天文十年（一五四一）
〜天正二十年（一五九二）七月二日
父：足利義維　母：清雲院（大内義興女）

天文十年（一五四一）、足利義維《よしつな》の子として生まれる。義維が阿波国平島《ひらじま》（徳島県阿南市）を拠点としていた時期に生まれた。十四代将軍となる足利義栄《よしひで》は兄にあたる。義維と義栄の上洛には帯同せず、平島に留まっていたとされる。その後の動向を示す一次史料が確認できないことから不明な点が多いが、三好《みよし》氏の勢力が衰退して以降は長宗我部《ちょうそかべ》氏に接近していったようである。『平島記』によると、天正五年（一五七七）八月に、長宗我部元親《もとちか》が阿波国桑野《くわの》（徳島県阿南市桑野町）を攻めた際に、これを支援したことから、元親から平島を安堵されたとある。また、長宗我部氏から馬を贈られるなど、同氏と関わりがあったことがうかがえる。天正二十年（一五九二）七月二日に平島にて死去する。法名は宝山。

周暠《しゅうこう》

生没年：生年不詳～永禄八年（一五六五）五月十九日
父：足利義晴　母：不明

相国寺鹿苑院《しょうこくじろくおんいん》院主。法名は照山周暠《しょうざんしゅうこう》。足利義晴《よしはる》の子として生まれる。足利義輝《よしてる》・義昭《よしあき》の弟にあたる。詳細な時期は不明だが、幼少期に出家して京都相国寺鹿苑院に入る。永禄八年五月十九日に、三好義継《みよしよしつぐ》や松永久秀《まつながひさひで》らによって足利義輝が自害に追い込まれる（永禄の変）と、三好と松永の意を受けた平田和泉守《ひらたいずみのかみ》に誘い出されて上洛の途上で殺害された。

理源《りげん》

生没年：未詳～天正元年（一五七三）カ
父：足利義晴　母：一色式部少輔（晴具）女

宝鏡寺《ほうきょうじ》理源。足利義晴《よしはる》の子として生まれる。義輝《よしてる》・義昭《よしあき》とは異腹妹にあたる。また、義輝・義昭の側近として活動していた一色藤長《いっしきふじなが》は叔父にあたる。

　天文十八年（一五四九）三月八日に、宝鏡寺に入寺し、理源を称するようになる（『鹿苑日録』）。永禄十二年（一五六九）三月二十七日に還俗し、織田《おだ》信長《のぶなが》を媒酌人として三好《みよし》義継《よしつぐ》に入嫁する（『言継卿記』）。『信長公記』によると、義継は天正元年七月に信長に敗れて京都を脱した義昭を河内国若江《わかえ》城（大阪府東大阪市）にて保護した結果、信長の軍勢に攻められて妻子とともに自害したとある。そのため、理源もこのとき義継とともに自害したものとみられる。

入江殿《いりえどの》

生没年：未詳〜元亀二年（一五七一）四月
父：足利義晴　母：未詳

足利義晴《よしはる》の子として生まれる。生年と母の出自は未詳。『言継卿記』に、「大樹（義昭）之御姉」という記述がみえることから、足利義昭《よしあき》（天文六年誕生）より早い時期に生まれたことになる。史料上では「入江殿」と呼称されていることから（『言継卿記』）、三時《さんじ》知恩寺《ちおんじ》に入室していたものとみられる。

　詳細な時期は不明だが、将軍近侍の公家衆（昵近公家衆）である烏丸《からすま》光宣《みつのぶ》に嫁いでいる。天文九年（一五四〇）七月十一日に、入江殿入室の話が持ち上がっていることが確認できる（『大館常興日記』）。烏丸光宣は天文十八年（一五四九）の生まれであることから（『公卿補任』）、入江殿と光宣の間には相応の年齢差があったことがわかる。その後、元亀二年（一五七一）四月に、産後の日だちが悪く死去するのだが、理由は不明ながら入江殿の死去直後に光宣は逐電《ちくでん》する。そのため、義昭は光宣の父光康《みつやす》を閉門処分とした。

義尋《ぎじん》

生没年：元亀三年（一五七二）八月十五日
〜慶長十年（一六〇五）十月十七日
父：足利義昭　母：小宰相局（大河内氏女）

大乗院門跡《だいじょういんもんぜき》。足利義昭《よしあき》の子。元亀三年（一五七二）八月十五日に生まれる（『兼見卿記』）。幼名は不明。法名は義尋。院号は法源院高山《ほうげんいんこうさん》。義昭に正室がいなかったことから、義尋が嫡子として将軍家後嗣となる。元亀四年（一五七三）七月の槇島《まきしま》城の戦いで義昭が織田信長《おだのぶなが》に敗れると、義尋は人質として信長に預けられる。その後、義尋は信長の下で養育されたものとみられるが、彼の動向を示す一次史料がみられないことから、詳細は不明な点が多い。天正十五年（一五八七）八月、義尋は出家し、奈良の興福寺大乗院に入室することとなり、やがて大僧正《だいそうじょう》に登る。その後、還俗して高山と称する。古市播磨守胤栄《ふるいちはりまのかみたねひで》女（実名不詳）との間に常尋《じょうじん》（円《えん》満院《まんいん》門跡）と義尊《ぎそん》（実相院《じっそういん》門跡）の二子を儲けるも、両者とも出家し家を継承しなかったことから足利家嫡流は断絶することとなる。慶長十年七月十七日に死去。

執筆分担
格和　賢：足利高義〜恵照
木下昌規：足利義嗣〜周俊
谷橋啓太：周嘉〜義尋

【主要参考文献】

家永遵嗣「足利義視と文正元年の政変」（『学習院大学文学部研究年報』六一、二〇一四年）
伊藤喜良『足利義持』（吉川弘文館、二〇〇八年）
臼井信義『足利義満』（吉川弘文館、一九六〇年）
榎原雅治・清水克行編著『室町幕府将軍列伝』（戎光祥出版、二〇一七年）
岡田謙一「足利義維の御内書について」（『古文書研究』七三、二〇〇八年）
小川剛生『足利義満』（中公新書、二〇一二年）
亀田俊和・杉山一弥編『南北朝武将列伝　北朝編』（戎光祥出版、二〇二一年）
木下昌規『足利義晴と畿内動乱』（戎光祥出版、二〇二〇年）
桑山浩然「大覚寺義昭の最後」（同『室町幕府の政治と経済』吉川弘文館、二〇〇六年、初出一九九一年）
小谷量子「歴博甲本洛中洛外図屏風に描かれた比丘尼御所の住持」（『歴博甲本洛中洛外図屏風の研究』勉誠出版、二〇一九年）
櫻井彦・樋口州男・錦昭江編『足利尊氏のすべて』（新人物往来社、二〇〇八年）
清水克行「まぼろしの鎌倉公方―足利義承について―」（『駿台史学』一五七、二〇一六年）
菅原正子「中世後期の比丘尼御所―大慈院の生活と経営―」（同『中世の武家と公家の「家」』吉川弘文館、二〇〇七年、初出二〇〇四年）
瀬野精一郎『足利直冬』（吉川弘文館、二〇〇五年）
髙鳥廉「室町前期における足利将軍家出身僧の身分と役割」（『歴史学研究』九八七、二〇一九年）
田中大喜編著『下野足利氏』（戎光祥出版、二〇一三年）
花岡康隆「足利義教期室町幕府女房衆の基礎的考察―出自構成の検討を通して―」『法政史論』三六、二〇〇九年）
細川武稔『京都の寺社と室町幕府』（吉川弘文館、二〇一〇年）
水野智之「室町将軍の偏諱と猶子―公家衆と僧衆を対象として―」（同『室町時代公武関係の研究』吉川弘文館、二〇〇五年、初出一九九八年）
山田康弘『足利義稙』（戎光祥出版、二〇一六年）
湯之上隆『日本中世の政治権力と仏教』（思文閣出版、二〇〇一年）
吉田賢司『足利義持』（ミネルヴァ書房、二〇一七年）
静岡県編『静岡県史通史編2　中世』（静岡県、一九九七年）
山梨県編『山梨県史通史編2　中世』（山梨日日新聞社、二〇〇七年）第七章第一節第一項

付録　足利将軍関連史料

『文安年中御番帳』（『群書類従第二十九輯雑部』所収）

木下昌規

一、解題

本書の付録として「文安年中《ぶんあんねんちゅう》御番帳《ごばんちょう》（以下、本番帳）」を載せる。本番帳の作成年代は第八代将軍足利義政《よしまさ》初期の文安元年（一四四四）五月〜同六年正月とされる（福田豊彦「室町幕府の奉公衆（一）—御番帳の作成年代を中心として—」、同『室町幕府と国人』吉川弘文館、一九九五年所収、初出一九七一年）。番帳とは、幕府を構成する直臣のうち、番衆《ばんしゅう》（五箇番に編成される）の交名《きょうみょう》（名簿）であるが、実際は番衆だけではなく、外様衆《とざましゅう》や奉行衆《ぶぎょうしゅう》などの他の直臣、大名、守護なども掲載される。

本番帳が収録される『群書類従《ぐんしょるいじゅう》第二十九輯雑部』（以下『群書』）には、「永享《えいきょう》以来《いらい》御番帳《ごばんちょう》」・「光源《こうげん》院殿《いんでん》御代《みだい》当参衆《とうざんしゅう》幷《ならびに》足軽《あしがる》以下衆《いげのしゅう》覚《おぼえ》（永禄六年諸役人附《えいろくろくねんしょやくにんづけ》）」・「常徳院殿《じょうとくいんでん》御動座《ごどうざ》当時《とうじ》在陣衆《ざいじんしゅう》着到《ちゃくとう》」などの番帳も収録されており、室町幕府研究でも活用されてきた。このほかには、足利義材《よしき》期の京都大学文学部国史研究室所蔵「東山殿《ひがしやまどの》時代《じだい》大名《だいみょう》外様附《とざまづけ》」、足利義輝《よしてる》期の岩瀬文庫蔵『室町家日記別記《むろまちけにっきべっき》』内「五箇番《ごかばん》当時《とうじ》祗候衆《しこうのしゅう》交名《きょうみょう》」などもある。番帳は将軍の代替わりごとに作成された可能性も指摘されているが（前掲福田）、おおむね十五世紀半ばより永禄年間（一五五八〜一五七〇）までのものが複数残されている。

また、番帳以外にも、「長禄二年以来申次記《ちょうろくにねんいらいもうしつぎき》」などには申次や大名の名が、「見聞諸家紋《けんもんしょかもん》」（『群書第二十三輯武家部』所収）では奉公衆《ほうこうしゅう》を含めた諸家の家紋、「康正二年造内裏段銭幷国役引付注文《こうしょうにねんぞうだいりたんせんならびにくにやくひきつけちゅうもん》」（『群書第二十八輯雑部』所収）では奉公衆の所領の一部を知ることができる。

文安年間の番帳は、『群書』と『大日本古文書　蜷川家文書』に所収された二種（三〇・三一号）があるが、後者は永正十三年（一五一六）に書写されたもので、『群書』と掲載された人数と官途《かんと》などの表記や掲載順に若干違いがある。両者は同じ文安年間であっても同一のものではなく、人物の官途・通称の変遷（三番衆の「島津周防守」→「島津周防入道」など）から、原本ではないものの『群書』が作成は早いものとみられる。だが、『群書』のものは順番が錯綜しているようで、「同」表記の苗字にズレが生じている。そのため、他の番帳との比較訂正も必要となる。さらに「永享以来御番帳」は年代の異なる各種の史料が混在したものであり（前掲福田）、掲載される番衆の人名を特定しづらい。また本史料にしか確認されない人物も多い。だがそれでも『群書』の内容は番帳としてはもっとも古い内容といえる。

本番帳は番衆のみならず、奉行衆、評定衆《ひょうじょうしゅう》、外様衆《とざましゅう》のほか、三管領、四職、諸大名衆、御《ご》相伴衆《しょうばんしゅう》、外様大名衆も記載される。一番衆八十三名、二番衆六十八名、三番衆五十一名、四番衆六十六名、五番衆七十八名、計三百四十六名が記載される（各番に最初にあがるのが、番の筆頭である番頭《ばんがしら》）。一番衆と三番衆では三十名近くの差があり、均等に編成されていたわけではないようである。番のなかでも在京と在国の奉公、申次、詰衆などに分かれて奉公していたこともわかる。

ただ、本番帳は奥向きの女房衆《にょうぼうしゅう》や雑色《ぞうしき》、小舎人《こどねり》や公人《くにん》、厩者などの幕府下部、陪臣などは掲載されないため、幕府の構成員すべてを網羅しているわけではないことは留意される。

最後に、三管領以下の交名は赤松《あかまつ》次郎法師（政則《まさのり》）の名があるように〈赤松氏再興は長禄二年〈一四五八〉〉、年代の異なる史料を混在して作成、追記されたものであろう。このように本番帳は作成自体は古いものの、人名は錯綜しており、人名比定には注意が必要となる。そのため、今回は個別の比定は誤解を避けるためあえて行っていない点、ご了解いただきたい。

二、翻刻

【凡例】

一、表記は常用漢字に統一した。

一、苗字が「同～」表記のもので、修正が必要なものは、傍注を付けた。

文安年中御番帳

公方様御番衆（自一番至五番）文安年中

一番

細川淡路治部少輔
上野与三郎

細川下野左京亮
天竺駿河三郎

結城上〔下カ〕野入道
曽我小次郎

勝田兵庫助
伊勢九郎

安東平次郎
三淵又次郎

伊勢勘解由左衛門尉
本郷美作入道

伊勢孫次郎
土岐本庄民部少輔

大《佐々木》原備中守
小串六郎

伊勢又六
松田上野介

河内民部大輔
雅楽備中入道

土岐原駿河守
勝田左近将監

村上左京亮入道
松田二郎左衛門尉

宇《佐々木》津木平次郎
村上掃部助

疋田右京亮
浅《佐々木》堀左近将監

吉田四郎左衛門尉
毛利修理亮

本庄孫左衛門尉
土岐揖斐《イビ》孫太郎

門真加賀入道
神谷四郎

土岐羽崎十郎
斎藤兵庫助

門真参河守
竹藤五郎

吉田五郎
九〔丸イ〕山孫三郎

小倭十郎左衛門尉
本郷六郎

宮孫左衛門尉
雅楽修理亮

門真新三郎
同左近将監

松田孫三郎
金子二郎左衛門尉

松田七郎左衛門尉
丹比《スケイ》次郎左衛門尉

楢葉《ナラフ》次郎
関《ノ》山口四郎

中村河内入道
同弾正忠

楢葉七郎
鎌田孫次郎

依田九郎　吉田千代寿丸
馬田三郎左衛門尉　角田孫平次
壱岐二郎　桐野右京亮
伊勢駿河入道

申次

伊勢備後守　同因幡守
同新左衛門尉　同三郎
同八郎左衛門尉

詰衆

今川関口刑部大輔　伊勢掃部助
曽我兵庫助　中條与三郎

在国衆

今川下野入道　土岐本庄伊豆入道
毛利宮内少輔　楢葉近江入道
佐分《サフサ》彦六郎　吉見伊予守
大原《佐々木》民部少輔　長井兵部大輔

宮左衛門大夫　肥田源四郎
紀五

二番

桃井民部大輔　同孫次郎
伊勢下総次郎
結城勘解由左衛門入道
海老名信濃守　山下左近将監
飯川兵庫助　波々伯部《ハウカベ》越中守
武蔵〔藤〕遠江守　富永孫五郎
芝山修理亮　後藤能登入道
富永筑後入道　結城十郎
結城七郎　飯河中務入道
土肥三郎右衛門尉　小早河中務少輔
片岡大和余五郎　芝山右京亮入道
朝倉兵庫助　設楽兵庫助

同（安東）平左衛門尉
同（深矢部）次郎左衛門尉
蜷川主計允
同（西山）彦三郎
小田又二郎
同（疋田カ）掃部助
西部（郡）筑前入道
飯川修理亮
蜷川新三郎
三吉彦三郎
安藤駿河入道
深矢部《二階堂》隠岐入道
松田修理亮
西山出雲入道
同彦六
疋田新三郎
蜷川左京亮
安威二郎
広戸因幡守
海老名左衛門四郎
山田備中守
河原又三郎
佐々木延福寺対馬守
同平四郎
佐々木延福寺兵庫助
井上孫八
足助《アスケ》掃部助
佐波善四郎左衛門
高島孫太郎
富永左近将監
武藤孫三郎
佐々木井尻能登守

丸巻（豊）善七郎
八坂《三浦》小法師丸
佐脇道祖若丸
肥田兵庫助
横地太郎
陰山修理亮
土岐深坂治部少輔
山下兵庫助
国分彦二郎
遠山神野左京亮
小島新蔵人
大屋伊豆守

詰衆

遠山明智大蔵少輔
後藤左京亮

三番

上野治部大輔
畠山中務大輔
同山城入道
小笠原備前入道
高駿河入道
斎藤能登守
真下越前入道
朝日《斎藤》三郎
矢島新左衛門尉
杉原兵庫助
朝日彦左衛門尉
朝倉左京亮

（土岐）久々利《クヽリ》四郎
朝山中務少輔
（遠山）安木孫太郎
（武田）下條甲斐守
朝日孫三郎
朝日三郎左衛門
塩冶《エンシャ》五郎
（土岐）外山孫四郎
斎藤次郎

中次

畠山式部少輔

詰衆

朝日因幡守
同三郎左衛門尉
長次郎
千秋《センシウ》刑部少輔

彦部四郎
同孫三郎
朝倉中務丞
山県三河守
彦部修理亮
（土岐）肥田瀬宮内少輔
角田孫次郎
島津周防守
穂保刑部大輔
小笠原刑部大輔
(千秋)同左近将監
塩冶四郎左衛門
小笠原民部少輔
饗庭《アイバ》左近将監

彦部左京亮

在国衆

遠山大和守
長九郎左衛門尉
（遠山）櫛原駿河入道
平賀新四郎
多志見孫太郎

四番

畠山播磨守
上野刑部大輔
田村刑部大輔
上野治部少輔
大館中務少輔
(田村カ)同 治部少輔
武田中務大輔

真下太郎
二宮安芸入道
熊谷次郎左衛門尉
長孫三郎
長四郎次郎
畠山兵部少輔
武田兵庫守入道
屋代越中入道
畠山信濃守
(武田カ)同 五郎
本庄次郎左衛門入道
金山備中入道

大和佐渡守　屋代四郎
藤民部又三郎　湯川安房守
同式部《佐渡》少輔　栗飯原《アハイハラ》下総守
土岐肥田瀬伊豆守　土岐各〔石〕谷孫三郎
彦部右京亮　小早川掃部助
藤民部兵庫助　〔小脱〕玉置太郎
彦部左近将監　宮三河入道
藁科彦六　宮彦次郎
土岐肥田瀬次郎　萩内匠助
土岐長澤治部少輔　佐野下野入道
山外〔本〕中務少輔　〔山田〕同三郎
海老名新左衛門入道　萩野弾正左衛門
杉原彦部〔左〕衛門入道　山内掃部七郎
同勘解由左衛門　海老名八郎
和田中務丞　荒尾小太郎
小早川二郎太郎

中次
大和守　上野民部大輔
高次郎
詰衆
海老名備中守　佐竹和泉守
安東五郎左衛門　小串下総入道
東下総入道
在国衆
大和二郎　宮上野介
杉原民部丞　湯川新庄司
佐野太郎左衛門　勝田能登入道
高田上野入道　久下三郎左衛門
小早川右京亮　萩左京亮
小早川〔少脱〕輔太郎左衛門　同孫太郎
葛山

五番
大館陸奥守
一宮(色)大蔵大輔
富永駿河入道
朝倉備後入道
大館治部少輔
大館鶴若丸
大内下野入道
富永修理亮
宮三郎
浜名備中入道
坍和筑前入道
伊奈弾正忠
狩野孫四郎
鏡四郎
同(浜名)兵庫助

加子六郎
仁木刑部少輔入道
大原備中守
蔭山右京亮
一色刑部少輔
一色七郎
三上近江入道
能勢下野守
熊谷右京亮
三上美濃入道
小坂二郎左衛門尉
宮五郎左衛門尉
市弥太郎
朝山肥前入道
熊谷上総介

三上右京亮
三吉弥三郎
伊賀勘解由左衛門
里見伊賀入道
羽河《ハネカハ》越中守
村山弥四郎
市千夜叉丸
久世九郎左衛門
長井備前入道
長野修理亮
利倉式部少輔
詰衆
一色宮内少輔
陶山《スヤマ》又二郎
荒川太郎
三上掃部助(頭)

門真三郎
中島加賀入道
杉原彦太郎
杉原四郎
大内安芸入道
長山右馬助入道
結城七郎
大井《新田》(田脱)又太郎
遠山藤次郎
坍和修理亮
上(二松)杉備前入道
大内修理亮
坍和右京亮
岩山《佐々木》美濃守

在国衆
大館九郎　荒川治部少輔
加子式部少輔　御薗《ミソノ》五郎左衛門尉
麻生《アサウ》上総介　陶山備中入道
大館横田修理亮　千秋民部少輔
遠山彦五郎　同（小坂カ）次郎左衛門尉
宮下野守　杉原伯耆守
伊奈左京亮　近藤筑前守
小田掃部助　遠山馬籠
三浦近江守　遠山馬場
狩野越前入道
右五箇番衆以下訖
奉行衆
松田　治部
斎藤　諏訪

中澤　清
飯尾《イノオ》　布施
茨木　雑賀
評定衆
摂津　波多野
二階堂　町野
文安戊丑
外様衆次第不同
小笠原左兵衛佐　仁木千代菊丸
引田兵庫頭　一色兵部大輔
細川駿河守　赤松中務大輔
赤松上月大和入道　土岐池尻五郎
土岐佐良木三郎　町野備後守
佐々木加賀守　佐々木黒田四郎
佐々木田中三郎兵衛　赤松弥五郎

赤松上月治部少輔　土岐民部大輔
土岐鷲巣九郎　土岐明智中務少輔
摂津掃部頭　佐々木鞍智
佐々木完〔宍〕道　佐々木朽木弥五郎
佐々木永田四郎兵衛　佐々木越中守
佐々木山崎　土岐美濃守
細川陸奥守　今川神〔蒲〕原
波多野因幡守　千秋宮内大輔
土肥次郎　細川完〔宍〕草
佐々木能登守　佐々木横山
二階堂山城判官　仁木中務少輔
山名草山與次郎　麻崎
江見八郎　野間右馬助入道
仁木小太郎　桃井右馬助
　外様衆訖

三管領
斯波治部少〔大〕輔武衛之御事　細川右京大夫
畠山上総介
何茂官位ハ四位也
四職
一色左京大夫　山名右衛門督入道
佐々木治部少輔京極殿御事　赤松
以上
諸大名衆御相伴衆
勘解由小路右〔左〕兵衛督　畠山左衛門督
一色左京大夫　畠山修理大夫能登守護
赤松二郎法師　管領右京大夫
山名右衛門督入道　細川讃岐守阿波守護

佐々木弾正少弼　　大内左京権大夫

以上

外様大名衆

山名因幡守護　　細川右馬頭入道

山名相模守　　細川安房守

大友修理大夫　　細川備中守護

細川和泉守護　　上杉民部大輔

仁木右京大夫　　佐々木六角大膳大夫

武田甲斐守護　　同大膳大夫

島津　　細川淡路守護

今川修理大夫（吉良殿御一家 駿河守護）　　土岐左京大夫

畠山上野介、富樫新介、小笠原信濃守護、以上、

右諸大名、外様衆、番頭、奉公衆依二其家之守臈一、諸侍之礼義幷書札以下、可レ有二分別一者也、

国立公文書館蔵内閣文庫『代番日記（結番日記）』

木下昌規

一、解題

『代番日記《だいばんにっき》』とは、現在、国立公文書館に所蔵される史料である。室町期、伊勢《いせ》氏の被官で政所代《まんどころだい》をつとめ、江戸期には直参旗本となった蜷川《にながわ》氏（新右衛門尉家）に伝わり、次いで明治以降は内閣文庫を経て、国立公文書館に所蔵され現在にいたる（請求番号：古０１６−０２８６）。本史料は未知のものではなく、『増補続史料大成』（以下『大成』）に収録され、室町幕府研究においても活用されてきた。だがこの刊本は活字ではなく、原史料に準じてくずし字で掲載された。そのため今後の研究の利便性も考え、今回原本をもとに翻刻したものを本書で掲載することにした。なお現在、原史料はパブリックドメインとして同館デジタルアーカイブにより、画像の閲覧やダウンロードが常時可能となっている。

『大成』には本史料の解題もあり、基本的な事項はそちらも参照されたいが、一般的には本史料は「結番日記《けちばんにっき》」の名称でも知られる（『大成』も同様）。原題は不明だが、後世に補われた現在の表紙の外題には「代番日記」とある。これが何に基づくものかは不明であるが、本書ではこれに基づいて「代番日記」と呼称する。

後世に補われた表紙を除き全部で五五丁からなり、目視のかぎり紙背があることは確認されない。字は十五世紀当時の筆跡とみて相違ないだろう。また、本史料は年次が欠けているだけでなく、複数の年のものが合冊されている。『大成』の解題ではそれぞれ改めて年次比定がおこなわれており、それに筆者も異論はない。その内訳は、①文明八年(一四七六)二月二十六日~四月二十四日条(二丁~)、②文明十二年十月一日~二十九日条(四〇丁~)、③年次未詳(五四丁~五五丁)であり、全体の三分の二以上は文明八年のものが占める。

伊勢氏被官の日記としては蜷川氏による日記(『親元日記』・『親孝日記』・『親俊日記』)が知られるが、『代番日記』のほうは蜷川・三上《みかみ》・松平《まつだいら》・野依《のより》氏など、伊勢氏(政所伊勢氏)被官らによる輪番の日記である。伊勢家中では日ごとに一番から三番に編成され、さらに朝、昼、夕とそれぞれ申次当番に分かれていたことがわかる。興味深いのは政所代蜷川親元《ちかもと》(新右衛門尉家)はこの当番に含まれていない点である。旧蔵者の蜷川氏は親元の子孫であり、当番でなかったはずの新右衛門尉家に伝わった理由も定かではない。また、筆跡も複数あるようだが、これは番ごとで異なるようでもないようである。本史料には紙背文書もないことから、現存するものは複数名で清書されたものである可能性が高い。

天文期にも同じく被官らによる輪番の日記が記されていたことが明らかになっているため(濱本裕

史「国立公文書館所蔵『御状引付』および同紙背『二番日々記』について」〈『古文書研究』八九、二〇二〇年〉)、現存する本史料は伊勢家中で記された日記のごく一部分ということになろう。文明八、十二年ともに、親元による『親元日記』は現存しないため、それを補完する意味でも本史料の価値は大きいといえる。

次に内容に注目すれば、伊勢家中のみならず、政所や御前沙汰《ごぜんざた》といった当時の幕府の意志決定過程や手続きを知ることができる。文明八年当時の将軍は足利義尚《よしひさ》（文明五年に将軍就任）だが、この時点で日野富子《ひのとみこ》の兄・日野勝光《かつみつ》が「新将軍代」として権勢を振るっていた。勝光の実態は管領代ともいうべきものだが、本来幕府政治の素人である勝光が、自身が担当する御前沙汰での諸手続きや審議において、幕府政治のプロともいうべき伊勢貞宗《さだむね》の補助により、その任務を遂行していたこと、最終的な裁許者はなお義政《よしまさ》であったことが本史料からわかる。さらに勝光の権限も貞宗の管掌する政所には及ばず、基本的にそれぞれ分掌していたことも判明する。

政所伊勢氏は将軍家の家政や洛中の動産訴訟などを担当する重要な役割を担うだけでなく、将軍の側近としてもあり、どの将軍直臣の家よりも諸事の記録のために日記を残す必要性があったと思しい。同じ直臣では奉行人の日記（『斎藤基恒日記』『斎藤親基日記』）や摂津氏や大館氏の日記など複数残るが伊勢氏当主自身は日記を残していないため、蜷川氏をはじめとした被官による日記や本史料がその代わりを果たしたとみられる。

二、翻刻

【凡例】

一、人名比定は（）、校訂は〔〕、割書は〈〉とし、改行については／を付けた。

一、正字体は常用漢字に改める。

一、句読点は翻刻者による。また、便宜上、日付毎に一行分の空白を入れた。

一、改丁は（」で区切った。

一、抹消部分は■とし、判読可能の場合は、傍注〔×～〕として記した。

一、人名比定や仮名文字の漢字変換については説明注（）で示した。

一、傍注部分を除き、本文の文字サイズはすべて九・五ポイントに統一した。

一、「日本政府図書」印は略した。

（表紙外題）
「代番日記全」
（文明八年）
廿五日　雨降
　三番　　奏者蜷川彦右衛門尉
一、御方御所（足利義尚）さま御逗留、
廿六日　天晴
　一番　朝番　横山雅楽助（重国カ）
一、御方御所（足利義尚）様御逗留、（一丁オ）」
一、御犬追物、百八十疋、御座、初百疋、
御検見　御方御所様　御人数次第不同、
藤宰相（高倉永継）殿　武田彦太郎（信親）殿　貴（伊勢貞宗）殿
小笠原（政清）殿　同兵部少輔（小笠原元長）殿　同八郎（小笠原元宗）殿

伊勢左京亮（貞誠）殿　伊勢次郎（貞頼）殿　広戸刑部丞（光誠）殿
坾和筑前（元為）殿　同与次郎（坾和政為）殿　後八十疋御人数、
同前　御方御所様御見物、射手検見御人数
貴殿　小笠原殿　同兵部少輔殿　同八郎殿
坾和筑前守殿
夕番　三上大蔵（員光）丞
（一丁ウ）」

廿七日　天晴
二番
一、御方御所様（足利義尚）御逗留、

廿八日　天晴
三番　奏者　蜷川彦左衛門尉
一、御方御所さま（足利義尚）〈四時分〉還御、
（二丁オ）」

廿九日　天晴
一番　　朝番　三上（員光）
　　　　夕番　横山（重国カ）
卅日（雨降）
二番　　朝番　野依若狭守（雄春）
　　　　夕番　松平修理亮（親長）

（二丁ウ）」

三月
一日　天晴
三番　　奏者　蜷川彦左衛門尉

（三丁オ）」

二日　天晴
一番　　朝番　横山（重国カ）

夕番　三上（貞光）

一、一色殿（義直）へ犬追物に貴殿（伊勢貞宗）御出、御供〈彦右衛門尉、横山参勤為合力、／山田被参、〉

三日　天晴

二番　奏者　山田六郎右衛門尉

（三丁ウ）」

四日　天晴

三番　奏者　蜷川彦左衛門尉

（四丁オ）」

五日　天晴

一番　朝番　三上（貞光）

夕番　横山（重国カ）

一、飯尾濃州（貞有）被参申、御牛飼共事、一人者去三日於当座

召置候、其外者悉没落候由所司代（浦上則宗）申候、此旨可致
披露候之処、無御申次御座之間、御尋之時可申入候哉、
御返事、其分可然候、（四丁ウ）」
一、飯尾加州（為信）被参申、上臈御方より被仰候就越中宮川
事、奉書調書候間持参之由同畠山殿（政長）御副状事ニ
子細在之、御返事、畠山殿書状出候ハんするまてハ奉書をハ
先其方に可被置之由候て被返遣訖、
一、同被申、八幡（田中奏清）社務令註進候、当宮東之御前御供
御器大小〈三銀也、〉去月廿四日夜紛失候、色々糺明之処、同
廿八日早朝、御門から為敷に二出現候、今一者未見候、重
可致注進之由候、御返事、今一の事重注進之時可有御披
露候哉、
一、同被申御同名弾正殿（伊勢貞固）御知行勢州いさか（伊坂）跡年貢事、
梅戸近所之儀間、催促候て可上之由御奉書事被仰之
可進之哉、御返事、心へ申候、（五丁オ）」

六日　天晴

二番

一、野へ御出、彦太郎殿(武田信親)、次郎殿(伊勢貞頼)、与一殿(伊勢貞弘)、垪和与次郎殿(政為)

御同道、於北山御酒在之、

一、御帰之、則御手懸五十疋在之、

山田六郎右衛門尉

（五丁ウ）」

一、佐脇左京殿被参申、就知行重御状申候処、

御懇に被示下候、祝着之至存候、則御返事有、

七日　天晴

三番　　　　　奏者　彦左衛門尉

一、御犬追物二百疋在之、畠山殿(政長)御繁候也、御日記次第、

左衛門督殿(畠山政長)　　　小笠原八郎殿(元宗)

垪和筑前守殿(元為)　　伊勢与一殿(貞弘)

遊佐河内守(長直)　　飯尾大和守殿(元連)

広戸刑部丞殿(光誠)　　伊勢次郎殿(貞頼)

（六丁オ）」

藤宰相（高倉永継）殿　　伊勢守（伊勢貞宗）殿

検見

小笠原民部少輔（政清）殿

後百疋御人数同前、小笠原殿御加御検見

武田（玄就・持明）中務大輔入道殿

（六丁ウ）」

八日　天晴

一番　　朝番　横山（重国カ）

一、若王子（忠賀カ）殿より御巻数まいる、

一、田中《八幡》坊より御香水まいる、

一、橋本坊（覚賢）より同、

夕番　三上大蔵丞（員光）

一、日吉岩大夫為御礼致祗候之、

二番
九日　天晴　　奏者　野依若狭守（雄春）

（七丁オ）」

昼番　松平修理亮(親長)

夕番　山田六郎右衛門尉

一、御手懸有之、七十疋、

一、入夜因幡殿御局より文まいる、御出之間（七丁ウ）」

已後申之、

三番
十日　天晴　　　彦右衛門尉

一、飯尾大和守(元連)方・同加州(飯尾為信)方被参申、子細者若州
さんとう(山東)下司職青蓮院殿(尊応)、治部大輔殿(斯波義良)
御被官中山相論之事、以両方支証日野殿(勝光)へ
披露申候処、証文同篇候間、難分被思食候、
乍去、勝定院殿様(足利義持)・当上様(足利義政)御内書上者、
青蓮院殿御支証一かとの事候哉、但貴殿(伊勢貞宗)可為
御意見候之由、

一、布施弾正(英基)方被参申、先度御さこ(佐子)御申西陣
関事、重而可被立候、山名(政豊)殿へ堅可申由被仰出候、　（八丁オ）」
如何躰可申候哉、
一、清和泉(貞秀)方・飯尾加州方・松田主計(数秀)方被参申、東御
構事、赤松(政則)殿申候処、おとなしき者ニ致談合、可
御返事申由候て難渋之間、切々致催促候処、大事
御構于今致知行、堀壁加修理候、それさへ仕あまし
候之処、重而被仰出候、迷惑至候、一向可有御免之由被申候、
如何躰あるへく候哉之由、

十一日　天晴
　一番　　朝番　三上(員光)
一、右馬頭(細川政国)殿御使〈寺町式部丞〉同名(細川政清)駿河守事、
近年摂州ニ在陣仕候、此間罷上候、近日又　（八丁ウ）」
帰陣仕候、於都副(鄙カ)致忠節事候へハ、被成下
御感御内書候様、可被御申御沙汰候、然者、子候て候

四郎（政賢）にも致成下候者、可為祝着候、御返事、可然候、
大刑（大館政重）註給候て可致披露候由、
一、布施弾正（英基）大夫方被参申之、山門礼拝講事、
花王院被懃候、為御奉加御盆・香合・御太
刀・御馬を可被遣之由伺申之処、折節可被遣盆・
御香合。《御座》なく候あひた、御馬・御太刀はかり可被遣之由
被仰出候間、御太刀事をハ調阿ニ申候、意得申候由申候、
御馬事をハ次郎四郎ニ申候処、早一疋進之由申候、
御返事、御馬事者喰物なきよし申候間、一疋ハ
早遣之、三疋可被遣候条、残分調候て以送状
可遣候由、（九丁オ）」
一、清和泉守（貞秀）方・飯尾加賀守（為信）方・松田主計允（数秀）方被参
申之、御構之堀壁事、赤松殿（政則）へ申候処、何かと
被申候て、急度難事行候条、不可然候間、聡明殿（細川政元）、
畠山殿（政長）、貴殿（伊勢貞宗）御談合候て可被仰付之由伺申処、とも
かくも早々事行候様可申付之由被御仰出候、御返事、

可然之由、

夕番　横山（重国カ）

一、飛鳥井殿（雅親）より御使、只今出仕申候、早々可有御参、
則御出仕在之、

（九丁ウ）」

二番
十五日　奏者　山田

一、弾正殿（伊勢貞固）御申上臈より被仰候昨日御申候
御祈方事、内典ならハ五千疋、外典
なら者三千疋候由候、就御要脚者、五月
まて被相延候ハん哉、御返事、御祈祷之
事にて御座候間、如何にもはやく候ハ、
可然候、乍去於御要脚者、難有御座候、

夕番　若狭守（野依雄春）

（一〇丁オ）」

三番
十三日　天晴　　　　奏者　彦右衛門尉

一、飯尾加州（為信）被参申、上臈御局御知行越中国宮川庄
御直務之奉書并畠山殿（政長）御副状、神保与三書状等
持参之、

「（一〇丁ウ）」

一、遊佐（長直）所へ朝御飯に御出、若衆達御同道、

「（一一丁オ）」

十四日　天晴

一番　　　朝番　横山（重国カ）

一、遊佐河内守（長直）昨日為御出御礼、盆弐・鬮筒壱・唐遅
壱段・太刀一腰〈正恒、〉馬一疋〈鹿毛、〉此種々持参之、則
御対面、

一、鞍馬へ御物詣、

夕番　三上（員光）

（一一丁ウ）」

二番
十五日　　　　　　　　　　　奏者　山田

一、御手懸有之、検見仙阿、百九十疋、後九十疋
之内三十疋ハ貴殿（伊勢貞宗）御検見、
一、御あこより御使松阿、已前給候御目薬すこし
給候ハ、、御うれしく候ハんするよし被仰候、御返事、
折節無所持候、余所へ被仰遣候て自是
可被参之由、
一、右馬頭殿（細川政国）より文まいる、御返事、御取乱之間
自是可有御申由、

（一二丁オ）」

（空白）

（一二丁ウ）」

十六日〈天晴　曇〉

三番　　　　　　　　　　彦右衛門尉

一、聡明殿（細川政元）より御使〈斎藤伊賀、／清孫右衛門尉、〉子細者上之御所南の御
くきぬき（釘貫）の番事、堅被仰出候間、内々領掌申候、
小川くきぬきの番事をも懃申候、両所共仕候
事、迷惑仕候、幸面々あまた御沙汰事候間、是をハ
御免し候て、以此番衆上之御所御くきぬきを番
を仕候様、被御取合候者可為祝着候、委細注文候て申候、
御返事、注文披見申候、被仰出候奉行方へ此分可被
仰候、　　　　　　　　　　　　　　　　　（一三丁オ）」

十七日　天晴
一番　　　　　　朝番　横山（重国カ）
　　　　　　　　夕番　横山（重国カ）

一、飯尾加州（為信）被参申、春日御師（師淳）注進状在之、今月

十三日若宮御鏡落候、就此儀御祈祷共申候、（一三丁ウ）」
為御心得注進申候由候、
一、同被申之、八幡社務（田中奏清）注進候安居御頭役事、公方（足利義政）
様より御沙汰候分一乱中退伝（転）候、殊当年事者御主
役之御事御座候間、如先々被仰付候者可然候由社務
書状如此候、毎年御下行弐千疋充候、御要脚御座候者、
可被仰付事可然存候、
一、赤松殿（政則）より御使〈上原（祐貞カ）、梶原、〉南御所様（光山聖俊）御領備前国々衙
御年貢事、来八日已前いか程可致沙汰候と員数を
定可申上之由　上意旨先度承候、彼代官職事
浦上（則宗）に申付候、御年貢堅追々に申下候間、来八日
已前にハ定可有到来候、乍去員数を可申上事ハ
無覚悟候、以御心得被御披露候者可為祝着候、御返事、（一四丁オ）」
堅被仰出事候間、一途御申候ハてハ致披露候共、上意
可為同篇候条、無勿躰存候、奉行方へも可被仰候、
一、一色殿（義直）より御使〈伊賀備中、〉就御会可致祇之由被仰出

候、連々御取合之儀と祝着仕候、以参可申候へ共、先以使者
申候、御返事、就御会御祇候、御面目珍重候、必々可
参申候、

二番
十八日　天晴　　　　　　奏者　野依若狭守（雄春）

一、飯尾加州（為信）参申、子細出雲国よりの注進、
澤（佐波）与河本就取相御奉書事被申候、即
御返事、日野殿（勝光）へそと御申候て、御奉書（一四丁ウ）」
可被成候由、

一、新首座被参申、天龍寺同うこあん
寺領目録持参之、則被止置了、

一、山名殿（政豊）より御使〈村上左京亮、〉就垣屋越前（熙続）死去、
預御使為御礼参、

夕番　山田（十五丁オ）」

十九日　天晴　　当番彦右衛門尉相伝
三番　　　奏者　横山(重国カ)
一、聡明殿(細川政元)より御使〈内藤蔵人、／飯尾六郎右衛門尉、〉越中国高野七郷事、
椎名に被仰付之由申候て、近日以猛勢入部仕候、於理
非之儀者、定自治部大輔殿(斯波義良)可被申候、雖然、同名
七郎四郎、同宮内大輔殿及生涯之由候、先無為候様
（一五丁ウ）」
御成敗候て可為祝着候注進状在之、御返事、委細承候、
彼在所事有子細事、就在所無御違乱候者不可
有異儀哉、注進状則御返遣訖、
一、於殿中御犬追物手懸在之、貴殿(伊勢貞宗)、与一殿(伊勢貞弘)御参、
（一六丁オ）
廿日　天晴
一番　　　朝番　横山(重国カ)
一、飯尾加州(為信)被参申、先度従御意候春日社務(師淳)注進之
趣致披露候哉、御太刀・御馬を可被遣存候、御太刀事者
早申出候、御馬の事、次郎四郎に被仰付候哉、御返事、心得申候、

可申付候、
一、同被申、安居御頭役事、上さま《(日野富子)》へ申入候へ者、御祈祷御事候之間、可然被思食候、御伺までもあるましく候、御要脚事者、何ニても是より御計候て、可被仰付之由御意候、
一、同被申吉良殿《(義真カ)》より被仰候彼御領越後国青海庄より年貢を上椙殿《(房定)》京進候処、風少悪候之間、舟を佐渡へ寄候之処、破損舟ニて候由申候て、中興と申荷物を移取候、就是中興方へ御奉書を御申候、いか丶あるへく候哉、御返事、日野殿《(勝光)》へ可有御申候、

（一六丁ウ）」

二番
廿一日　天晴　　　　朝番　山田
一、武田殿《(国信)》より御使〈上原、〉夜前御出之御礼、同のりの御おり壱合まいる、
一、御すへのゐい阿参被申、烏丸殿《(資任)》くわうけ院殿被仰候岩倉の観音之御ほう物、御太刀ハ御前に御座候、御馬の事候被仰付候へく被仰候、御返事、

（一七丁オ）」

やかて可申付候、但御馬無御座事もあるへく候、
一、次郎四郎申、岩倉へ御ほう物御馬の事候、被仰出候
いまは御馬無御座候、方々への御ほうもつの御馬
何と無御馬について不被遣候、是も御馬まいり
ほうたいに可被遣候哉、　（一七丁ウ）」

夕番　若狭守（野依雄春）
一、垣屋四郎二郎（豊遠カ）参申、就越前入道（垣屋熙続）儀、先度預御使、
今日致出仕候間、其為御礼参、
一、細河下野殿（教春）よりこのわた一桶〈大、〉参、使〈梶、〉
則御祝着之由御返事在之、

三番
廿二日　天晴　彦右衛門尉
一、飯尾加州（為信）参申、日野殿（勝光）より申せう畠山
七郎殿註進候、加賀土一揆能州へ打入
在所少々切執候、近所へ合力御奉書事可　（一八丁オ）」

被成候へのよし註進候、先度も被成下候間、重而
可被成下候段肝要候、乍去貴殿へ可尋申由候、
御返事、敵国事候間、幾重も可被成候可然候、
一、松田九郎左衛門（貞康）方被参申、因幡国面々就無音
山名殿（政豊）より御下知事、日限をさし先度被申
下候へ共、于今御返事不申候、曲事候由日野殿へ
御申候処、内々雑掌近日罷上たる由候、存仕候ハぬ
歟のよし御尋候へ共、不存候由申候処、二三日以後
私へ来候て巨細申候へとも、已前日野殿へ不存由
申候間、私事ハ斟酌由申候て帰し候、縦日野殿
より可致披露之由被仰付候共、山名殿御申を
執申候間、斟酌可仕候、此分可預御心得候、御返事、心得申候、

（一八丁ウ）」

廿三日　天晴

一番　朝番　三上（員光）

一、清和泉守（貞秀）方被参申之、上様（日野富子）より被仰出候

伏見殿（邦高親王）様御領播州国衙御代官職事、被仰付
赤松次郎（政則カ）之処、御年貢無沙汰之条、堅雖被仰之、
無其沙汰上者尋申候て、御直務之可成奉書之由候、
御返事、ともかくも可為　上意候由、

夕番　横山（重国カ）

一、海鼠腸一桶右馬頭殿（細川政国）よりまいる、御状在之、則御返事
あり、
（一九丁オ）」
一、広橋殿（兼顕）より御状まいる、已後披露申之、
一、結城下野殿（政藤）より被申之、御喝食より此文箱
可進之候由候、則箱をハ被返進之訖、
一、御出仕有之、

二番
廿四日　雨

奏者　野依（雄春）

夕番　山田
（一九丁ウ）」

一、八郎左衛門(伊勢盛種)殿御承にて御犬追物縄小法師ニ申
付へき由被仰出候間、則申付候、御要脚
御下行可有之由候、御出候間已後申之、

三番
廿五日　天晴　　　　　　　　彦右衛門尉
一、広橋(兼顕)殿より御使、御つゝし(躑躅)見事ニ付候て、
以書状申候つる、只今日野(勝光)殿より人も給候て、
明日御さしあひ(指合)候間、十八日まて御延引候、為
御心得申候、御返事、心得申候、
一、かうけ院殿より御使、岩倉くわん(観)音堂
より御奉加事申候程ニ、御披露候ハは　（二〇丁オ）」
御太刀・御馬被遣之、早御太刀者申出し候、
御馬事これへ可申由被仰出候、早々可
被仰付候、御返事、早其分申付候へとも
可然、御馬共御座候由申候、就急事他所
へも可被遣之候へ共、御馬なく候間、無其儀候、

廿六日　天晴　（二〇丁ウ）」
一番　　朝番　横山（重国カ）
御乳人より文まいる、
御方御所（足利義尚）さまより　若宮御方（勝仁親王）へ御祈御さ候へきの
台以下、御調候て御進上在之、　（二一丁オ）」
二番
廿七日　天晴　　朝番　山田
一、飯尾加賀守（為信）・布施弾正（英基）参被申、子細者此間立
置南郡の関、山名殿（政豊）よりあけ候へと被申候、為
上意御成敗之事候之間あけましき之由
申候之処ニ、不及理不尽関所の物太刀・々
をうはひとり、追はらい候事、曲事之次第候、
両人罷向候て、山名殿へ堅申候へと日野殿（勝光）
被仰候由、御返事、心得申候、日野殿如仰
あるへく候、　（二一丁ウ）」

一、八幡東の御せん（前）の三つき、已前ニ出来候、残て
いま一の事候、色々尋候処、すておき候、乍去かね
三両ハかりきり（切）取候、何も不清になり候間、同
かねにてあらためらるへきのよしを申候、入目
代物の分記注文をもつて申候、御返事、
何と日野殿の如仰可然存候、
一、同被申候、弾正殿（伊勢貞固）御知行分伊坂郡の事ニついて、御奉書
御申候、如已前貴殿（伊勢貞宗）の御身ニ宛可進之候哉、
御返事、心得申候、身ニあて丶申奉書の事
候て候間、そと日野殿へ可有御申候、
夕番　野依（雄春）
（二二丁オ）」

三番
廿八日　天晴　彦右衛門尉

晦日　天曇

一番　　朝番　三上（貞光）（二二丁ウ）」

　　　　夕番　横山（重国カ）（二三丁オ）」

一、畠山（政長）殿より御使〈遊佐弾正忠（国久）、〉子細者慈恩寺殿御事、一二三
年已前候哉、就同令御下向之儀、御出立等事方々へ被
仰出候処、無沙汰共候て、少乱まいらせ候之間、御下向時宜
不事行候とて又一両日以前御出候て一日一夜御座候間、
迷惑至候、御在京候ても、又御下向之儀候ても、可然様御料簡
候者、可然存候、次已前も申候賀太事、明日御対面
御次御座候者、御目にかけられ候て給候者、可有祝着候、御出頭
已後申入候訖、

一、日野（勝光）殿より御使〈蠣崎、〉正実（泰運）事、代々被懸御目之由候、
此方にも加扶持者候、彼者近年御免物被下候ハて、

無足にて堪忍仕候間、迷惑之由連々申候、貴殿《(伊勢貞宗)》へも申之由候、（二三丁ウ）」
高屋うけ役銭毎月五百疋計候哉、此間御倉へ被寄候、
来月よりあき候由申候、以御心得是を正実に被仰付候ハ、、
於此方可為祝着候、同以後令披露之、御返事、
正実申間事子細承候、已前時宜慥不覚候間、しかと御返事
難申候、乍去糴井に御倉本を被仰付候、あまた二御許物を被下
候へハ御公要《(用)》減少し、正実事不宜之様　上意に被思食候哉、御許物を
被召上候時、然者御許物を被下候ハす共、御倉本人数一分候て可致奉公之由、就
望申被仰付候様、心得置候、加様の申事又新衆のかゝ事をも我々ハ不存候、簡要可為　上意候、」

二番

四月一日　天晴　　　　　　奏者　野依若狭守《(雄春)》

一、御出仕在之、
　　　　　　　　　　　　　昼番　松平《(親長)》

一、御方御所様《(足利義尚)》より海鼠腸九桶まいる、則三上方《(員光)》へ渡之、（二四丁オ）」

一、結城（政藤）殿・布施弾正（英基）殿、就安富（元家）家事被参候、則御
対面、
一、造宮司御祓持参之、

三番
二日　天晴　　　彦右衛門尉
一、飯尾美濃（貞有）方被参申、越中国高野領家
職事、天宝輪（転法）三条（公敦）殿御知行候へく候を、
先年混地頭方被成御料所候、其刻
聴松院（伊勢貞親）殿御時御申候処、委御尋候て可有御成敗由
被仰候時節、一乱出来候、其以後細河、水橋
混地頭方于今知行候、任支証旨、先々ことく
可有御知行之由　公方（足利義政）様へ御申候、日野（勝光）殿へ　（二四丁ウ）」
申候処、いまた御料所よし哉、水橋知行候哉、
貴殿（伊勢貞宗）可有御存知候尋申候、御返事により
可有御披露之由被仰候、御返事、御料所ニ候て
私知行事御存知事候歟、縦本所より御申

候共、一端可預御尋候処、不言向御披露
迷惑候、御殿人しるしもなく候、巨細懸御目可
申候、（二五丁オ）」

三日　雨

一番　　朝番　横山（重国カ）

一、日野殿（勝光）より御使〈束前（マヽ）〉就正実坊（泰運カ）申御許物事、先日
以使者申候処、委細承候、御許物を被下候ハす共御倉儀
可致奉公之由主申請之趣内々承候、彼者好候てさ様に
申請たる事ハなく候由申候、何様御心得可為簡要候、可
然様預御取合候者、可為祝着候、已後令披露之、（二五丁ウ）」

四日　曇　　朝番　山田

二番

一、左衛門督殿（畠山政長）より文まいる、御返事有之、
一、慈聖院より御巻数まいる、

昼番　野依（雄春）

一、掃部助殿（伊勢盛景）より染革二数（枚）まいる、（二六丁オ）」

夕番　松平（親長）

一、三渕掃部助殿御暇之儀に御出、御留守之由有巨細、

一、千本大報恩寺より筆并藤枝まいる、

一、御風呂へ御出、

一、布施弾正（英基）・結城（政藤）殿参被申、聡明（細川政元）殿御返事、

夜前同篇被申候間、不可然之由申候処、さ候ハヽ、

安富（元家）方へ可申下候、卅日間御待て被下へく候、

くきぬきの御番事、其間可仕候由御申候、其分

披露申候処、釘貫事者させうるましく候、（二六丁ウ）」

日数儀つめて可申付之由被仰出候間、其分

堅申候処、さ候ハヽ、廿日之間と申され候、是ハくか

路日数候、さりなから備前・讃岐間、五里

のわたり候、是も風なと吹候へハ、逗留仕候、さ様
之儀可預御心得候、涯分廿日間御返事
可申候由候、此分披露。申候、御心得之由候、目出候、

三番
五日　天晴　　彦右衛門尉

一、飯尾加州（為信）被参申、宝■慈〔×寿〕院殿御領勢州ニ
所々候取分かなへなと申在所を、国司（北畠政郷）代官
秋山致競望候、御奉書事御申候、先度
於　御前御沙汰候半済時宜、公方様（足利義政）（二七丁オ）」
無御存知事候間、被成御奉書候時者、被
知食候分たるへく候哉、一向御奉書不可
被成候由被仰出候、日野殿（勝光）仰候者、さやうニ
候てうちをかれ候ハんする事、いかゝとおほし
めされ候、被成御奉書候ハてハ、何と可有御
成敗候哉、但貴殿（伊勢貞宗）可致談合之由被仰候、御返事、
如御意御奉書文言にこそよるへく候へ、

なされ候てハいかゝ可有御成敗候、さりなから日野殿
可為御意候由同被申、先度内々得御意候、
八幡うせ候御器事、三たつね出候、此内一
はたを二三両きり候て取候、いまニハすくに候へ共、
いかやうにめしつかい候哉、新調せられ候ハてハ　（一七丁ウ）」
不可然之由社務方より申され候、此分日野殿
申候処、八幡事一段子細候、古をいなをされ
事、神慮いかゝに候、一向新候ハ、、可然被
思食候、古を代なされ候て、新なされ候共、さのミ
御要脚入ましく候と存候、かねのたりてまの代、何へ
可申候哉、。《御返事》なと御うかゝい候て可被仰付候、

六日　天晴　一番　　朝番　三上（員光）
　　　　　　　　　　夕番　横山（重国カ）

一、武田（国信）殿之賀津羅松夜叉御礼ニ参、柳一荷進上、　（一八丁オ）」

七日　天晴　　　　朝番　松平（親長）

二番

一、清泉州（貞秀）・飯加州（飯尾為信）・松田主計（数秀）被参申、御構之
堀壁之事、聡明殿（細川政元）、左衛門督殿（畠山政長）一向無御
返事候、赤松殿（政則）事者両三人申合候へと
承候間、両所より何共不承候間、自此
方是非不及申候由被申候、如何候〔衍カ〕候て
可然候哉、町人ニ申付候て可然様ニ已前
承候、乍去、町人之事も所司代（浦上則宗）なと
在京不仕候間、しか〳〵と難有候、尚々
御両所へ只今参、依御返事重而可得御意候、（二八丁ウ）」
一、飯加州被申日吉馬上役事、文明三年
より無沙汰候、以事書連署申候、
日野殿（勝光）へ申候へハ、土倉方之事候間、貴殿（伊勢貞宗）へ
可申候由候、御返事、土倉方之事候へ共、

馬上役之事ハ自先々不存候事候、
乍去小五月など候ハぬに、馬上役事計ハ
不便次第候歟、能々御糺明候て可然存之候、
如何にも御祈祷事候間、能様可被仰付候、
一、飯尾加州被申候宮五郎(盛秀カ)　御判物之
事、貴殿へ参候由日野殿被仰候、
早々被懸御意可預御申沙汰候、聡明殿より
切々に御催促候間申入候、御返事、
心得申候、ゑらミ候て可申候、
(二一九丁オ)」

三番
八日　天晴　　　　彦右衛門尉
一、左衛門督(畠山政長)殿より御ふミ、かうやく参、
一、八幡田中(泰清)坊より香水まいる、
一、若王子(忠賀カ)殿より御巻数まいる、
一、大田大炊助被参申、御料所被仰付候て去年
より加州へ罷下候、安芸法眼押領仕候て、

去年々貢無一円候、逐電仕候間在所
請取候、巨細布施弾正（英基）方ニ申候、可預御取合候、
とかせ（富樫政親）殿より御状被進之候、

（二九丁ウ）」

一番
九日　天晴　　　　朝番　横山（重国カ）
一、北畠中将（政郷）殿より御太刀一腰〈糸巻、〉鳥目百疋まいる、則
彼雑掌に御対面候也、
一、北御所へ御参、
　　　　　　　　　夕番　三上（員光）

（三〇丁オ）」

二番
十日　雨降　　　　朝番　松平（親長）
一、左衛門督（畠山政長）殿より御使〈遊佐弾正（国久）、〉和州へ之　御内書之
事、早々御申御沙汰悦喜申候、次和泉之
少守護代片山にて候をかた岡と候、そと御申

かへ候ハヽ、悦喜可申候、御返事、意得申候、布施（三〇丁ウ）」
弾正(英基)方へ被遣候て、其分可被仰候、
一、同被仰候、慈恩寺殿之御事、重而御出候ハぬ
やうニ可預御了簡候、御返事、意得申候、布施
弾正大夫ニ可申合候、

昼　若狭守(野依雄春)

夕番　山田

一、布施弾正被参申、子細自加州。冨樫殿(政親)御方御所(足利義尚)様へ
月毛御馬一疋進上被申候付て、馬ニ疋上候、
月毛一疋坂本に候、葦毛馬一疋たゝいま
引上候間、可懸御目心中に候て引参申候、則（三一丁オ）」
御対面、
一、飯尾加州(為信)被参申、春日殿御局より被仰候
宝慈院殿御地之上闕所屋事、已前の

御支証なく候とも御いろい《（綺）》あり、付たる事
にて候間、可有御成敗候由御申ニより候て、貴殿《（伊勢貞宗）》へ
たつね申、可成御奉書候由候、可有如何候哉之由、
御返事、先規の御支証なきに付候てハ御奉
書如何候候《〔衍カ〕》ハん哉、其上地に付候て可有成敗候時、
於政所・侍所可存仕候哉、新法就被仰出者可
致其覚悟候、

（三一丁ウ）」

三番
十一日　天晴　　　　　　彦右衛門尉
一、北御所へ御成、御供御参、
一、彦太郎《（武田信親）》殿御使〈上原、〉御供より罷帰候はハ、尚々ほう《（頬）》
はれ《（腫）》候条不可参候、可預御意得候、

（三二丁オ）」

一番
十二日　天晴　　　　朝番　三上《（員光）》
一、飯尾加州《（為信）》被参申之、八幡之御精進代御要脚ニ
千疋事伺申之処、如何様ニも可有御料簡之由被仰出候、

御返事、いつれも存知候、更無御要脚之由、
一、同被申之、春日へ御神馬事、次郎四郎方へ申候処、
于今不渡候、早々可被仰付候由、御返事、依無御
馬不進之候哉、可申付候、
夕番　横山（重国カ）
一、左衛門督（畠山政長）より御使〈隅田藤次郎〉就御料所越中国
野尻保内河合事、遊佐新右衛門（慶親）所へ書状の事
承候、調進之候、尚々此方よりも堅可申付候、同
斎藤次郎左衛門尉并伊地知民部丞（直賢カ）書状一通在之、
一、御手懸在之、
（三二丁ウ）」

二番
十三日　天晴　朝番　野依若狭守（雄春）
夕番　松平（親長）
（三三丁オ）」
一、上御所へ御成、御供ニ御参、

一、細川淡路守（成春）殿使、今日御供ニ可参之由、
一、細河右馬頭（政国）殿へ以御使被仰之、淡州（細川成春）御供可有
御参之由候条、御まいりあるへからす候由、
一、左衛門督（畠山政長）殿御使〈伊地知（直賢カ）〉御内書早々御申沙汰
祝着之由、
一、御所様（足利義政）より御双紙まいる、御使〈菊阿、〉
（三三丁ウ）」

三番
十四日　天晴　彦右衛門尉
一、御方御所様（足利義尚）より御使松阿、上御所より
御折御撫まいり御酒きこしめされ候、御参
あるへく候、御返事、歓楽仕候、御心得候て
可有御披露候、
一、徳阿被参申、重宝鮒被送下候、為御礼
参申由、
（三四丁オ）」

一番
十五日　天晴　朝番　横山（重国カ）

一、上御所へ御参、
一、御手懸百疋在之、
夕番　三上(員光)
（三四丁ウ）」

二番
十六日　天晴　奏者　山田
一、御犬追物三百疋、始百疋、検見小笠原殿(政清)、後
二百疋、検見多賀豊後守(高忠)、御犬追物已後武田(国信)
殿より御榧まいるに付候て、夜半計まて御酒有之、
一、あすか井殿(飛鳥井雅親)より御使、貴殿(伊勢貞宗)御詠致披見候て
進之、尚々御見参之とき可申候よし、
御返事、夜陰と申、御使祝着候、致祗候
可有御申候由、

三番
十七日　天晴　彦右衛門尉
（三五丁オ）」

一、左京亮殿（伊勢貞誠）御承、今日七間御犬追物候、可被遊候由被仰出候、御返事、足を煩ハし候、ひきめなく候、さ候間不可参候、可預心得候、

一、飯尾大和守（元連）・布施弾正大夫（英基）参被申、御方御所（足利義尚）様御小者、公人四郎五郎、地堺論事、津　殿（摂津之親）へ申候へハ、地成敗事上表仕候間、不可存之由被申候、今御乳人より切々御さいそく（催促）候、いかやうに可仕候哉、御返事、可然様御談合候て、御意見可有御申候、弾正方同被申、十九日御一献注文こんた（誉田）拾弐貫文しるし申候、去年より過分由を申候へハ、それハ御さかな五こん、御前九前候て御座候、当年ハ御まゐ公卿平折敷廿膳、殊上様（日野富子）。御方御所さま供御まいるへきよし被仰出候間、如此しるし申候、涯分申候処、八貫余にしるしなをし候、此分下行

（三五丁ウ）」

可仕候哉、御返事、春日殿へ御談合候て、
御下行可然存候、同被申廿一日御要脚、
去年者御酒外五千疋にて御座候、当年
事ハ御精進にて御座候間、四千疋にて可仕
由申候、あまり過分ニ申候間、三千五百疋
はかりに可申付候哉、御返事、同篇、（三六丁オ）」

一番
十八日　天曇　　　朝番　三上大蔵丞（員光）
一、春日殿より文まいる、御返事在之、
一、飛鳥井殿（雅親）より御状まいる、御返事在之、
一、上﨟様より御使〈松阿〉御同名八郎殿（伊勢貞遠）御（三六丁ウ）
具足を質物ニ借御申候、但ふと御用之時闕
御事にて候、可有存候哉尋申候、御返事、依
計会申候哉、名字者事候条意見申
かたく候、御心得候て可被申候由、

一、布施弾正（英基）方被参申之、則御対面、
夕番　横山雅楽助（重国カ）
一、為台阿弥陀仏当年御訪拾貫文被渡遣之、彼
請取、則三上大蔵方へ渡之、料足三上方より出候、
一、大御乳人より御使〈松阿、〉今度参候御小者千代若子事、（三七丁オ）」
いまた名事不被仰出候、明日御成御供に可参之由申候、
名の事是より御計候て可有御付之由被仰出候、同
次第の事、千代若久祗候仕候者の事ニて候間、
栗屋太刀屋よりも上にあり度候由申候、可有御計候、
御返事、両条共　御所様（足利義政）より被仰出事候、明日御供に
被召加候て、於　上御所そと尋御申候ハヽ、可然存候由可有
御申、
一、山名殿（政豊）御使〈村上左京亮、〉明後日〈廿、〉御一献ニ雖可
令祗候、歓楽以外候、如今候者難参候、可預御心得候、
仍雖比興候、鯉三進之候由、（三七丁ウ）」

一、赤松殿(政則)入御、来廿日御一献之時可預御取合候、
御出候由申之、
一、聡明殿(細川政元)より鵠一まいる、御使〈内藤蔵人、〉
二番
十九日　雨　　　　朝番　松平(親長)
一、就上様(日野富子)上御所へ御成、御供衆事三上(員光)方に申之、
一、飯尾大和守(元連)被参申候、就馬上銭儀自山門以書状申候、
御返事、可為　上意候、
一、同被申候、小笠原兵部少輔(元長)御知行備前国藤井庄
以古案奉書を被申候、支証に被用事例多く候、
但此案文者兵部少輔殿已前の支証の案ニて候間、
如何様ニ存候、宿老ともニたつね候へと日野(勝光)とのへ
仰候間、其分申候へハ成候ても可然様に申候、可有
如何候哉、御返事、とも角も可然候、
三番
廿日　雨　　　　彦右衛門尉

（三八丁オ）」

飯尾大和（元連）方参被申、先度内々得御意候つる
小五月会馬上役事、日野（日野）殿へ申候処、御祈祷ニ
候之間、御神事あるへき事可然おほしめし候、土倉
并山上辺時宜事成候様可致談合之由被仰候、
御返事、かやう時宜更不存候、先々有来候様ニ
御談合可然候、

（三八丁ウ）」

一番
廿一日　雨　　　奏者　三上（貞光）
〔×一、聡明殿御使〈秋庭備中守／内藤蔵人〉〕
[redacted]〈[redacted]／[redacted]〉
〔×一、上御所へ御参〕
[redacted]

二番
廿二日　　　　朝番　野依（雄春）
　　　　　　　夕　　松平（親長）

一番
廿四日　天晴　　奏者　三上（貞光）（三九丁オ）」
一、聡明殿（細川政元）御使〈秋庭備中守（元重）、／内藤蔵人、〉伊勢国守護職
事、若有国司（北畠政郷）上表者、出国之事候条、世
保ニ被仰付候様可預御取合之由御返事、近日（以下闕）、（三九丁ウ）」

（文明十二年）
三番
十月朔日　天晴　　池田治部入道
一、上御所へ御美物御進上、鯛一折〈数十、〉烏賊一折、
以上、御申次畠山刑部少輔（政清）殿、御使〈三上与三左衛門尉、〉
一、細河土佐殿より昨日者重宝種々贈給候、祝着
至候、必参御礼可申入候、
一、赤松又次郎（有馬則秀カ）殿より御使、昨日ハ白鳥一贈給候、祝着候、
歓楽取直候ハ、可参申入候、（四〇丁オ）」

（空白）

（四〇丁ウ）」

一、御方御所様（足利義尚）より御使、高橋新二郎今日の御哥に無御出候共、御湯つけふせいニてまいられ候て可然候歟、よき程ニ御入候ハヽ、御参候へかしと被仰出由候、御返事、御ゆつけの事ハ小林（家次カ）ニ被仰付候て可然候、さやうニ候ハヽ、可申合候、重而被仰出候、小林歓楽と申候て参候ハす候、自是被申付候ハヽ、可然候由、御返事、畏候、然者御哥ニハ何も御しやうしん（精進）ニて御座候間、其分ニ可申付候、

一、鯇五、右馬頭殿（細川政国）より此御前へ御進上、是より御披露候也、

（四一丁オ）」

一番　二日　三上（員光）

一、南御所（光山聖俊）より御文まいる、御返事ハ自是可有御申由、

二番　三日　　堤新左衛門尉

一、右馬頭（細川政国）殿より菊一つゝミまいる、

三番　四日　天晴　　中務丞

一、上杉（房定）殿より諸家へ上候馬、各被召寄候て、
御方御所様（足利義尚）被御覧之、貴殿（伊勢貞宗）大葦毛まいる、

一、武田中務大輔（政明）殿より鮭一尺御状まいる、則御返
事在之、

一、佐々木左馬助（大原尚親カ）殿、上御所様（足利義政）へ柿一折進上、
貴殿（伊勢貞宗）より御披露之、御申次畠山中務少輔（政近）殿
　　　　御使親元（蜷川）

（四一丁ウ）」

一番

五日　晩雨　　横山雅楽助（重国カ）

一、管領（畠山政長）御出、則御対面、

一、鯛五・辛螺一折、柳一荷、久下孫三郎殿

（四二丁オ）」

持参之、御祝着之由候也、

二番　六日　雨降　　奏者　山田六郎右衛門尉

一、上御所様(足利義政)より御使〈天阿、〉御双帋之料紙御用と候て候、
美濃帋方々尋させられ候へ共、無御座候、以前も
守護(土岐成頼)へ被仰出たると思食候、守護へ被仰付
可有進上候由、此御返事以上野殿(持頼)被仰候、

一、星野殿(政茂)被仰候、就地蔵御料所之事、披露
申候処、御返事、御心得之由、(四二丁ウ)」

一、上乗院御門跡より御ふミまいる、以後披露申候、

一、小笠原殿(政清)より御状まいる、自是御返事あるへき由、

一、松田豊前守(貞康)被参申、子細者星野殿御申就地蔵
御料所可有御成敗御奉書条々事、御返事、是
御方御所様(足利義尚)より被仰候間、いかにも御けん(厳重)てうの御成
敗可然存候、

一、蔭凉(亀泉集証)被申候、就南禅寺々領幡(播)州へ御奉書

之事、御返事、此間公事いかゝに候之間、自私之
御返事無覚悟候、
一、角田殿、就上洛為御礼太刀一腰〈金、〉
一、御方御所様より就御尋あま柘榴一まいる、
一、かまほこ五御進上、
（四三丁オ）」

三番　七日　天晴　　中務丞
一、飛鳥井殿（雅親）御出御対面、夕召あり、
一、松田豊前守（貞康）被参申、先度得御意候つる
地蔵御料所事、内々　大御所様（足利義政）へも申入候て、
今日細川九郎（政元）殿へ大舘治部少輔（尚氏）殿同道申候、
為御使罷出巨細申候、御返事、心得申候、則可
申付之由候、為御心得申候、御客人之間、已後
披露申候、
（四三丁ウ）」

一番　八日　　奏者　三上越前守（員光）

一、四番々頭（畠山政近）より為被申、小早河殿（敬平）・藤民部殿（政盛）・武田
兵庫頭殿（政信）・荒尾殿（奥輔カ）被参申、久下新左衛門尉（政光）同弟
弥三郎跡相論之事、致糺明、両方申状并小串（貞秀カ）書
状等為御披見進之候、被加御意見候て致覚悟度候、
御返事、此事ハ可成訴訟事候之間、難及意見候、□〔被カ〕
取合候て、奉行披露候ハヽ、其時ハ心中通可申□〔候カ〕
一、上杉刑部少輔殿より為年始御礼　公方様（足利義政）へ
白布五端・御太刀〈糸、〉　御方御所様（足利義尚）へ白布十端・御太刀〈糸、〉
参、則大舘治部少輔（尚氏）殿為御申次あひた（間）申入候、御心得
由候、　公方様御申次畠刑部（畠山政清）少輔殿、是ハ九日ニ申入候、（四四丁オ）」
一、御方御所様御乳人の御方より御そへ御まいりの事、今朝
御しやうし（精進）ニて候へ共、俄美物参候間、何ニても候へ
可有御進上候由御使〈竹阿、〉則くゝゐ（鵠）のなまとり
にし・[redacted]うるか〔×をわた〕　三色御進上、（四五丁ウ）」
三番　十日　天晴　　　中務丞

一、小笠原(政清)殿より御状まいる、則御返事在之、
一、藤宰相(高倉永継)殿より御状同前、
一、此御所様(足利義尚)へ鴻生鳥・うるか両種御進上、
一、広福院(永俊)より白鳥一・こち(鯒)一折、為中酒
三荷まいる、申次安芸刑部(貞守)殿

(四六丁オ)」

一番
十一日　天晴　横山雅楽助(重国カ)
一、くゝゐ(鵠)一・さけ(鮭)一疋・こち(鯒)一折・柳五
所司代(浦上則宗)所へ被遣之、北野之宿坊へ被遣候也、

二番
十二日　雨降　堤新左衛門尉

(四六丁ウ)」

三番
十三日　天晴　中務丞

一、毛利《（弘元カ）》殿より鮭三尺まいる、御取次
上野《（持頼）》殿、
一、布施下野守《（英基）》方より書状まいる、已後
披露之、
一、此御所《（足利義尚）》さま御乳人より為御使〈竹阿、〉赤松
又二郎《（則秀カ）》殿就御暇候儀彼状まいる、此分此
御所さまへ御披露之処、貴殿《（伊勢貞宗）》へ可申入候由
上意候、御返事、御暇事ハ惣別致
停止候、◦《但》可為上意候、重而御使〈同、〉歓楽之事（四七丁オ）」
間、御暇を可被下之由不可余之混候て
被下之由候、御返事、菟も角も可為
上意候、
一、此御所様より御使〈竹阿、〉栗〈御硯のふた、〉
入候てまいる、御返事、致祗候可申上候由
御申、
一、大舘治部少輔《（尚氏）》殿、玉阿参被申候、則

御対面之、
一、藁科左京亮殿より鳥目弐百疋・御状まいる、御返事在之、
(四七丁ウ)」
一番
十四日　天晴　三上越前守(員光)
(四八丁オ)」
二番
十五日　天晴　山田六郎右衛門尉
一、大御所様(足利義政)早朝鹿苑寺へ御成、直ニ御跡へ御成、
同すくに還御、貴殿(伊勢貞宗)御両所御供に御参候也、
(四八丁ウ)」
三番
十六日　天晴　蜷川中務丞
一、所司代(浦上則宗)参申、先度北野へ御美物御樽済々被
送下候、畏入候、為御礼致祇候候、

一、大舘治部少輔（尚氏）殿御出、則御対面在之、（四九丁オ）」

一番

十七日　天曇　　横山雅楽助（重国カ）

一、伝奏（勧修寺教秀）より御使〈林、〉来年三月　御方御所（足利義尚）さま
八幡へ可有御社参之由、当年三月被仰出候、長々歓
楽仕て不能出仕候之間、披露之儀遅々候、今日吉日之
由候之間、　上御所（足利義政）様へ伺申候、大納言御位已後者当
御所様の御礼たるへき之由候、然者廿一の御歳可有御
参詣歟ニて候へ共、八幡御社参の事者、御急候て可然
事候之条、　勝定院（足利義持）殿様以御例、来年十七御
歳可有御社参之由致披露候、御心得之由候、但可事
行儀候歟、是へ可談合申之由被仰出候、公家中供奉（四九丁ウ）」
之儀一向難事行候、御返事、委細蒙仰候、先年御社
参之記録無所持候之間、不令覚悟候、如御意公家中
御供奉之儀可為御大儀候哉、第一可有御用御ふさなと

難有御座候、毎事以御暇儀可被借召候哉、猶々可被仰
合にて候者、何様以参可申入候、
一、管領(畠山政長)御出、則御対面、御食籠を被持候也、瑞笑軒(伊勢貞藤)
御出、御酒御座候也、

(五〇丁オ)」

二番
十八日　天晴　　　　　　　奏者　松平修理亮(親長)
一、布施(英基)参申、八幡神幸之事、従去年衣宿ニ御座候、子細者
葛葉之神人旧地之神人依取合遅々候、此間連々致取合
之処、葛葉之百姓役人事還任させ候て、役人に候ハぬ神人一人之
事者不可叶届申候を、色々なため候間、大略一途あるへく候と存
候、さ候者、如先々我々に可被下由社務令申候、乍去管領(畠山政長)を御
供候事候之間、中々今之事者不可事行候、一人罷下候て者、弥々
御公事ニ可為迷惑候、同名之者を一人着下者、中々可為
一途候歟、可有如何候哉、そと披露可申候かと、御返事、条々
意見申事、斟酌候、乍去内々以御尋候間御披露ともかくも

たるへく候、
一、上野小太郎（尚長）殿、就御家督之儀是を申、御返事、御意
得之由候、
一、自伝奏（勧修寺教秀）御使、来年三月御社参之事条々、
（五〇丁ウ）」

三番　十九日　天晴　　　中務丞
一、千本より扇御礼如例年被進之、
一、此御所（足利義尚）様へも同進上、御申次式部少輔（一色政熙）殿
一、貴殿（伊勢貞宗）上御所へ御出仕、
（五一丁オ）」

一番
廿日　天晴　　　奏者　三上越前守（員光）
一、細川兵部大輔（勝久）殿〈ヨリ〉鯛二〈御文ソフテ〉まいる、則御返事
被遣之、
一、青蓮院之伊予法橋〈ヨリ〉鮭一尺まいる、御返事出候、
（五一丁ウ）」

二番　廿一日　天晴　　堤新左衛門尉

一、上御所様（足利義政）夜前就長谷御出、貴殿（伊勢貞宗）御跡御参、

候、今日御私御用物共彼在所江被召寄、

（五二丁オ）」

一番　廿三日　晩雨　　横山雅楽助（重国カ）

一、西御所より千秋殿（政範）為御承与一（伊勢貞則カ）殿可有御参之由

御使候也、則御参候也、

（五二丁ウ）」

廿

二番　廿九日　天晴　　堤新左衛門尉

（五三丁オ）」

（空白）

（五三丁ウ）」

（年不詳）

十二月廿二日

一、殿様（伊勢貞宗）花薗より御出、

（五四丁オ）」

廿三日　池田

一、松田対州（数秀）・中澤掃部大夫（之綱）方被参申、
御方御所（足利義尚）さま来正月供御方同御祝事、
進士九郎左衛門尉（貞利）に可申付之由御乳人為御承
被仰出候、則申付候之処、於知行分不入手候間、
難調進仕之由申候、御返事、可有御披露候、

一、烏丸蓮光院より文まいる、御返事、地方事者

摂津（之親）方へ可被仰候、

（五四丁ウ）」

廿五日　　　　申次　池田

一、松田対州（数秀）・中澤掃部大夫（之綱）方被参申、一昨日
御祝方御返事之趣致披露候処、貴殿（伊勢貞宗）へ可
得御意之由被仰候、御返事、兎も角も可為上意候、

（五五丁オ）」

（空白）

（五五丁ウ）」

あとがき

かつて、足利尊氏は朝廷をないがしろにする悪人であった。戦前の初等科(今の小学校)国史《こくし》(同社会)の国定教科書《こくていきょうかしょ》における室町幕府成立の箇所は以下である。

建武のまつりごとが始まって、二年しかたたないうちに、大変なことが起りました。足利尊氏が、よくない武士をみかたにつけて、朝廷にそむきたてまつったのです。(中略)北条氏をうら切って、朝廷に降ったのは、そうした下心があったからです。なんという不とどきな心がけでしょう。(中略)今、朝廷にそむきたてまつって、国をみだそうとするのですから、まったく無道とも何とも、いいようがありません。(『初等科国史』文部省、一九四三年)

尊氏は完全に悪人扱いである。また、三代将軍足利義満も、明治・大正期の歴史学者の田中義成《たなかよしなり》(一八六〇〜一九一九)がいうには、「天皇窺窬《きゆ》(天皇位をうかがい狙う)」をおこなった「僭上《せんしょう》(身分を超えて長上をしのぐ)」なる大悪人である。

このような足利悪人史観ともいえる見方は、一般の人には皇国史観《こうこくしかん》(おもに戦前の歴史学にみられた天皇中心の歴史観)が払拭されたとみえる戦後においても生き続けた。

小学校帰りに再放送をよくみていた、日本史の著名人や出来事を題材としたテレビアニメ『まんが日本絵巻』（一九七七〜七八年放映）では、全九十二話の内、一人として足利氏が主役の回はない。初回の那須与一《なすのよいち》に始まり、源義経《みなもとのよしつね》、武蔵坊弁慶《むさしぼうべんけい》、静御前《しずかごぜん》、北条政子《ほうじょうまさこ》、曾我兄弟《そがきょうだい》、さらには源頼政《よりまさ》と、中世前期はふんだんに取り上げられているのに、中世後期の人物はほとんど取り上げられず、足利はゼロである。室町期を飛ばし、戦国・織豊期になると、再び取り上げられる人物が増加する。ただし、南北朝の争乱を室町時代にカテゴライズするなら、楠木正成《くすのきまさしげ》や新田義貞《にったよしさだ》などの南朝の忠臣は、取り上げられている。当然、足利尊氏はそのような忠臣たちの活躍を阻む悪役として登場する。

平成生まれの方には信じがたいかもしれないが、昭和世代には、足利は、源や徳川に比べヒール色が強かったのである。

そんな足利将軍が、近年、研究の世界ではブームが来ているといわれる。たしかに、今日《こんにち》の学界で足利を悪人として叙述する研究者は皆無であり、足利将軍は再評価されつつある。

だが、あくまで〝研究の世界では〟である。実際の生活ではそのようなことを肌で感じることはない。小生は仕事で小学生から大学生、さらにはお年寄りまで教えていたが、やはり、子どもたちに聞くと好きな歴史上の人物で足利をあげる子はなく、大学のゼミ生のテーマにおいても、足利を研究しようという学生は極めて少ない（少なくても小生の周りでは）。お年寄りに関しては、やはり足利のイメージは良くない。

世間一般で人気があるのは、戦国や幕末である。中世ではせいぜい鎌倉武士に注目が集まるくらいであろう。

よって、戎光祥出版株式会社編集長の丸山裕之氏から、足利将軍の事典（ことてん）を作りたいとの話を聞いたときは、厳しいのではないかというのが最初の感想である。しかし、嘆いていても始まらない。ならば、足利将軍の本当の姿を描き、間違った足利観を修正するのが歴史家としての使命ではないか。一般の読者の方にも、素晴らしき足利将軍たちの魅力を余すことなく伝えたい。そんな思いで筆をとった。

できあがった執筆者の方々の原稿をみて、丸山氏から初めて事典構想を聞いた時の感想が間違いであったことを悟らされた。足利将軍が多角的かつ多彩に叙述されており、当該事典は、かつての足利へのネガティブな印象を必ずや払拭できるであろう。そう確信した。

このような足利将軍の再評価への基盤となる事典を、懸命に執筆・編集して下さった、もうお一方の編者木下昌規氏、そして気鋭の執筆者の方々、なにより丸山氏には感謝を申し上げたい。小生も数少ない足利ファンであるので、読んでいて心躍らせる出来映えになった。

本書を通し、足利将軍が少しでも一般読者に浸透することを祈るばかりである。

二〇二一年十二月五日

久水俊和

【執筆者一覧】

木下昌規　別掲。

久水俊和　別掲

髙鳥　廉
一九八九年生まれ。現在、日本大学文理学部助手。
〔主な業績〕「室町前期における足利将軍家出身僧の身分と役割」（『歴史学研究』九八七号、二〇一九年）、「足利義澄期の蔭凉職と幕府政治」（『日本史研究』六九三号、二〇二〇年）、「足利将軍家子弟・室町殿猶子の寺院入室とその意義―室町殿と寺院・公家社会との関係を探る―」（『史学雑誌』一三〇編九号、二〇二一年）

川口成人
一九八九年生まれ。現在、京都府立京都学・歴彩館京都学推進課主事・京都学推進研究員。
〔主な業績〕「大名被官と室町社会」（『ヒストリア』二七一、二〇一八年）、「室町期の大名被官と都鄙の文化的活動」（芳澤元編『室町文化の座標軸―遣明船時代の列島と文事―』勉誠出版、二〇二一年）、「都鄙関係からみた室町時代政治史の展望」（『日本史研究』七一二、二〇二一年）

水野　嶺
一九八八年生まれ。現在、東京大学地震研究所特任研究員、國學院大學兼任講師。
〔主な業績〕『戦国末期の足利将軍権力』（吉川弘文館、二〇二〇年）、「年代記にみる中世南九州の災害―災害研究における年代記試論―」（『國學院雑誌』一二二巻一一号、二〇二一年）

田中　誠

一九八三年生まれ。現在、立命館大学授業担当講師、奈良大学非常勤講師。

〔主な業績〕「初期室町幕府における恩賞方―「恩賞方奉行人」の考察を中心に―」（『古文書研究』第七二号、二〇一一年）、「室町幕府奉行人在職考証稿（4）―応安元年（一三六八）―明徳三年（一三九二）―付氏族研究（布施氏）」」（『立命館文学』第六六九号、二〇二〇年）、「室町幕府奉行人飯尾氏の基礎的研究―南北朝期を中心に―」（『古文書研究』第九二号、二〇二一年）

佐藤稜介

一九九〇年生まれ。現在、京都府京都文化博物館学芸員。

〔主な業績〕「戦国期における幕府奉行人家の分裂」（『古文書研究』第八八号、二〇一九年）、「三宝院持厳考」（奈良国立博物館研究紀要『鹿園雑集』第二二号、二〇二〇年）、「戦国期幕府奉行人の経済基盤」（元木泰雄編『日本中世の政治と制度』吉川弘文館、二〇二〇年）

松井直人

一九八八年生まれ。現在。京都府立京都学・歴彩館資料課主事。

〔主な業績〕「中世後期における武士の京都在住の構造―御所周辺武士邸宅地にみる―」（『日本史研究』六六九号、二〇一八年）、「京都住人としての室町幕府公人」（『都市史研究』五号、二〇一八年）、「室町幕府における侍所・山城守護の管轄領域区分」（『古文書研究』九一号、二〇二一年）

〔執筆協力〕

格和　賢

谷橋啓太

【編者略歴】

木下昌規（きのした・まさき）

1978年生まれ。現在、大正大学文学部准教授。

主な業績に、『戦国期足利将軍家の権力構造』（岩田書院、2014年）、『足利義晴と畿内動乱』（戎光祥出版、2020年）、『足利義輝と三好一族』（戎光祥出版、2021年）、『足利義晴』（編著、シリーズ・室町幕府の研究3、戎光祥出版、2017年）、『足利義輝』（編著、シリーズ・室町幕府の研究4、戎光祥出版、2018年）などがある。

久水俊和（ひさみず・としかず）

1973年生まれ。現在、明治大学兼任講師。

主な業績に、『室町期の朝廷公事と公武関係』（岩田書院、2011年）、『中世天皇葬礼史』（戎光祥出版、2020年）、『中世天皇家の作法と律令制の残像』（八木書店、2020年）、『室町・戦国天皇列伝』（編著、戎光祥出版、2020年）、『「室町殿」の時代　安定期室町幕府研究の最前線』（編著、山川出版社、2021年）などがある。

装丁：堀 立明

足利《あしかが》将軍《しょうぐん》事典《じてん》

二〇二二年二月一〇日　初版初刷発行

編　者　木下昌規・久水俊和

発行者　伊藤光祥

発行所　戎光祥出版株式会社

東京都千代田区麹町一－七

相互半蔵門ビル八階

電　話　〇三－五二七五－三三六一（代）

ＦＡＸ　〇三－五二七五－三三六五

印刷・製本　モリモト印刷株式会社

https://www.ebisukosyo.co.jp

info@ebisukosyo.co.jp

ISBN978-4-86403-410-4